现代信息检索

胡 琳 主编

蔡书午 副主编

科学出版社

北 京

内 容 简 介

本书紧扣现代信息检索系统研究与利用的最新进展，系统地阐述了信息及信息检索的基本概念、原理和方法，重点推荐了搜索引擎的搜索技巧及开放存取学术资源的方法；按不同类型的数据库介绍了国内外重要的信息检索系统的检索方法；对个人文献管理软件的使用、文献综述的写作、文献信息的管理与综合利用等相关问题进行了论述。

书中创新性地在各章节插入“重要提示”，将在教学培训、科技查新、参考咨询等实际工作中总结出来的各类资源使用技巧、容易出错的难点和需要特别关注的事项进行重点说明，增强了教材的实用性。

本书结构合理、语言简练、内容全面、注重实用。可作为各类高校本科生和研究生学习现代信息检索方法与技能的教材，也可供广大教学、科研人员及普通读者检索信息时参考使用。

图书在版编目(CIP)数据

现代信息检索 / 胡琳主编.—北京：科学出版社，2012.8（2017.7 重印）
ISBN 978-7-03-034629-2

Ⅰ.①现…　Ⅱ.①胡…　Ⅲ.①情报检索
Ⅳ. ①G252.7

中国版本图书馆 CIP 数据核字（2012）第 199613 号

责任编辑：杨　岭　郝玉龙 / 封面设计：陈思思

科学出版社出版
北京东黄城根北街16号
邮政编码：100717
http://www.sciencep.com

成都锦瑞印刷有限责任公司印刷
科学出版社发行　各地新华书店经销

*

2012 年 8 月第　一　版　　开本：720*1000　B5
2017 年 7 月第八次印刷　　印张：15.5
字数：330 千字

定价：29.00 元

本 书 编 委 会

主　　编:胡　琳

副 主 编:蔡书午

编写人员:(按姓氏笔画为序)

冯彦娟　李　璐　张黎俐　胡　琳

胡　静　雷　琴　蔡书午

序

随着知识经济时代的到来，信息日益成为社会各领域最活跃最具决定意义的因素。在信息社会中，信息素养，即信息的查询、评估、组织与利用的能力，已成为每个社会成员的基本生存能力，在人的必备知识结构与潜在能力中占据相当重要的地位，更是学习型社会中人们独立学习及终身学习的必备素质。

20世纪70年代以来，信息素养（Information Literacy）的培养逐渐成为世界各国教育界乃至社会各界所关注的重要课题。根据2000年1月美国大学和研究图书馆协会（Association of College and Research Libraries，ACRL）通过的《高等教育信息素养能力标准》（*Information Literacy Competency Standards For Higher Education*），其主要内容包括：①能确定信息需求的范围；②能有效地获取所需信息；③能严格评价信息及其来源；④能将所选信息融合到个人的知识库中；⑤了解信息使用涉及的经济、法律和社会问题，合法、合理地获得和利用信息。

四川大学的信息素养教育起步较早，从1979年开始便以“科技情报检索”课程作为实施信息素养教育的载体，列入学校各系、各专业的教学计划。1984年2月，教育部下发“教高（84）004号”《关于在高等学校开设“文献检索与利用”课的意见》文件之后，全国高校普遍开设“文献检索课”（后改称信息检索课）。近30年来，国内高校信息检索课程的教学内容、方法和模式得到不断的改革与创新，同时也涌现出一批适合不同层次、不同专业读者使用的教材。信息检索技术和检索工具的日新月异，对信息检索类教材也提出了更高的要求，必须紧扣现代信息检索系统研究与利用的最新进展，注重实用性。

本教材编者长期从事信息检索课教学、读者培训、科技查新、参考咨询等相关工作，积累了丰富的经验。相较国内已经出版的同类教材，该教材在对常规的信息检索原理、网络数据库检索方法介绍的基础上，重点引入搜索引擎的使用技巧、开放存取学术资源、个人文献管理软件等时下信息应用领域的热门内容，并创新性地在各章节插入“重要提示”，对从教学、查新等实际工作中总结出来的使用技巧、注意事项等进行特别说明。

本教材实用性强，非常适合作为目前各类高校信息检索课程的教材，也可供广大教学、科研人员检索信息时参考使用。

马继刚

2012年7月21日

前　　言

随着科学技术的不断进步和科技成果的不断出现，反映和传递科技成果的信息量呈爆炸性膨胀。信息量爆炸性膨胀与人们有限的时间、精力和吸收的能力之间产生巨大的差距，如何快捷、准确、经济地检索有用的信息，缩小甚至消除这种差距，成为当代社会亟待解决的问题。尤其是国际互联网普及应用以来，信息的集合体从纸质印刷型大量转向数字电子型，信息的获取方式实现了从传统的手工检索向现代化的计算机检索的转变。如何以网络环境为依托，利用现代信息检索技术和系统，跨越时空获取相关的知识信息，是当代社会人们应具备的基本技能。

本书定位于信息素养类教材，旨在为人们适应信息社会做好知识上、技能上的准备，培养人们使用各类信息系统，从无限的信息中有效提炼出自己所需要知识的能力。

本教材从信息及信息检索的基本概念、原理与方法出发，介绍了搜索引擎及开放存取学术资源等免费网络信息资源的检索与利用，按综合性文摘索引数据库、综合性全文数据库、学科专题数据库、电子图书数据库和特种文献资源等几种类型对国内外重要的信息检索系统进行了介绍，对个人文献管理软件的使用、文献综述的写作、文献信息的管理与综合利用等相关问题进行了论述。

相较国内已出版的其他同类教材，本教材具有以下几个显著特点。

(1) 在教材的框架设计上，改变了大多数教材所习惯的国内外资源分类方式，按综合性、学科类和特种文献资源来划分，对社会科学类、自然科学、工程技术类和生物医学类学科典型性资源分别进行介绍，扩大了学科覆盖范围，增强了教材体系的科学性和合理性。

(2) 文字清晰简练，精减了纯理论内容，增加了实用性内容。如第 4 章第 2 节 ISI Web of Science 部分，在最后增加了一小节专文介绍很多教师和科研人员非常关注的“论文被 SCIE 收录及引用情况的查询方法”。

(3) 广泛参考其他同类教材、高校图书馆网站、数据库商官方资料等权威信息源，在教材中尽量引用最新数据和资料，增加新的信息检索系统或原有检索工具的新功能介绍，如工程索引（Ei Compendex）的新版检索界面，化学文摘的 SciFinder Web 等。

(4) 在“文献信息的管理与综合利用”一章，对时下最热门的个人文献信息管理软件 EndNote 和 NoteExpress 的使用方法进行专文介绍；对学术论文、文献综述和科技查新三种最具代表性的文献信息的综合利用方式进行介绍；对学术规范进行重点论述。

（5）教材正文中根据需要插入“重点提示”，将在教学培训、科技查新、参考咨询等实际工作中总结出来的各类资源使用技巧、容易出错的难点和需要特别关注的事项进行重点说明，增强了教材的实用性。

本教材共11章，由胡琳负责全书的策划组织、框架设计、体例制订和最后的审稿、统稿工作，蔡书午参与策划并对大纲提出修改意见。各章节编写的具体分工情况如下。

李璐：第1章，第7章，第11章11.2、11.3小节。

胡琳：第2章，第3章，第5章5.4小节。

胡静：第4章，第8章。

蔡书午：第5章5.1～5.3小节。

张黎俐：第6章，第9章，第11章11.1小节。

雷琴：第10章10.1.1～10.1.3小节。

冯彦娟：第5章5.5～5.7小节，第10章的其余部分。

本教材在编写过程中广泛吸取了国内外大量研究成果，其中重点参考了陈英老师主编的《科技信息检索（第4版）》，另外还得到了四川大学图书馆领导的关心与支持，在此一并表示诚挚的谢意！

信息检索技术和检索工具日新月异，加之编著者学识、水平有限，书中疏漏和不妥乃至错误之处在所难免，敬祈专家学者、广大读者不吝赐教。

作　者

2012年7月5日

目　　录

第 1 章　信息概论

1.1　信息与信息资源

1.1.1　信息及其相关术语

1. 信息

（1）概念。自 20 世纪 40 年代申农（C. E. Shannon）和维纳（Norbert Wiener）分别提出信息论和控制论以来，人们对信息的认识可谓众说纷纭。不同领域的专家学者从不同的学科角度，作出了不同的解释。哲学家认为信息是认识论的一部分；物理学家认为信息是熵的理论；通信工作者把它看成是不定度的描述；数学家认为它是概率论的发展；情报学家则认为信息是生物及自控系统与外界交换的一切内容。在本书中，信息主要是指信息资源中所包含的事物事件的事实、知识或思想，即信息载体中传递的内容，信息系统传输和处理的对象。

（2）属性。虽然各学科对信息的理解不同，但信息有一些共同的属性。①客观性。世间一切事物都在运动，信息正是由于事物的运动而产生，所以信息作为对事物属性的反映，也是客观存在的，可以被识别、存储、转换和传递。②可处理性。信息可以通过一定的手段进行处理。人脑就是最佳的信息处理器可以进行决策、设计、研究、写作、改进、发明、创造等多种信息处理活动。计算机也具有信息处理功能。③传递性。任何信息都可以在信源与信宿之间通过载体进行传递，语言、表情、动作、报刊、书籍、广播、电视、电话等都是信息的载体。④时效性。信息具有时间价值，及时把握和正确运用信息可能会产生更大的价值。一些信息可能会随时间的推移逐渐失去价值，但也有可能在一段时间后的其他方面显现出价值。信息的时效性与其具体内容和环境条件有关。⑤共享性。信息能够共享是信息区别于物质和能量的最主要特征，即同一内容的信息可以在同一时间、同一地域被多个使用者同时分享，其分享的信息内容和信息量，不会因为分享者的多少而受影响，原有的信息内容和信息量也不会因此损失或减少。

2. 知识

我国《辞海》（1989 年版）对知识的解释为：“是人类认识的成果或结晶。

其实质是指人类通过信息对自然界、人类社会及思维方式与运动规律的认识与概括，是人的大脑通过思维重新组合和系统化了的信息，是信息中最有价值的部分。”人类在利用自然、改造自然的社会实践中，主要依靠搜集来自于客观世界的信息，并将其加以概括与总结，来取得再活动的新知。人们在实践经验的基础上发挥主观能动性，对所掌握的信息加以系统化、完备化，就形成了人类的知识。因此，可以说知识来自于信息，知识是信息的一部分。知识一经产生，就以声像信息、实物信息、文献信息的形式传播。

3. 文献

《中华人民共和国国家标准——文献著录总则》（GB 3792.1-1983）定义文献是：“记录有知识的一切载体。”《文献情报术语国际标准（草案）》（ISO/DIS 5127）定义文献是：“在存储、检索、利用或传递记录信息的过程中，可作为一个单元处理的，在载体内、载体上或依附载体而存储有信息或数据的载体。”

由上述定义可以看出，构成文献的四个基本要素为：构成文献内核的知识信息；记录知识信息的符号，包括文字、公式、图表、编码、声像、电磁信息等；记录知识信息的技术，包括书写、印刷、刻录等；负载知识信息的载体，包括多种天然材料和人工材料。四个基本要素缺一不可。

总而言之，信息无处不在，是生产知识的原料；信息中被人类认识并系统化的部分成为知识；文献是存储、传递知识信息的载体。

1.1.2　信息资源

信息资源是经过人类选取、组织、序化的有用信息的集合。俗话说“独木难成林”，同样，一条或几条信息也构不成信息资源。只有当信息达到一定的丰度和凝聚度时，才能成为信息资源。信息资源是经过人类选择的、对人类有用或能满足人类需求的那部分信息的总和或集合。有用性是一切资源的本质属性，信息资源也不例外。与非信息资源相比，信息资源最显著的特征就是有序性。对水资源、石油资源、矿产资源等自然资源来说，无所谓有序无序，只要具备一定的丰度和凝聚度，值得人们开采、获取即可。信息资源却不然，无序的信息不仅无法利用，还会造成信息通道的“栓塞”，阻碍信息的传播、交流、开发和利用。因此，组织、序化的信息才能成为信息资源，而没有控制的、未经组织的信息将不能成为资源。

1.2 文献信息资源

1.2.1 概述

信息资源的类型很多，要想获得对信息资源检索与利用的主动权，就必须了解信息资源的各种类型，理解它们在内容和形式上的差异，掌握它们在生产应用和科技开发方面的各自价值。对于高校师生、科研人员与工程技术人员，信息资源主要指文献信息资源。

按照不同的标准，文献信息资源可以分为不同的类型。

1.2.2 类型与特点

1. 按文献信息资源的存储载体来划分

（1）印刷型。以纸张为载体，通过手写、铅印、油印、胶印、影印、复印等手段，将文字固化在纸张上所形成的文献。它是传统文献的基本形式，也是目前文献的主要形式，包括各种图书资料、连续出版物（期刊、报纸等）、学位论文、专利、标准、会议文献、政府出版物及其复印品等。优点是可以直接读取，便于阅览和流通，价格便宜，传递范围广。缺点是过于笨重，存储密度低，体积大，难以实现现代化利用。

（2）缩微型。以感光材料为载体，以印刷型文献为母体，采用光学摄影技术，将文字、图形、图像按规定比例缩小记录的文献形式，如缩微卡片、平片、胶卷等。该类文献的优点是信息存储密度高，体积小，平均可以节约存储空间95％以上，易于传递，并且保存期较长，不易损坏和变质。缺点是必须借助缩微阅读机阅读，不便携带。

（3）声像型。以磁性材料或感光材料为存储载体，借助特定的设备采用磁录技术和光录技术直接记录声音信息和图像信息所形成的文献，如录音带、录像带、唱片、幻灯片等。该类文献的特点是存储信息密度高，用有声语言和图像传递信息，直观性强，易于接受，在传递信息知识方面有着不可替代的优势，但需要借助一定的设备才能阅读。

（4）电子型。以数字化形式，把文字、图像、声音、动画等多种形式的信息，以计算机输入方式存储在光、磁等非印刷型介质上，利用计算机及现代通信方式提供信息的一种新型文献。电子出版物内容丰富，类型多。按信息存储介质划分，主要有软磁盘与光盘两大类；按出版物类型划分，主要有电子期刊、电子图书、电子报纸、电子名录、电子地图、各种联机信息库、光盘数据库、磁带、软盘等产品；按媒体的信息结构组织形式划分，主要有文本型出版物、超文本出版物、多媒体出版物、超媒体出版物等。电子出版物的问世是信息时代的重要标志，极大地提高了信息的传递速度，加速了社会信息化的进程。此类文献的优点是信息容量大、出版周期短、易更新、易复制、方便检索、具有可交互性、可共享。缺点是阅读需要借助一定的设备，其长期保存问题以及版权问题等还没有得到解决。

2. 按文献信息资源的出版类型来划分

（1）图书（Book）。图书是将已有的科研成果与知识进行全面系统的概括和论述，通过文字、图画或其他符号，书写或印刷于纸张上的具有完整装帧形式的非连续出版物。图书是文献中最古老、最重要的一类。图书可以分为三类：一是教科书、科普读物和一般生产技术图书，属于阅读学习型图书；二是参考工具书，如字典、辞典、手册、年鉴、百科全书等；三是科学著作，反映某一学科或专题研究的各类学术性成果，具有较高的学术价值。图书的内容一般比较全面、系统、理论性强，而且图书的阅读不受时空和设备的限制，比较方便。但是编辑出版周期较长，对于新知识新技术的报道有一定的滞后。对于要获取某一专题较全面、系统的知识，或对于不熟悉的问题要获得基本了解的读者，可以首选参阅图书。图书的著录特征（外部特征）有：书名、作者、版次、出版社、出版年、国际标准书号（International Standard Book Number，ISBN）、图书定价等。

（2）期刊（Periodical）。期刊，又称杂志（Journal/Magazine），是指采用固定名称，定期或不定期出版，并汇集多位著者论文的连续出版物。期刊的特点是，每种期刊都有固定的名称和版式，有国际标准连续出版编号（International Standard Serial Number，ISSN），有专门的编辑机构编辑出版，与图书相比，它报道文献速度快、学科广、数量大、时效性较高。期刊按内容可以分为学术型和休闲型两种。学术型期刊上刊载的论文大多数是原始文献，包含许多新发现、新技术、新成果、新动向，在学术研究信息来源方面占有重要地位，约占全部学术研究信息来源的65%～70%。期刊的著录特征有：刊名、出版单位、年/卷/期、国际标准连续出版物编号（International Standard Serial Number，ISSN）。

（3）报纸（Newspaper）。报纸是指每期版式基本相同的、以报道新闻及其评论为主的一种连续出版物。报纸能以最快的速度报道世界各地发生的最新事件和科技研究中产生的最新成果，一般以新闻为主。相比于期刊，它的出版周期更短，信息传递更及时。根据报纸的出版周期，分为日报、隔日报、三日报、周报、旬报等。

（4）专利（Patent）。专利，此处具体指专利说明书，是指专利申请人向本国或外国的专利主管部门提出申请保护某项发明时所呈交的一份详细的技术说明，经专利主管部门审查，公开出版或授权后的文献。专利说明书在内容上具有广泛性、详尽性、实用性、新颖性、独创性。专利涉及的学科领域广、数量大，也是技术信息的一个主要来源。

（5）会议文献（Conference Article）。会议文献是指在国内外各种学术会议上宣读和交流的论文、报告和其他有关资料。会议文献有三类：一是会前文献，指会议日程预报和会议论文预印本；二是会中文献，指会议的开幕词、讲演词、讨论和决议等；三是会后文献，指会议结束后的正式出版物，如会议录和论文集。会议文献大多是某学科领域的新发现、新观点、新方法、新成果，在学术会议上首次发表，可靠性较高、内容专深新颖、出版发行较快，往往具有一定的先导性和启发性。因此会议文献具有较高的学术参考价值，是一种重要的文献信息资源。

（6）学位论文（Dissertation）。学位论文是指高等院校或科研机构的学生（本科生、硕士研究生、博士研究生）为获得相应学位资格，在导师指导下完成的科学研究、实验成果的研究论文（包括博士论文、硕士论文和学士论文）。学位论文都是就某一专题进行研究所作的总结，对问题的论述比较详细、系统，具有一定的独创性，对科研有一定的参考价值，尤其是博士学位论文。学位论文一般不公开出版，仅由学位授予单位和国家指定单位收藏。现在可以通过“CNKI中国优秀博硕士学位论文全文数据库”和“万方中国学位论文数据库”来查找国内学位论文。

（7）科技报告（Scientific and Technical Report）。科技报告是指国家政府部门和科研生产单位关于某项研究成果的总结报告，或是在科研活动的各个阶段撰写的反映科研活动的技术内容和经验的特种文献。科技报告自20世纪20年代产生以来发展迅速，已成为继期刊之后的第二大报道科技最新成果的文献类型。它比期刊论文内容详尽、可靠，出版周期短、报道速度快，能反映一个国家或某一学科领域的科研水平，有些报告涉及尖端技术或国防问题等，一般控制发行，所以是一种不可多得的信息资源。科技报告各篇单独成册，统一编号由主管机构连续出版。在世界的科技报告中，以美国的四大报告最为著名，即PB（Publishing Board）报告、AD（ASTIA Documents）报告、NASA（National Aeronautics and Space Administration）报告和DOE（Department of Energy）报告。

（8）标准文献（Standard Literature）。标准文献是指经过公认的权威当局批准的一整套在特定范围或领域内必须执行的规格、规则、技术要求等规范性文献。有单行本和汇编本（图书形式）两种出版发行方式。标准文献具有计划性、协调性和法律约束性的特点，可促使产品规格化、系列化和通用化，对提高生产水平、产品质量，节约原材料，推广应用研究成果，促进科技发展等有着十分重要的作用。通过标准文献还可了解各国经济政策、技术政策、生产水平、资源状况和标准水平。标准按性质可划分为技术标准和管理标准。技术标准按内容又可分为基础标准、产品标准、方法标准、安全和环境保护标准等。标准按适用范围可划分为国际标准、区域性标准、国家标准、专业（部）标准和企业标准，按成熟程度可划分为法定标准、推荐标准、试行标准、标准草案等。

(9) 政府出版物（Government Publication)。政府出版物是指政府部门及其专门研究机构发布或出版的文献，分为行政性和科技性两大类。行政性文件包括政府报告、会议记录、法令、条约、决议、规章制度、调查统计资料等；科技性文件包括科研报告、科普资料、科技政策、技术法则等。其特点是具有正式性和权威性，通过政府出版物可以了解国家的有关科技、经济发展政策以及有关研究状况，有助于正确地确定科研方向，选择课题。

(10) 产品样本（Product Sample Book)。产品样本也称作产品目录、产品说明书、产品手册等，是厂商对定型产品的性能、构造、原理、用途、规格、使用方法、操作规程等所做的具体说明。产品样本的特点是技术上较成熟、数据可靠、图文并茂、形象直观，有助于了解有关领域的生产动态和发展趋势，是进行技术革新、开发新产品、设计、订货等方面不可缺少的信息源，也是广大消费者了解产品的途径。

(11) 技术档案（Technical Archive)。技术档案是指在生产建设和技术部门的技术活动中形成的对具体事物对象的真实记录材料，包括任务书、协议书、技术指标、审批文件、研究计划、方案大纲、技术措施、调查材料、试验和工艺记录等。技术档案是生产建设和科技工作的重要文献。技术档案一般由参与该技术活动的单位收藏，通常为内部使用，不公开出版发行，有些有密级限制，因此在参考文献和检索工具中极少引用。

3. 按文献信息资源的加工层次来划分

(1) 零次文献信息资源。未经过任何加工整理、也未形成正式文本、仅供在一定范围内使用的信息资源，如手稿、日记实验记录、设计草图、论文草稿、谈话记录、会议记录、内部档案、听取经验交流、演讲等。零次文献信息资源是研究者本人及其著作的重要参考源，具有零散性、新颖性和表象性。

(2) 一次文献信息资源。一次文献又称原始文献（简称原文，现多称全文)，是作者以自己的经验和研究成果为依据而撰写的、未经加工的原始文献（不论其载体形式或出版类型如何)。包括大部分期刊论文、科技报告、专利文献、会议文献、学位论文、专著等。特点是具有新颖性、创造性、价值性和分散性。一次文献信息资源数量庞大、种类繁多，是最基本的信息资源，是科技文献的主体，也是信息检索和利用的主要对象。

(3) 二次文献信息资源。按一定的方法对一次文献信息资源进行整理、加工、提炼、组织，使之有序化而便于存储、检索的系统。它主要包括目录、题录、索引、文摘、数据库等信息检索工具。在这些检索工具中，一次文献信息资源被加工成条目（或称为记录），并按一定的方式组织起来，从而可以提高检索一次文献信息资源的速度和效率。二次文献信息资源具有汇集性、综合性、系统性和检索性的特点。

(4) 三次文献信息资源。围绕某个专题或出于特定目的，根据二次文献信息资源提供的线索，选用大量一次文献信息资源的内容，经过筛选、分析、综合、浓缩等深度加工而形成的文献。它主要包括各种综述、述评、进展报告、教科书、字典、词典、手册、年鉴、百科全书等，可分为综述研究类和参考工具类两种类型。三次文献信息资源是再生性科研文献信息资源，内容成熟，系统性和综合性较强，文后附有大量参考文献。

综上所述，从零次文献信息资源、一次文献信息资源到二次文献信息资源、三次文献信息资源，是一个从分散到集中、从无序到有序、从片面到全面的文献加工过程。每一工程所含知识信息的质和量都不同，对人们利用知识信息所起的作用也不同。从信息检索的角度看，零次文献信息资源是生成一次文献信息资源的主要素材，一次文献信息资源是检索和利用的主要对象，二次文献信息资源是信息检索工具，三次文献信息资源是一次文献信息资源研究的成果。

1.3 电子信息资源

1.3.1 概念

电子信息资源是信息资源的一种，是电子化的信息资源，即以电子数据的形式，把文字、图形、图像、声音等多种形式的信息存放在光、磁等非印刷型介质上，以电信号、光信号的形式传输，并通过相应的计算机和其他外部设备再现出来的一种信息资源。

1.3.2 类型

电子信息资源可分为两大类：模拟信息资源和数字信息资源。模拟信息资源是通过广播、电影、电视、录像等以模拟信号来传递的信息资源。数字信息资源是通过电子计算机等以数字信号来传递的信息资源。目前所说的电子信息资源主要是指数字信息资源。

数字信息资源按不同的标准可分为若干类型。

1. 按信息载体划分

(1) 电子出版物信息资源。电子出版物是把文献以电子数据的形式存储在光盘、软盘等非纸型载体上，通过计算机供人们阅读的出版物。目前，传统的书本型（印刷型）文献信息资源虽仍将继续存在，但数字化的电子出版物以其大容量、小体积和方便快捷的检索方式逐渐成为主要的文献信息资源。国外一些著名的检索工具，如 CA、EI 等，在出版印刷型文献的同时，都以光盘版数据库的形式出版各自的电子出版物。近年来，我国的电子出版物发展很快，相继出现了涵盖诸如期刊、会议、标准、专利、学位论文等多种文献类型的题录文摘型、全文型数据库，这些主要以光盘形式出版的电子出版物检索系统已经日益走向成熟。

（2）网络信息资源。网络信息资源是指通过网络传播的信息。网络信息资源主要有两类：一类是以搜索引擎为检索工具，传播公共信息的网络信息资源；另一类是以网络为平台进行检索的在线数据库。在线数据库有免费数据库和收费的商务数据库之分，前者是在网上可以随意浏览的开放的信息，其中包括一些数据库网站提供的部分题录文摘型文献信息，这类文献信息可利用率相对较低；后者是指专业的信息检索机构编辑制作的专业检索系统，具有较好的文献信息专业性和可信度。这些专业的检索系统是科研人员进行科研文献检索的主要信息来源。

2. 按信息媒体形式划分

（1）文本信息资源。一般的文本信息资源是按知识单元的线性顺序排列，具有较大的局限性和片面性。

（2）超文本信息资源。超文本信息资源是按知识单元及相互关系建立的知识结构网络。它通过网络上各节点的链路把相关信息有机地结合在一起。检索超文本信息资源时，可从任何一个节点开始，以知识片段及其关系作为检索、追踪的依据。

（3）多媒体信息资源。所谓多媒体，是指能够同时采集、处理、编辑、存储和展示两个或两个以上不同类型信息媒体的技术，这些信息媒体文字、声音、图形、图像、动画、活动影像等。多媒体信息资源即文字、图形、图像、声音等人的器官能直接感受和理解的各种信息资源的总称。

（4）超媒体信息资源。超媒体信息资源是超文本和多媒体技术的结合，具有超文本和多媒体两种信息资源的特点，用文字、图形、图像、声音、动画、影视片断等多种媒体来表示信息，这些媒体之间用超级链接组织，错综复杂。超媒体信息资源具有高度的交互性，它可以形成人与机器之间互动、互相交流的操作环境及身临其境的场景，人们可以根据需要进行控制。

1.3.3　电子信息资源的特点

（1）以磁性介质和光介质作为信息存储载体，以现代信息技术作为记录手段，信息以数字化的形式存在，既可在计算机内高速处理，又可借助于通信网络进行远距离传送，使得全球资源共享得以实现。

(2) 信息表现形式为文本、超文本、多媒体和超媒体，使得信息的组织方式发生了质的变化，即知识信息单元由线形排列转化为可按照自身逻辑关系组成直接的、相互联系的、非线形的网状结构，便于检索与利用，提高了信息资源的利用价值。

1.3.4 电子信息资源的合理使用

《世界版权公约》规定了版权人的管理信息权与技术措施权，新的《中华人民共和国著作权法》也增加了信息网络传播权，赋予版权人“以有线或无线的方式向公众提供作品”的权利。毫无疑问，新的著作权法已经充分考虑到了网络环境下的版权保护。在捍卫版权人利益的同时，还要考虑信息的交流与共享，这是网络生存与发展的精神所在。

合理使用是指在法律规定的条件下，不必征得著作权人的同意，也不必向其支付报酬，基于正当目的而使用他人著作权作品的合法行为。我国著作权法中有关合理使用的情形主要包括：①为个人学习、研究或者欣赏而使用他人已经发表的作品；②为介绍、评论某一作品或者说明某一问题，在作品中适当引用他人已经发表的作品；③为学校课堂教学或者科学研究，翻译或者少量复制已经发表的作品，供教学或者科研人员使用，但不得出版发行；④图书馆、档案馆、纪念馆、博物馆、美术馆等为陈列或者保存版本的需要，复制本馆收藏的作品。

网络上虽然有大量免费的电子信息资源，但大部分学术价值高的电子信息资源还是需要付费使用的，例如 Springer，Elsevier，Wiley 等出版的电子期刊和电子书。目前，无论是国内还是国外，这些需要付费才能使用的资源基本上都是由大学图书馆和科研单位的文献情报部门与数据库商签订协议后，才提供给大学校园网或一定范围内的用户使用。协议中除了就使用期限、范围、价格等作出说明外，对电子资源的知识产权都会有明确的规定，对可下载的数量、允许打印的数量虽然没有明确的限制，但数据库商会利用先进的软件技术进行全天 24 小时监控，一旦发现某台计算机正在进行大批量的恶意下载或打印，系统会立刻发出警告。因此国内各高校对此类电子信息资源的合理使用都作出了相关规定，基本规定如下：

(1) 不得使用网络下载工具批量下载图书馆购买的电子资源。

(2) 不得连续、系统、集中、批量地进行下载、浏览、检索全文数据库等操作。由于各数据库商对“滥用”的界定不一致，因此图书馆无法制定统一标准。一般数据库商认为，如果超出正常阅读速度下载文献就视为滥用，通常正常阅读一篇文献的速度至少需要几分钟。

(3) 不得将所获得的文献提供给校外人员，不得将个人网络账号提供给校外人员来使用本校电子资源，更不允许利用获得的文献资料进行非法牟利。

(4) 校内任何个人不得设置代理服务器阅读或下载电子资源。校内单位若由于特殊需要需设置代理服务器，一定要事先得到图书馆允许，并且保证该服务器不会允许校园外 IP 通过它访问图书馆购买的电子资源。

参考文献

[1] 代根兴,周晓燕.信息资源概念研究.情报理论与实践[J],1999(6):397-400.

[2] 陈英.科技信息检索(第四版)[M].北京:科学出版社,2009:11.

[3] 关志英,郭依群.网络学术资源应用导览(科技篇)[M].北京:中国水利水电出版社,2007:21-23.

[4] 全国文献工作标准化技术委员会第六分委员会.GB 3792.1-1983 中国标准书号 [S].北京：中国标准出版社，1983.

第 2 章 信息检索原理和方法

2.1 信息检索概述

2.1.1 概念

信息检索（Information Retrieval）是指将信息按一定的方式组织起来，并根据信息用户的需要找出有关信息的过程和技术。狭义的信息检索只是信息检索过程的后半部分，即从信息集合中找出所需信息的过程，也就是我们常说的信息查寻（Information Search/Information Seek）。

2.1.2 类型

1. 按照检索手段的不同划分

（1）传统信息检索。传统信息检索（手工检索，简称手检）是一种传统的检索方法，即以手工翻检的方式，利用工具书（图书、期刊、目录卡片等）来检索信息的一种检索手段。手工检索不需要借助特殊设备，方法简单、灵活，易于掌握。但是，手工检索费时、费力，特别是进行专题检索和回溯性检索时，需要翻检大量的检索工具反复查询，花费大量的人力和时间，而且很容易造成误检和漏检。

（2）现代信息检索。现代信息检索（计算机检索，简称机检）是通过计算机来模拟人的手工检索过程。计算机将检索者输入检索系统的检索提问（检索标识）与系统文档（机读数据库）中的存贮标识进行类比、匹配运算，通过“人机对话”检索出所需要的文献，继而再由终端设备显示或打印。计算机检索包括光盘数据库检索、互联网信息检索和网络数据库检索。计算机检索方便快捷、范围广泛、功能强大，是目前信息检索的主要方式。

2. 按照检索目的和对象的不同划分

（1）书目信息检索。书目信息检索是以馆藏书目数据库和文摘/索引型数据库为检索对象，以获取文献的标题、作者、摘要、来源出处、收藏处所等与课题相关的一系列二次文献信息为检索目的。书目信息检索是一种相关性检索，检索结果并不直接解答用户提出的问题本身，只提供与全文文献相关的信息和线索供参考。在网络条件下，这类数据库发展很快，其最大的特点是所收录的来源出版物及文献具有很大的学科覆盖面。通过检索文摘/索引数据库，用户可以全面掌握某一专题或研究领域的文献状态及最新研究成果，并获得更多相关的检索结果。通过检索联合目录，用户可获得本地区、国内甚至全球的馆藏文献信息，并可通过全文链接或馆际互借服务等途径获取原文。

(2) 全文信息检索。全文信息检索是以全文电子期刊、电子图书、学位论文、会议文献、电子报纸、政府出版物、技术标准、科技报告、专利等所有可以一步到位获取原文的数据库为检索对象，以获取全文为检索目的，检索结果是与课题相关的论文或专利说明书等的全部文本。全文信息检索也是一种相关性检索，因为检索结果严格来说也并不能直接解答用户提出的问题本身，它只是在书目信息检索基础上更深层次的内容检索。用户通过对全文的阅读，可进行技术内容及技术路线的分析，为课题研究提供参考与借鉴。

(3) 数据事实信息检索。数据事实信息检索是以科技手册、百科全书、电子词典、统计年鉴等各类电子工具书为检索对象，以具体数据或事实为检索目的，检索结果是经过测试、评价过的各种数据或有关某一事物的具体答案。因此，数据事实信息检索是一种确定性检索。

(4) 多媒体信息检索。多媒体信息检索是对图像、音频、视频等多媒体信息进行基于特征的相似度搜索的信息检索类型。

随着信息技术的不断发展，各类数据库资源呈现相互整合、逐渐融合的趋势，不同信息检索类型之间的界限也日渐模糊。

2.1.3　作用

1. 信息检索有利于减少课题的重复研究、提高科研成功率

任何科学研究都是在继承前人的知识后有所发明、有所创新的。所在从事某一特定领域的学术活动，或开始做一项新的科研工作前，都需要对有关文献进行全面的调查研究，摸清国内外是否有人做过或者正在做同样的工作，取得了一些什么成果，尚存在什么问题，以便借鉴、改进和部署自己的工作。只有这样方能做到胸中有数，有的放矢，才能有所发现、有所创新，否则容易造成重复劳动，导致人力、物力、财力的浪费。

2. 信息检索有助于节约时间、提高科研效率

随着科学技术的发展，文献数量剧增并且学科间相互渗透的情况极为普遍，这导致在进行一项科学研究时，查找资料往往会占据科研人员大量宝贵的时间。

如果熟悉信息检索方法，就能大大节省查找资料的时间，从而加快科研速度，早出科研成果。

3. 信息检索是科学决策的必要前提

在日常工作和生活中，人们经常要作决策，一些重大决策关系到国家的兴衰、团体的成败和个人的前途，为此，必须进行科学决策。信息在决策中起重要作用，它是决策的前提和基础。正确的决策受多种因素的影响和制约，其决定因素在于决策者对决策对象有确切的了解和把握，对未来的行动和后果有正确的判断，这就取决于及时、准确、全面的掌握信息。信息的重要性在于消除不确定性，做到知己知彼。而且信息的作用贯穿于决策的全过程，从提出问题到选择方案，从确定目标到具体实施，每一步骤都离不开信息。

2.2 现代信息检索原理

无论是光盘数据库检索、互联网信息检索或网络数据库检索，其检索系统都是由数据库和系统软件构成的，其中核心部分是可供检索的数据库（Database），它是用户所需信息的来源，并且决定了信息资源系统的内容及学科特色。数据库由若干记录（Record）组成，记录中的最小单元为字段（Field），它表述的是文献的不同特征，包括题名（Title）、文摘（Abstract）、关键词（Keywords）等。

系统软件由系统维护软件和检索软件构成，它们共同实现对网络信息资源系统的管理。用户能否方便有效地从数据库中检索到所需要的信息，主要取决于检索软件的功能是否强大。

随着现代信息技术的发展，各种类型的数据库日益丰富，用户需要面对的检索系统日渐多样化，但由于检索软件的原理及检索方法、功能具有共通性，所以掌握好检索软件的基本使用方法对于很好地利用这些资源就显得尤为重要。

2.2.1 检索点与检索字段

检索点（Access Point）是检索的出发点，也称检索途径（Approach）。在数据库中每一个可检索的字段即为一个检索点，两者属于相互呼应的概念。例如已知作者的姓名，查其著作，即可选择作者字段进行检索；已知文献篇名，则可选择题名字段进行检索。

检索字段（又称检索入口或检索项）可分为基本检索字段和辅助检索字段，基本检索字段是指反映文献内容特征的字段，如题名、文摘、主题词等；辅助检索字段是指反映文献外部特征的字段，如作者机构、来源出版物、出版年等。不同的数据库还会根据自身文献信息、功用等特点添加一些特殊的检索字段，如

SciFinder Scholar 中的化学物质登记号、化合物结构、分子式等。

用户对于检索字段或检索途径的选择需要根据自己的已知信息以及具体的检索目的来确定。各基本检索字段的含义和用法如下。

（1）题名字段，泛指各种文献名称，包括论文篇名、图书题名、专利名称等。如果已知文献题名，利用题名字段进行检索最为快捷。

（2）文摘/关键词字段，提供用户检索在文摘或关键词字段中含有符合检索式的文献。

（3）主题词字段，提供通过对反映文献内容特征的主题词进行检索，从而将论述相同主题的文献检索出来的一种检索途径。

（4）全部字段（全文字段），提供用户在系统所有可供检索的字段中查找与检索式相匹配的内容。

☞ 重点提示：

因为不同检索字段代表着不同的检索范围，所以通过它的调整可以直接达到扩大或缩小检索范围的目的。各基本检索字段的检索范围大小大致为：题名 $<$ 关键词 $\approx$ 文摘 $<$ 主题词 $<$ 全文。

2.2.2 检索语言

检索语言又称标引语言、索引语言、概念标识系统等，是用于描述检索系统中信息的内部或外部特征和表达用户信息提问的一种专门语言。它对文献检索用语的概念加以人工控制和规范，把自然语言中的各种同义词、多义词、近义词、同形异义词等进行规范化处理，使每个检索词只能表达一个概念。检索语言担当了文献信息存储与检索之间的桥梁，是数据库生产中文献标引人员与信息检索中用户双方的共同语言。

从文献的不同特征出发来揭示文献就形成了不同的检索语言，包括分类语言和主题语言。分类语言包括体系分类语言、组配分类语言和混合分类语言。主题语言包括标题词语言、单元词语言、叙词语言和关键词语言。在信息的标引存储和检索应用过程中，目前应用得最广的是体系分类语言、叙词语言和关键词语言。

1. 体系分类语言与分类法

体系分类语言是按照一定的观点，以学科分类为基础，用逻辑分类的原理，结合信息的内容特征，运用概念划分的方法，按知识门类从总到分，从上到下，层层划分，逐级展开组成分类表，并以分类表来标引、存储信息和检索信息。

体系分类语言的特点是：能较好地体现学科的系统性，反映事物的平行、隶属和派生关系，适合于人们认识事物的习惯，有利于从学科或专业的角度进行族性检索，能达到较高的查全率；采用国际上广泛使用的拉丁字母和阿拉伯数字作概念标识的分类号，比较简明，便于组织目录系统。但是，由体系分类语言编制的体系分类表，由于受自身结构特点的限制，存在着某些明显的不足之处，主要表现为：①体系分类表具有相对稳定性，难以随时增设新兴学科的类目，不能及时反映新学科、新技术、新理论方面的信息，对检索结果的查全率和查准率有一定的影响；②体系分类表属直线性序列和层垒制结构，难以反映因科学技术交叉渗透而产生的多维性知识空间，给检索结果的查准率带来一定的影响。

尽管如此，体系分类语言仍然广泛地应用于信息的存储与检索。目前，国际上通用的体系分类表有《国际十进分类法》（UDC），国内通用的体系分类表有《中国图书馆图书分类法》（简称《中图法》，分为 A～Z 共 26 个基本大类，此处以 F 类为例），如表 2-1 所示。

表 2-1 中图分类法的五级类目示例

类目名称	类目级别
F 经济	一级类目
F4 工业经济	二级类目
F42 中国工业经济	三级类目
F423 工业计划与管理	四级类目
F423.1 工业计划	五级类目

2. 主题语言

主题语言是将表达某一事物或概念的名词术语用于标引、存储、检索的一种检索语言。主题语言分自然语言和人工语言两大类。常用的关键词语言属自然语言，而主题词则是人工语言，属于规范词，确定检索词时需要借助特定的词表或索引。根据选词原则、词的规范化处理、编制方法和使用规则的不同，主题语言又可分为标题词语言、关键词语言、单元词语言和叙词语言。

（1）标题词语言。标题词语言是主题语言中使用最早的一种类型。标题词语言是一种规范化的检索语言，标题词是从自然语言中选取的、经过规范化处理的、表示事物概念的词、词组或短语。标题词按字顺排列，词间语义关系用参照系统显示，并以标题词表的形式体现。如美国工程信息公司编制的《工程主题词表》（SHE）就是其主要代表之一。由于使用标题词语言编制的标题词表中的主、副标题词已事先固定组配，标引和检索时，只能选用已“定型”的标题词作标引词和检索词，所反映的主题概念必然受到限制。尤其是随着代表现代科技主题的内涵与外延越来越复杂，几乎不可能用一对主、副标题词完全、确切地表达出来，因此就需补充其他的主、副标题词，结果不仅增加了标引和检索的工作量，而且还降低了标引和检索的准确性，直接影响到检索系统存储信息和所得检索结果的质量以及检索效率。因此，标题词语言已不适应现代信息检索系统的发展，著名的标题词语言——《工程主题词表》已于 1993 年被《工程索引叙词表》（Ei Thesaurus）取代。

（2）关键词语言。关键词语言是直接从原文的标题、摘要或全文中抽选出来，具有实质意义的，未经规范化处理的自然语言词汇，作为信息存储和检索依据的一种检索语言。运用关键词语言编制的关键词索引，其关键词按字顺排列构成索引款目，所抽选的关键词都可以作为标引词在索引中进行轮排，作为检索"入口词"进行检索。但关键词索引不显示词间关系，不能进行缩检和扩检，对提高检索效率有一定的限制。由于关键词表达事物概念直接、准确，不受词表控制，能及时反映新事物新概念。目前，关键词语言已被广泛地应用于手工检索和计算机检索系统中的索引编制，并采取了编制禁用词表和关键词表等方法，以提高关键词抽取的准确性，并对词间关系进行了控制，以提高检索效率。关键词索引的主要类型有题内关键词索引、题外关键词索引、普通关键词索引、词对式关键词索引、双重关键词索引等。其中，常见的是题内关键词索引和普通关键词索引。如美国《化学题录》（CT）中的"题内关键词索引"，《化学文摘》（CA）中的"关键词索引"，都是其主要代表。

（3）单元词语言。单元词语言是在标题词语言基础上发展起来的一种规范化检索语言。单元词又称元词，是能表达主题最小的、最基本的、字面上不能再分的词汇单位（如"计算机"、"软件"），作为主题概念的标识。单元词具有相对的独立性，词与词之间没有隶属关系和固定组合关系，检索时根据需要进行组配。由于单元词的专指度较低，词间无语义关系，对查准率有较大的影响，现已被叙词语言取代。

（4）叙词语言。叙词语言是以自然语言为基础，以概念组配为基本原理，并经过规范化处理，表达主题的最小概念单元，作为信息存储和检索依据的一种检索语言。叙词语言吸收了其他检索语言的优点，并被加以改进。例如，叙词语言吸收了体系分类语言的等级关系，编制了词族表；吸收了标题词语言的规范化处理方法和参照系统，达到了一词一义，发展了词与词之间的逻辑关系，形成了语义网络，编制了叙词表；吸收了单元词语言的组配原理，并取代了单元词语言；吸收了关键词语言的轮排方法，编制了各种叙词索引。因而，叙词语言在直观性、单义性、专指性、组配性、多维检索性、网络性、语义关联性、手检与机检的兼容性、符合现代科技发展的适应性等诸多方面，较其他检索语言都更加完善和优越。

2.2.3 检索效率

检索效率是评价一个检索系统性能优劣的质量标准，它始终贯穿信息存储和检索的全过程。衡量检索效率的指标主要是查全率和查准率。

1. 查全率

查全率(R)是测量检索系统检出相关文献能力的一种尺度，是系统检出的相关文献数(w)与系统信息库中存储的相关文献总数(x)之比。用公式表示为

$$R=w/x$$

2. 查准率

查准率(P)是检测检索系统拒绝非相关文献能力的一种尺度，是系统检出的相关文献数(w)与检出的文献总数(m)之比。用公式表示为

$$P=w/m$$

需要引起注意的是，查准率必须与查全率结合使用才能说明系统的检索效果。有研究表明，通常情况下两者是成反比关系，即提高查准率则会降低查全率，反之亦然。所以用户在实际检索过程中应注意根据具体的检索要求，合理调整查全率和查准率，以保证检索效果。

2.3 现代信息检索方法

2.3.1 检索技术

在进行网络资源检索的时候，单独用一个检索词往往无法准确而完整地表达用户的检索意图，为此需要使用系统提供的一些运算方法和检索算符来编制比较复杂的检索式，以表达检索词之间的逻辑关系或位置关系，实现较为复杂的检索需求。

1. 布尔逻辑算符 (Boolean Logic Operators)

利用布尔逻辑算符进行检索词的组配，是所有网络资源系统都支持的一种常用检索技术。

(1) 布尔逻辑算符的形式及含义。①逻辑与。逻辑与是一种具有概念交叉或概念限定关系的组配，用“*”或“AND”算符表示。例如要检索“计算机管理”方面的信息，它包含了“计算机”和“管理”两个主要的独立概念。“计算机”、“管理”可用逻辑与组配，即用“计算机 AND 管理”来表示两个概念同时

包含在一条记录中。使用逻辑与组配技术，可以缩小检索范围，增强检索的专指性，提高检索信息的查准率。图 2-1 为逻辑与组配含义图。②逻辑或。逻辑或是一种具有概念并列关系的组配，用“+”或“OR”算符表示。例如要检索“手机”方面的信息，考虑到“手机”的概念可由“移动电话”这个同义词来表达，于是应采用“逻辑或”组配，即用“手机 OR 移动电话”来表示这两个并列的同义概念分别在一条记录中出现或同时在一条记录中出现。使用“逻辑或”检索技术，可以扩大检索范围，提高检索信息的查全率。图 2-2 为逻辑或组配含义图。③逻辑非。逻辑非是一种具有概念排除关系的组配，用“-”或“NOT”算符表示。例如要检索“不包括核能的能源”方面的信息，“能源”、“核能”采用“逻辑非”组配，即用“能源 NOT 核能”来表示从“能源”检索出的记录中排除含有“核能”的记录。使用“逻辑非”检索技术可以排除不需要的概念，能提高检索信息的查准率，但也易将相关的信息剔除，影响检索信息的查全率。因此，使用“逻辑非”检索技术时要慎重。图 2-3 为逻辑非组配含义图。

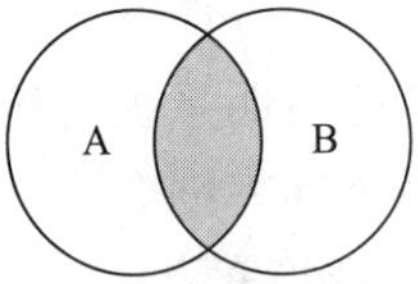

图 2-1　逻辑与组配含义图

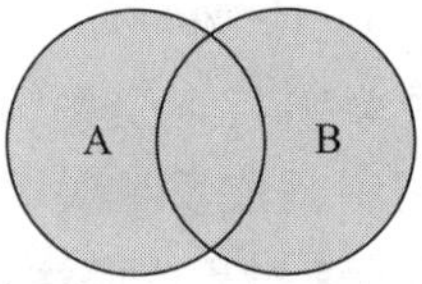

图 2-2　逻辑或组配含义图

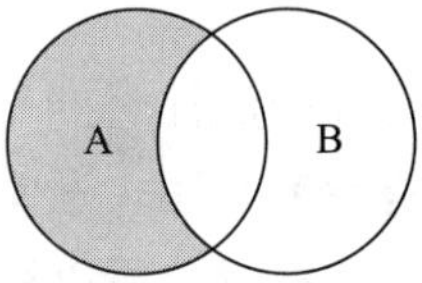

图 2-3　逻辑非组配含义图

(2) 布尔逻辑算符的运算次序。在大多数的检索系统中，用布尔逻辑算符组配检索词构成的检索提问式，逻辑算符 AND，OR，NOT 的运算优先次序为 NOT→AND→OR。在有括号（包括多重括号）的情况下，括号内的逻辑运算先执行。

2. 位置算符（Proximity Operators）

位置检索主要用于英文电子资源的检索，是以数据库原始记录中检索词之间的实际物理位置关系为对象的运算，它利用位置算符来限定两个检索词之间的邻近位置关系。这种检索技术可弥补布尔检索技术只是定性规定参加运算的检索词在检索中的出现规律满足检索逻辑即为命中结果，不考虑检索词词间关系是否符合需求，而易造成误检的不足。当检索式中同时使用了逻辑算符和位置算符时，系统先执行位置算符，但可以通过使用括号来改变检索的优先顺序。需要注意的是，在不同的检索系统中，位置逻辑算符的种类和表达形式不完全相同，例如 ISI 数据库的位置算符是 NEAR 和 SAME；Ei Compendex 数据库的位置算符是 NEAR 和 ONEAR。这里以著名的 Dialog 联机检索系统为例，其常用的位置逻辑算符有(W)与(nW)、(N)与(nN)。

(1) (W)与(nW)算符。两词之间使用“W”表示其相邻关系，即词与词之间不允许有其他词或字母插入，但允许有一空格或标点符号，且词序不能颠倒。即使用(W)算符连接的检索词，已构成一个固定的词组，显然(W)算符具有较强的严密性。例如，GAS(W)CHROMATOGRAPH 表示检索结果为 GAS CHROMATOGRAPH 或 GAS-CHROMATOGRAPH 形式的才为命中。(nW)由(W)衍生而来。若在两词之间使用“nW”，表示两词之间可插入 n(n=1，2，3…)个词，但词序不能颠倒，它与(W)的唯一区别是，允许在两词之间插入 n 个词，因而，严密性略逊于(W)。例如，LASER(1W)PRINTER 表示检索结果中具有 LASER PRINT，LASER COLOUR PRINTER，LASER AND PRINT 等形式的均为命中记录。

(2) (N)与(nN)算符。两词之间使用(N)也表示其相邻关系，两词之间不能插入任何词，但两词词序可以颠倒。例如，WASTEWATER(N)TREATMENT 表示检索结果中具有 WASTEWATER TREATMENT 或 TREATMENT WASTEWATER 形式的均为命中记录。(nN)除具备(N)算符的功能外，不同之处是允许两词之间插入 n 个词。

3. 截词算符 (Wildcard/Truncation Symbols)

截词检索主要用于英文电子资源的检索，在检索词具有不同拼写方法、多种后缀或拼写不完整的情况下使用截词算符，能避免因罗列检索词的各种词形变化使得检索式过于复杂冗长，避免漏检以提高查全率。需要注意的是，不同的检索系统使用的截词符的种类和功能有所不同，使用前应注意查阅系统的使用规则。

根据截词算符在检索词中的位置，可分为前截词、中截词和后截词。

(1) 前截词。前截词算符在检索词的词首，如输入“* physics”，就可以检索出包括 physics，astrophysics，biophysics，chemophysics 等所有以 physics 结尾的单词。

(2) 中截词。中截词也称屏蔽词。一般来说，中截词仅允许有限截词算符“?”，主要用于英、美拼写不同的词和单复数拼写不同的词。如“organi? ation”可检索出含有 organisation 和 organization 的记录。

(3) 后截词。①有限后截词。主要用于词的单、复数，动词的词尾变化等。如“books”可用“book?”代表，其中有限截词算符“?”可以用来代替 0 个或 1 个字符，因此，“book?”可检索出包含有 book 或 books 词的记录；“acid??”可检索出含有 acid，acidic 和 acids 的记录。②无限后截词。绝大多数检索系统用“*”表示词尾的无限截词，如输入“tan *”，就可以检索出包括 tan、tanned、tanning、tannin、tannage 等所有以“tan”开头的单词。

2.3.2 检索方式

考虑到用户个人能力的差别，大多数现代信息检索系统（数据库）都提供基本检索、高级检索、专家检索和出版物浏览 4 种检索方式供用户选择。基本检索与高级检索多为菜单式检索，专家检索多为指令式检索。

(1) 基本检索。基本检索又称为初级检索、简单检索或快速检索。系统通常仅提供一个检索行，可检字段默认为全文或主题等少数常用的检索字段。检索框内的检索词可以是单词、词组或用检索算符连接的多个词（组）。它适合于检索经验不足的初级用户或构建比较简单的检索式。图 2-4 为 CNKI 旧平台的初级检索界面。

图 2-4　CNKI 旧平台的初级检索界面

(2) 高级检索。高级检索通常有多个检索行，检索行之间逻辑关系一般默认为逻辑与，可用行间下拉菜单指定。系统提供更为丰富的可检字段和更多限定检索范围的条件。检索框内的检索词可以是单词、词组或用检索算符连接的多个词（组）。它适合于有一定检索经验的熟练用户或构建较为复杂的检索式，能获得较高的查全率和查准率。图 2-5 为 CNKI 旧平台的高级检索界面。

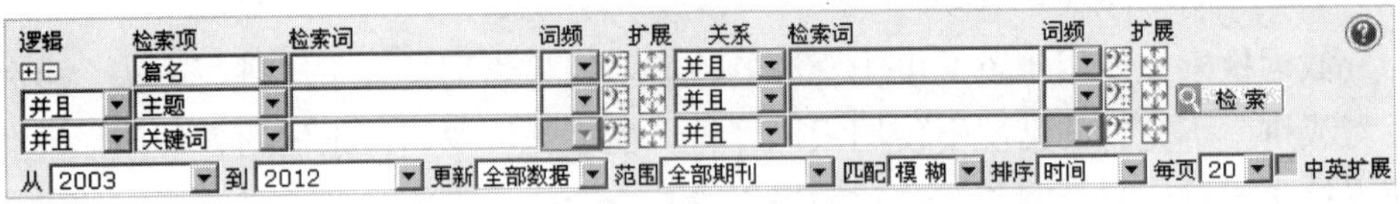

图 2-5　CNKI 旧平台的高级检索界面

(3) 专家检索。专家检索又称为专业检索，系统通常只提供一个检索窗口，需要输入一个用检索词、检索算符、字段代码或其标识符构造的具有完整逻辑关系的复合检索式。它适合于熟悉检索命令并有检索经验的熟练用户，适合于在检索具有多个检索词且逻辑关系较为复杂的课题时使用。专家检索可以构建极为复杂的检索式，可以获得较高的查全率和查准率。图 2-6 为 CNKI 旧平台的专家检索界面。

☞ **重点提示：**

不同数据库的专家检索所用检索字段标识符以及构造复合检索式的语法均不相同，应注意查看其系统提供的检索方法说明。

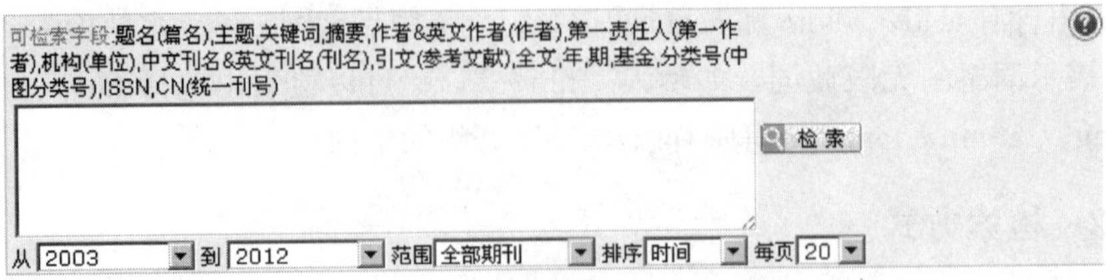

图 2-6　CNKI 旧平台的专家检索界面

（4）出版物浏览。出版物浏览功能可以实现对数据库所收录的所有期刊、图书等出版物进行单本浏览，其浏览方式通常有按题名的字母顺序游览、按学科主题浏览、按个人喜好浏览以及刊名检索等。图 2-7 为 CNKI 旧平台的期刊导航界面。

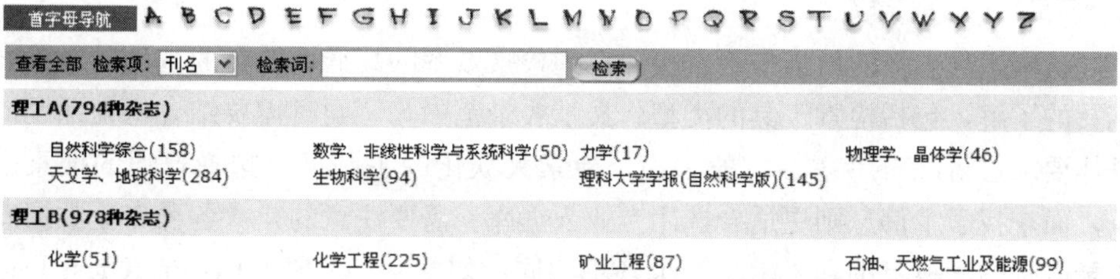

图 2-7 CNKI 旧平台的期刊导航界面

2.3.3 检索策略的制定

检索策略是指为达到检索目标而制定的具体检索方案或对策。现代信息检索的流程如图 2-8 所示。

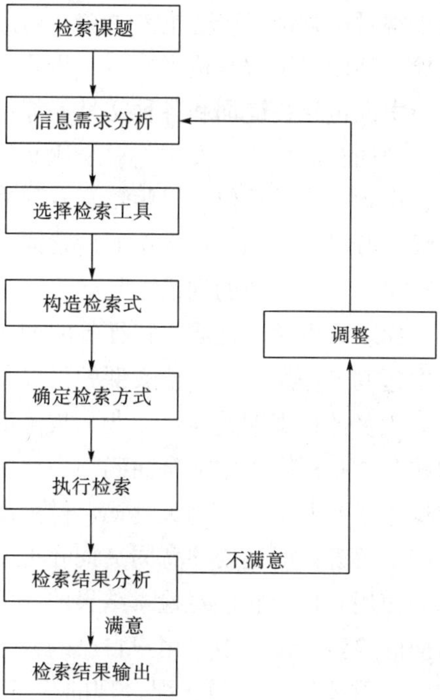

图 2-8 现代信息检索流程图

1. 信息需求分析

需求分析要求用户在实施检索操作之前对自己所要检索的课题有比较全面的认识，确切了解自己对该特定研究课题所需信息的要求，这是检索信息的基本出发点，也是评价检索效果的主要依据。具体来说，检索要求包括所需信息的类型、语种、数量、学科范围、时间范围等。

2. 选择检索工具

检索工具选择的恰当与否直接关系到检索效率的高低，选择的基础是对检索工具的了解，包括检索工具的类型、文献收录范围等，同时需要结合检索课题的具体要求进行综合考虑。一般来说，检索大众化的主题可以选择普通的搜索引擎，而查找学术信息则更适合选用专业数据库。需要注意的是，各种专业数据库收录文献的学科范围和文献类型也各不相同，如 Elsevier SDOL，ProQuest Digital Dissertations，ISI Conference Proceedings Citation Index 和 Derwent Innovations Index 主要分别用于查找期刊论文、学位论文、会议论文和专利文献。

3. 构造检索式

检索式（Query）也称检索提问表达式，是检索策略的具体体现，是信息检索的核心，它的合理与否将对检索结果产生重要影响。构造检索式包括确定检索词、确定检索词对应的检索字段以及编写检索式三个步骤。

（1）确定检索词。检索词包括关键词和各种文献外部特征检索词，前者指那些出现在文献的标题、关键词、摘要或正文中，对表达文献主题内容具有实质意义的词语；后者为刊名、作者、作者单位、出版年和专利号等。因为更多地是从主题的角度搜索所需资源，所以关键词是最常用的检索词。关键词又分为核心词和辅助词，核心词是反映课题重点概念的词语，是必不可少的检索词；辅助词可以反映一定的课题概念，如表示方法、性质、特征等的词语，但并不涉及课题的核心内容，只是在检索中起调节作用。某些检索课题可以直接选用课题名称中的主要概念作为关键词，但大多数检索课题需从专业、技术的角度对研究内容进行仔细分析，才能找出课题名称中所隐含的能全面确切表达主题概念的关键词。应尽量选用专指词、特定概念或专业术语作为关键词，避免冷僻词和含义太宽泛的词，如国家、世界等。确定关键词时还要注意同义词和近义词、全称与缩写、上位词与下位词等的选择与使用，以及它们对检索结果的影响。

（2）确定检索词对应的检索字段。根据用户自己的检索经验及预判，将不同检索词按其对于检索课题的重要性的不同匹配合理的检索字段。就关键词而言，常用的检索字段有篇名、关键词、摘要、主题和全文，一般认为主题字段兼顾了查全率和查准率的要求，可以作为第一选择。

（3）编写检索式。利用布尔逻辑算符、位置算符、截词算符等连接符号将多个检索词按照其内在的逻辑关系连接起来构建成一个完整的检索式。例如要查找有关“超细氮化钛的合成方法研究”方面的文献，根据对课题所涉及研究内容的分析，要得到较为全面且兼顾准确性的检索结果，合理的检索式应为：(题名＝氮化钛 OR 题名＝TiN) AND (题名＝合成 OR 题名＝制备) AND (主题＝超细 OR 主题＝纳米)。

4. 确定检索方式

对于简单的课题，选择初级检索或者高级检索就能获得理想的结果。但在面对具有多个检索词且逻辑关系较为复杂的课题时，使用专家检索则更有利于准确表达检索词之间的逻辑关系以及便于对检索式进行调整。

2.3.4 检索策略的调整

对于一个较为复杂的课题而言，往往很难一次检索就获得令人满意的结果，这就需要在实际检索的过程中根据已经获得的检索结果的情况对检索策略进行调整，直到查到满意的结果为止。检索策略的调整本质上是对检索范围的调整，重点是对检索式的修订，其中主要包括调整检索词以及调整检索字段两种途径，另外还涉及对各种限制条件的修改。

(1) 扩大检索范围。当检索结果为零或太少时，就需要扩大检索范围，其方法包括：①在检索词方面，可以使用布尔逻辑“或”连接表达某一概念的同义词、近义词或相关词；降低检索词的专指度，如使用较普遍的词代替不常用的词，或改用上位词；减少用布尔逻辑“与”连接的辅助词；使用截词算符；利用检索工具提供的“自动扩检”功能。②在检索字段方面，可以逐渐放宽检索词对应的检索字段，但核心词对应的检索字段不宜放得过宽，否则准确性无法得到保证。③取消或放宽各种检索范围的限制条件，包括文献类型、学科类型、出版时间、语种等。

(2) 缩小检索范围。当检索结果太多或相关度不高时，就需要缩小检索范围，其方法包括：①在检索词方面，可以使用布尔逻辑“与”连接更多的检索词；使用布尔逻辑“非”排除掉不需要查找的检索词；提高检索词的专指度或改用更相关的下位词；使用位置算符。②在检索字段方面，可以逐渐缩小检索词对应的检索字段，但辅助词对应的检索字段不宜缩得过窄，否则很容易查不到结果。③缩小各种检索范围限制条件，包括文献类型、学科类型、出版时间、语种等。

☞ 重点提示：

通常缩小检索范围能提高查准率，但同时会降低查全率；扩大检索范围能提高查全率，但同时降低查准率，两者互为悖论。所以，用户在实际检索过程中需要注意权衡调整检索范围的尺度，以获得理想的结果。

2.3.5 检索结果的显示与处理

1. 检索结果的显示与排序

信息检索系统通常都默认以题录方式列表显示检索结果，即提供文献题名、作者、来源等主要信息，每个题录下又有进一步查看文摘、详细记录或全文的超链接，用户可根据需要自主选择。

常见的检索结果排序方式有按相关度（Relevance）排序和按文献发表时间（Date）排序，其中按相关度排序的方式应用最为普遍，但不同的信息检索系统对“相关度”的算法各有不同，其主要标准有：①所有的检索词可能是作为一个完整的短语被检索到，也可能是作为独立的单词在一条文献记录中被分别检索到，作为短语的文献排列靠前；②若是作为单词被分别检索出来，则各检索词的位置越接近，相应的文献记录排序越靠前；③检索词或短语在文献记录中出现的频率越高越靠前。

2. 检索结果的输出

信息检索系统通常都为用户提供下载（Download）、存盘（Save）、打印（Print）、电子邮件（E-mail）发送、输入到参考文献管理软件等检索结果输出方式，输出格式包括目录、题录、文摘、全文、自定义等。用户需要先对自己需要的记录做标记（Mark），而后形成被标记文献列表，再对已标记记录进行输出。

全文文献的打印与保存，主要利用各个全文阅读软件自身的打印与保存功能来实现。

3. 检索结果的精炼

信息检索系统通常都提供二次检索功能（Search within Results），用来进一步缩小查询范围，提高查准率。此外，有些还可以将检索结果按作者（Author）、单位（Author Affiliation）、主题（Topic）、文献类型（Content Type）、出版物名称（Source Title）、出版时间（Year）、语种（Language）等限定字段组成不同的集合进行聚类显示（Refine Results）。

参考文献

[1] 徐天秀.信息检索[M].北京:科学出版社,2006.
[2] 黄如花.信息检索[M].武汉:武汉大学出版社,2010.
[3] 陈英.科技信息检索(第四版)[M].北京:科学出版社,2009.

[4] 关志英,郭依群. 网络学术资源应用导览(科技篇)[M]. 北京:中国水利水电出版社,2007.
[5] 邹广严,王红兵. 信息检索与利用[M]. 北京:科学出版社,2011.
[6] 百度百科. 信息检索[EB/OL]. http://baike.baidu.com/view/45496.htm#3[2012-05-30].
[7] 金华义乌 seo. 金华 seo 浅谈:信息检索有什么作用[EB/OL]. http://www.jinhuacom.com/info/36.html[2012-07-19].

第 3 章　免费网络信息资源的检索与利用

随着现代信息技术、网络技术和数字化信息资源的发展，网络上的各类免费资源呈几何级数增长。面对浩如烟海的网络信息资源，如何快捷准确、及时有效地获取和利用信息资源，尤其是学术资源，是网络时代对信息检索提出的新要求，也是人们在信息化社会必须具备的基本信息素养。

3.1　免费网络信息资源概述

所谓免费网络信息资源主要包括两类：一类是以搜索引擎为检索工具，传播公共信息的网络信息资源；另一类是以网络为平台进行检索的免费在线数据库。

3.1.1　网络信息资源的类型

（1）按照所采用的传输协议划分，包括万维网（WWW）信息资源、电子邮件信息资源、FTP 信息资源、Talnet 信息资源、用户服务组信息资源、Gopher 信息资源、Blog 信息资源等。

（2）按信息交流的方式划分，包括正式出版的信息（如各种数据库、联机杂志和电子杂志、电子版工具书、报纸、专利信息）、半正式出版的信息（如从各种学术团体和教育机构、企业和商业部门、国际组织和政府机构、行业协会等单位的网址或主页上所查到的“灰色”信息）和非正式出版的信息（包括电子邮件、专题讨论和论坛、电子会议、电子布告板、新闻等）。

（3）按信息资源的分布划分，包括企业和公司站点、大学和科研院所站点、信息服务机构站点、行业机构站点等。

（4）按信息内容的表现形式和内容划分，包括全文型信息（各种网上报纸、专在网上发行的电子期刊、印刷型期刊的电子版、网上出版的学术会议论文、标准全文等）、事实型信息（城市或景点介绍、工程实况及记录、企事业机构名录、指南、字典、词典、百科全书、年鉴、手册等）、数值型信息（产品或商品的规格及价格、各种统计数据等）、数据库信息（各种网络数据库）、实时活动型信息（各类投资行情和分析、娱乐、聊天、网络新闻组讨论、邮件讨论组、BBS、网上购物等）和其他类型信息（图片、动画、音乐、影视、广告等）。

（5）按照信息资源的有偿性划分，包括收费类信息资源和免费类信息资源。

3.1.2 网络信息资源的特点

网络信息资源是将文字、图像、声音、动画等多种形式的信息，以数字化形式存储，并借助计算机与网络通信设备发布、收集、组织、存储、传递、检索和利用的信息资源。与传统的信息资源相比，网络信息资源在数量、结构、分布、传播范围、类型、载体形态、内涵、控制手段、传递方式等方面都显示出新的特点。这些特点赋予了网络信息资源新的内涵，可按照一定的标准从不同角度来阐述。

1. 内容角度

(1) 海量化。网络信息资源在数量上呈几何级增长，具有海量化的特征。据了解，网络上向公众开放的网页每天以 TB 的量级速度在增长。

(2) 类型多样。网络信息资源多种多样，包罗万象，覆盖了不同学科、不同领域、不同地区、不同语言的信息资源；在发布形式上，包括了文本、图像、音频、视频、软件、数据库等，堪称是多媒体、多语种、多类型信息的集合体。

(3) 更新速度快、代谢频率高。在互联网上，信息内容处于不断的变动之中，信息资源的更替、消亡无法预测。

(4) 复杂性。网络信息资源的各种信息质量良莠不齐，政府、机构、企业、个人都可以在网上自由发布信息，真伪难辨，给选择、利用信息带来了障碍。

2. 形式角度

(1) 数字化存储、传递。网络信息资源由印刷文字变为磁性介质上的电磁信号或者光介质上的光信息，所存储的信息密度高、容量大，可以无损耗地被重复使用。

(2) 动态性。信息技术的低成本以及信息发布的随意性，使网络中各种信息、各类网站网页、各信息源等都处于经常性的变动之中，网络信息资源具有明显的动态性和不稳定性。

(3) 开放性。互联网是一个面向全球的开放系统，网络信息的分布、传递、交流都具有开放性。

(4) 组织无序、稳定性差。各网站虽然实现了对本站点信息组织的局部有序化，但从整体上来看，互联网上的信息仍然处于无序的混乱状态中。

(5) 非线性。网络信息的组织不是简单的线性编排，而是网络化组织。

3. 效用角度

(1) 共享性。互联网除具备一般意义上的信息资源共享外，网页上的信息还可供所有的互联网用户快速和随时登录访问，不存在传统信息资源由于副本数量的限制以及信息机构服务时间、场所的限制而产生信息不易获取的现象。

（2）时效性。网络信息资源的更新速度和频率都是非常快的，内容时刻在更新，具有很强的时效性。

（3）交互性。交互性是网络信息传播的一大特点，具体体现在网络传播中，受众与传播者或者受众与受众之间可以在一定程度上进行直接双向交流。

4. 检索角度

（1）网络信息通道的双向性和信息检索的网络性。

（2）网络信息关联度强，检索快捷。

3.1.3　网络信息资源的评价

1. 网络信息资源机构的权威性和可信度

网络信息资源机构的权威性和可信度是利用网络信息时重要和首要的选择标准。首先，要看网页主办者的声誉，网站及其建站机构的权威性与知名度。一般来说，权威机构或者知名机构（人士）发布的信息在质量上比较可靠，尤其是政府机构、著名研究机构或大学发布的信息，在可信度上来说是比较好的。其次，要看网络文献作者的个人情况。比如作者的声誉与知名度如何，作者的 E-mail 地址、电话，能否与作者取得联系等。通常某领域的著名专家、学者或者社会知名人士发布的信息可信度较高，更能赢得用户的信任。

2. 网络信息资源的内容

（1）科学性和客观性。科学性和客观性是评价和选择网络信息的一个重要方面。首先，网络信息的内容要具有科学性，有一定的科学研究价值，并采用科学的方法和形式进行阐述。其次，网络信息要具有客观性，需列出可供核查事实的信息来源、数据和依据，同时也要看网络信息是否公正，提供的事实中是否有带倾向性的宣传和评论，并且在介绍有争议的观点时是否持中立立场，并提供公正的评判。最后，要看其行文是否流畅，有无明显的错误，有无错别字等。

（2）独特性和新颖性。人们通常利用发布时间较新且比较独特、有参考价值的信息，对于网络信息资源的利用更是如此。网络信息所反映的主题是否特别、是否还有其他的提供方式（如是否有印刷形式或者别的电子形式）、网络信息创建或发布的日期、最近的更新日期、更新间隔周期等，都会影响其利用效果。只有信息内容独特，观点新颖，才能提升网络资源的价值，提高利用效率。

3. 网络信息资源的覆盖面和针对性

包括网络信息资源所涵盖的范围是否广泛，是否针对相关领域或专业；本网页制作的目的，有何针对性，是否面对特定的用户；所提供信息的广度、深度如何；包括哪些网络资源类型，是书目、索引、文摘，还是网络期刊或者网上图书等。据调查，80％以上的用户在检索学术资料时，更加倾向于利用专业网站或专题数据库。特别是用户在利用虚拟图书馆时，更多的是查询书目、索引和文摘等工具检索信息，其次是利用相关专业的网络期刊，查找最新最全的信息，对于网络图书，其利用率就要低得多。

4. 网络信息资源的检索途径

通常人们查阅某一主题的网络资源时，习惯链接到其相关主题的信息，扩大检索范围，以防漏检所需信息。因而，网络信息的超链接将位于不同页面的各种信息（文字、图像、表格等）有效连接起来，具有很大的灵活性，以方便用户检索相关信息。显然，用户所需要的信息是否具有易检性、检索途径是否方便、利用起来是否顺畅等，都会影响到用户对文献质量的选择和评价。总的来说，用户访问和点击率越高的网站，信息资源的价值在某种程度上就会越大，用户的评价就越高，其利用率也就越高。

3.1.4 网络信息资源的检索方法

（1）直接访问法。直接访问法就是已经知道要查找的信息可能存在的地址(URL)，利用浏览器直接连接到其主页上进行浏览查找。其优点是目的性强、节省时间，缺点是信息量少。

（2）漫游法。漫游法是指从一个网页上通过感兴趣的条目链接到另一个网页上，在整个互联网上无固定目的地进行浏览。其优点是无需特定的网址，通过无止境的链接在网上可能发现一些意想不到的信息；缺点是用户在漫游过程中往往会失去方向，花费了大量时间、精力之后可能最终却一无所获。

（3）检索法。检索法是指依靠专业的网络信息检索软件，将网络上的信息与用户选定的检索词相匹配，以快速获取相关信息的方法。有效的检索需要学会使用检索软件和相关技能，才能取得令人满意的结果。

3.1.5 网络信息资源的检索工具

网络信息资源检索工具多种多样，按照其检索机制可分为：主题指南（目录型检索工具)、图书馆的网络导航（学科导航)、搜索引擎等。从功能上来看，主题指南和图书馆的网络导航类似图书中的目次，而搜索引擎则更像索引。

（1）主题指南。主题指南是在广泛搜集网络资源及进行加工整理的基础上，按照某种主题分类体系编制的一种可供检索的等级结构式目录。在每个类目及子类下提供相应的网络资源站点地址，并给以简单的描述，通过浏览该目录，在目录体系的导引下检索到有关的信息，主题指南因此也叫目录型检索工具。此类检索工具比较适合于对不熟悉领域的一般性浏览或浏览检索概况性强、类属明确的主题，检索质量较高，但因为人工操作成本较高使得内容相对较少，收录不全面，新颖性不够。在互联网发展早期，以 Yahoo! 为代表的网站分类目录查询非常流行，而现在，此类主题指南往往与计算机检索软件结合起来，以等级式主题指南类搜索引擎的形式提供检索服务。

（2）图书馆的网络导航。许多图书馆从协调整个网络资源的角度出发，对互联网上的相关学术资源进行搜集、评价、分类、组织和有序化整理，并对其进行简要的内容揭示，建立分类目录式资源组织体系、动态链接学科资源数据库和检索平台，发布于网上，为用户提供学科信息资源导航和检索服务。与其他网上导航工具相比，图书馆的网络导航具有专业性、易用性、准确性、时效性和经济性等优势，所含内容切合主题，学术价值较高。不足之处是所建立的数据库规模较小，在某些类目下收集的文件数量有限，更新滞后。常用的国外学术性网络导航系统有加利福尼亚州大学图书馆的 INFOMINE、麻省理工学院图书馆的 Virtual Reference Collection 等，国内比较有影响的是 CALIS 重点学科网络资源导航门户。

（3）搜索引擎。搜索引擎使用自动索引软件来发现、收集并标引网页，建立索引数据库，以 Web 形式提供检索界面。当用户输入某个关键词的时候，所有在页面内容中包含了该关键词的网页都将作为搜索结果被搜出来。在经过复杂的算法进行排序后，这些结果将按照与搜索关键词的相关度由高到低依次排列。搜索引擎强调的是检索功能，而非主题指南那样的导引、浏览。搜索引擎适合于检索特定的信息及较为专深、具体或类属不明确的课题，信息量大且新，速度快，但检索结果准确性相对较差，其代表有 Google、百度等。

3.2　搜索引擎

3.2.1　搜索引擎的概念

搜索引擎是指自动从互联网搜集信息，经过一定整理以后，提供给用户进行查询的系统。它是为满足用户对网络信息搜索需求应运而生的网络工具，既是互联网信息查询的导航针，也是沟通用户与网络信息的重要桥梁。从本质上看，搜索引擎是收录网页全文索引的数据库，当使用搜索引擎时，实际上是在检索这些被搜索到的网页的数据库，而不是检索互联网本身。搜索引擎也不能真正理解网页上的内容，它只能机械地匹配网页上的文字。

☞ 重点提示：

搜索引擎本质上是一个网页数据库，有权威的研究报告指出，即使功能最完善的搜索引擎也只能找到互联网上不到三分之一的网页。通过搜索引擎无法找到的网络信息包括各类商业数据库，政府、银行等机构的内部数据库，以及个人邮件、聊天记录等。

3.2.2 搜索引擎的工作原理

1. 从互联网上抓取网页

搜索引擎利用被称为网络蜘蛛（Spider）的网页抓取程序自动访问互联网，并顺着网页中的超链接连续地抓取网页。由于互联网中超链接的应用很普遍，理论上，从一定范围的网页出发，就能搜集到绝大多数的网页。

2. 建立索引数据库

搜索引擎整理信息的过程称为“建立索引”，它由分析索引系统程序对收集回来的网页进行分析，提取相关网页信息（包括网页所在 URL、编码类型、页面内容包含的所有关键词、关键词位置、生成时间、大小、与其他网页的链接关系等），根据一定的相关度算法进行大量复杂计算，得到每一个网页针对页面文字中及超链中每一个关键词的相关度（或重要性），然后用这些相关信息建立网页索引数据库。

3. 在索引数据库中搜索排序

用户输入关键词进行检索，搜索系统程序从网页索引数据库中找到匹配该关键词的所有相关网页并向用户返回信息。因为所有相关网页针对该关键词的相关度早已算好，所以只需按照现成的相关度数值排序，相关度越高，排名越靠前。为了便于用户判断，搜索引擎除了提供网页标题和网页链接外，还会提供一段来自网页的摘要信息。

4. 定期更新索引数据库

搜索引擎的 Spider 一般要定期重新访问所有网页（各搜索引擎的周期不同，可能是几天、几周或几月，也可能对不同重要性的网页有不同的更新频率），更新网页索引数据库，以反映出网页文字的更新情况，增加新的网页信息，去除死链接，并根据网页文字和链接关系的变化重新排序。这样，网页的具体文字变化情况就会反映到用户查询的结果中。

3.2.3　搜索引擎的类型

按照信息搜集方法和服务提供方式的不同，主要可分为下列几种。

（1）全文搜索引擎（Full Text Search Engine）全文搜索引擎是通过从互联网上提取各个网站的信息（以网页文字为主）而建立的数据库中检索与用户查询条件匹配的相关记录，然后按一定的排列顺序将结果返回给用户，具代表性的有 Google、百度等。从搜索结果来源的角度，全文搜索引擎又可细分为两种，一种是拥有自己的检索程序，并自建网页数据库，搜索结果直接从自身的数据库中调用；另一种则是租用其他引擎的数据库，并按自定的格式排列搜索结果，如 Lycos。该类搜索引擎的优点是信息量大、更新及时、无须人工干预，缺点是返回信息过多，有很多无关信息，必须从结果中进行筛选。

（2）目录式搜索引擎（Search Index/Directory）。值得一提的是，目前全文搜索引擎和目录式搜索引擎有相互融合渗透的趋势，如 Google 就借用 Open Directory 目录提供分类查询。而像 Yahoo！这些老牌目录索引，则将人工编制的等级式主题目录和计算机检索软件提供的关键词等检索手段结合起来，完成网络信息资源的组织任务，形成一种特有的等级式主题指南类搜索引擎。

（3）元搜索引擎（META Search Engine）。元搜索引擎又称集合型搜索引擎，它没有自己的数据，而是将用户的查询请求同时向多个独立的搜索引擎递交，并将从各独立搜索引擎返回的结果进行重复排除、重新排序等处理后，作为自己的结果返回给用户。这类搜索引擎的优点是返回结果的信息量更大、更全，缺点是只能提交简单的检索，不能传送使用布尔逻辑或其他运算符来限制或改进结果的高级检索提问式，搜索结果的准确性不高，用户需要做更多的筛选。元搜索引擎中具有代表性的有 WebCrawler，InfoSpace 等。

3.2.4　搜索引擎的检索功能

1. 基本检索功能

（1）逻辑与功能。多个搜索字词之间用一个空格隔开（系统默认逻辑与的关系，无需添加“AND”）进行搜索，搜索引擎会返回包含所有搜索字词的网页。要进一步限制搜索，只需加入更多字词。

（2）逻辑或功能。如果几个搜索字词中任意一个出现在结果中就满足搜索条件时，可在搜索字词之间使用 OR 连接符（百度用“｜”连接符）。注意，连接符与搜索字词之间必须有空格。

(3) 逻辑非功能。在某搜索字词前紧靠该字词加一个减号，表示不希望搜索结果中出现包含该字词的网页。前一个字词和减号之间必须有空格，否则，减号会被当成连字符处理，而失去减号逻辑非功能。

(4) 词组搜索。如果输入的搜索字词很长，搜索引擎在经过分析后，可能会拆分搜索字词。若需要得到精确、不拆字的搜索结果，可在搜索字词前后加上双引号。

(5) 大小写。搜索引擎不区分大小写，输入的所有字母都会视为是小写的。

(6) 禁用词。为提高查准率，搜索引擎将常用的一些介词、冠词、数字和单个字母等高频词作为禁用词，在检索时自动忽略，如果必须使用禁用词时可用+或·“”。

2. 高级检索功能

(1) 限定搜索的文件类型——filetype。很多专业文档在互联网上存在的方式往往不是普通的网页格式，而是 Office 文档或者 PDF 文档。搜索引擎支持对 Office 文档（包括 Word，Excel，Powerpoint）、Adobe PDF 文档、RTF 文档进行全文搜索。要搜索这类文档，只需要在普通的搜索字词后面，加一个“filetype:”来对文档类型进行限定。“Filetype:”后可以跟 DOC，XLS，PPT，PDF，RTF 等文件格式。

(2) 将搜索范围限定在特定站点中——site。如果要指定搜索结果必须来自特定网站，可以在搜索字词的后面，加上“site：站点域名”。注意，“site:”后面的站点域名不要带“http://”。

(3) 将搜索范围限定在 URL 链接中——inurl。网页 URL 中的某些信息，常常有某种有价值的含义，如果对搜索结果的 URL 做某种限定，可获得良好的效果。其方法是用“inurl:”，后跟需要在 URL 中出现的关键词。

(4) 将搜索范围限定在网页标题中——intitle。网页标题通常是对网页内容提纲挈领式的归纳，将搜索内容限定在网页标题中，有时能获得良好的效果。其方法是用“intitle:”，后跟需要在网页标题中出现的关键词。

(5) 将搜索范围限定在网页正文中——intext。即只搜索网页正文部分中包含的文字，而忽略标题、URL 等的文字。其方法是用“intext:”，后跟需要在网页正文中出现的关键词。

3.2.5 搜索引擎的搜索技巧

使用搜索引擎查找不到结果一般有两种原因，一是该搜索引擎的网页索引数据库里恰好没有储存相关的网页文字信息，这种情况发生的概率较低；更大的可能是搜索引擎的网页索引数据库里包含相关信息，只是因为搜索方法的问题没有找到。所以，学习并掌握一定的搜索技巧以提高搜索能力是很有必要的。

1. 分析搜索的主题

在开始搜索之前，要确切了解所要查询的目的和要求，包括确定需要的信息类型（文本、图片、音频、视频等）、查询方式（分类检索、关键词检索等）、查询范围（所有网页、新闻、论坛等）、查询语言（中文、外文）等。

2. 选择合适的搜索引擎

各搜索引擎由于其偏好，所抓取的网页数据会有不同，但更重要的是排序算法的差别，它直接影响到搜索引擎的搜索准确性及用户体验。常言道“内事问百度，外事问谷歌”，但就笔者个人经验，即使是在中文信息领域，Google 在搜索准确性上仍然是有优势的，理应成为首选。另外要注意的是，不同搜索引擎之间的网页数据重叠率一般在 70%以下，当使用某搜索引擎搜索结果不佳时有必要尝试更换搜索引擎。

3. 提取恰当的搜索字词

搜索字词代表着要搜索主题的特征，选择一个恰当的搜索字词是搜索成功的关键。应该避免出现错别字等输入错误；避免概念宽泛的词，尽量选用规范的专指词、特定概念或专业术语等具体的搜索字词，还要注意同义词、近义词、相关词或同一术语的不同表达方式；可以通过使用多个关键词来提高检准率，但要注意它们之间的逻辑关系是否合理。

4. 根据搜索结果及时调整搜索策略

如果在前几页结果页都没有满意的，就应该考虑调整搜索策略重新搜索，而不是无谓地继续往下翻页。要善于从返回的结果当中发现与目标信息密切相关的、有价值的线索，然后调整组成新的提问继续搜索，如此持之以恒地追踪下去，才可能得到满意的结果。当搜索结果数量太多且准确性不高时，可以通过增加密切相关的搜索词来对结果进行进一步的提炼；当所得搜索结果数量太少时，可以通过使用同义词、近义词来扩大搜索范围。

5. 相关搜索

搜索结果不理想，可能是因为搜索词选择不恰当，这时可以借鉴搜索引擎提供的“相关搜索”。“相关搜索”提供了和搜索主题很相似的一系列查询词，位于搜索结果页的下方，按搜索热门度排序。

6. 使用高级搜索或高级搜索语法，提高搜索效率

大多数搜索引擎都提供高级检索功能，它在默认值、灵活性、定位精确性、条件限定、检索词间的逻辑组配等方面都优于普通搜索功能，特别适合不熟悉信息检索技术的新手或遇到限定条件繁多的复杂主题时使用。高级搜索语法则可以对搜索范围站点、文件类型、主题信息范围进行精确控制。两种方法有一定的共通性，均可以显著提高搜索效率。

7. 直接到信息源查找

在搜索诸如政府工作报告、政策白皮书等信息时，如用搜索引擎搜索无法得到满意结果，可尝试直接到信息源网站去查找。可先查发布相关信息的机构名称，再检索得到该机构的官方网站地址，然后利用“site：站点域名”高级搜索语法或用该机构网站提供的站内搜索、主题分类等途径查找相关信息。

8. 网页快照

每个被收录的网页，搜索引擎都会自动生成临时缓存页面，称为网页快照。因为临时缓存页面是保存在搜索引擎自己的数据库里，所以当遇到网站服务器暂时故障或网络传输堵塞时，访问网页快照要比常规链接的速度快很多。而在搜到访问不了的“死链网页”或过期文件时，往往通过网页快照也还能查阅到其文本内容。另外，符合搜索条件的词语会在网页快照上以加亮的形式突出显示（百度的网页快照还提供关键字精确定位功能），以便于快速查找到相关资料。网页快照只会临时缓存网页的文本内容，图片、音乐等非文本信息仍是存储于原网页。

9. 对搜索结果进行适当的筛选、鉴别

检索只是手段，最终目的是要找到真正有价值的信息。在检索结束之后，应对检索结果进行筛选、鉴别。因为即使是与目标密切相关的结果仍然有优劣之分，而搜索引擎按照自己的规则排列的优先次序也许与需求并不一致，所以适当的筛选必不可少。一般来说可以通过综合比较排序、网址链接、文字说明等来做分析判断。

3.2.6 综合型搜索引擎推介

1. Google（http://www.google.com）

谷歌（Google）是斯坦福大学的研究生拉里·佩奇（Larry Page）和塞吉·

布林（Sergey Brin）于 1996 年共同开发的一个全新在线搜索引擎，原名为 “BackRub”。到 1998 年，他们的工作正式启动并创办了 Google 公司。此后，Google 开始飞速发展，从最初只提供一种语言的搜索服务发展到现在提供支持多种语言的数十种产品和服务。

Google 是目前公认的全球规模最大、最受欢迎的搜索引擎，在全球搜索市场的市场占有率一直稳定在 80%以上（NetMarketShare 数据）。Google 开发了自己的服务基础结构和具有突破性的 PageRank 技术，该技术主要通过查看有哪些网页链接至该网页并分析其他数据来确定该网页的“重要性”。现在，Google 使用包括 PageRank 在内的 200 多种指标为网页排序，而且每周都会更新这些算法。

2. 百度（http://www. baidu. com）

2000 年 1 月 1 日，百度（Baidu）由两位北大校友李彦宏、徐勇创立于北京中关村。当时百度的启动资金是美国的风险投资，美资在百度中占有 51%以上的份额。百度分为海外部分和中国部分。海外部分一家在英属开曼群岛注册（Baidu. com. Inc)，一家在英属维尔京群岛注册（Baidu Holdings Limited，百度控股有限公司），这两家公司均为美资。随后 Baidu 在中国注册了两个子公司——百度在线网络技术公司（BaiduOnline Network Technology（Beijing）Co. Ltd.，简称百度在线）和百度网络科技公司（Baidu Netcom Science and Technology Co. Ltd.，简称百度网络），其中后者为中资公司。

2000 年 5 月，百度首次为门户网站硅谷动力提供搜索技术服务，之后迅速占领中国搜索引擎市场，成为最主要的搜索技术提供商之一。2001 年 10 月 22 日，百度搜索引擎正式发布，专注于中文搜索。据艾瑞咨询最新的统计数据显示，2012 年第一季度中国搜索引擎市场，百度的市场份额达到了 77.6%，在全球的市场份额落后于谷歌和雅虎，排在第三位（NetMarketShare 数据）。

3. 雅虎（http://www. yahoo. com）

雅虎（Yahoo!）由美国斯坦福大学电机工程系博士生杨致远和大卫·费罗(David Filo）开发于 1994 年，依托其具有独创性的雅虎搜索技术（YST 技术），是目前全球使用率最高的搜索引擎之一。Yahoo! 具有全球第一的海量数据库，根据一些网络流量分析公司的数据，Yahoo! 曾经是网络上被访问最多的网站，有 4 亿 1 千 2 百万的独立 IP 用户的访问者，网站每日平均有 34 亿个网页被访问。

4. 必应（http://www. bing. com）

必应（Bing）是一款微软公司推出的用以取代 Live Search 的搜索引擎，于

2009年6月3日正式在世界范围内发布。必应搜索最大的特点在于创新了搜索结果的展示方式，在搜索结果页面左侧设置了统一的浏览栏，对不同类型的搜索结果进行动态分类，帮助用户更加方便地找到相关搜索结果。

3.2.7 学术型搜索引擎推介

1. 谷歌学术（http://scholar.google.com）

谷歌学术（Google Scholar）是Google公司于2004年推出的一个专门面向学术资源的免费搜索工具，资料来源于学术著作出版商、专业性社团、预印本、各大学及其他学术组织的经同行评论的文章、论文、图书、摘要、文章等。

2. 微软学术搜索（http://academic.research.microsoft.com）

微软学术搜索（Microsoft Academic Search）于2009年11月启用，是微软研究院开发的免费学术搜索引擎，它为研究员、学生、图书馆馆员和其他用户查找学术论文、国际会议、权威期刊、作者和研究领域等提供了一个更加智能、新颖的搜索平台，同时也是一个对象级别垂直搜索、命名实体的提取和消歧、数据可视化等许多研究思路的试验平台。

3. Scirus（http://www.scirus.com）

Scirus由爱思唯尔科学公司（Elsevier Science）于2001年推出，是互联网上最全面、综合性最强的科技文献搜索引擎之一。Scirus收录了超过4.6亿条科学信息，信息来源包括同行评审期刊论文（BioMed Central、PudMed Central等）、预印本、报告、科学数据、发明专利及有关网页，大多是网上开放存取资源（如电子打印稿件ArXiv.org、RePEc、MIT开放课程资料等），也含部分商业收费资源（如LexisNexis、ScienceDirect等）。学科领域以自然科学为主，也有部分社科资源，如经济学、商业、管理、语言文字学、法学、社会与行为科学、心理学、社会学等。

4. 全球科学门户网站（http://www.WorldWideScience.org）

全球科学门户网站（WorldWideScience）由美国能源部、英国图书馆以及其他8个参与国在华盛顿于2007年6月22日共同开启，目前可同时对70多个国家的61个数据库及门户进行跨语言搜索。它可以为普通市民、研究人员以及任何对科学感兴趣的人提供科学信息的搜索入口，以便他们能够轻松访问那些使用普通搜索技术不能访问的网站。

3.3　开放存取学术资源

网络免费学术资源是指可以在线免费获得的、具有学术研究价值的信息资源，它能极大地方便网络用户对获取学术信息，降低科研创作成本。随着广大网络用户对免费学术信息资源日益深入地了解和开发利用，免费学术信息资源的意义和价值得到了前所未有的凸显。网络免费学术资源归纳起来主要有 4 大类：①开放存取学术文献；②政府出版物；③公共版权资源；④其他免费资源。其中开放存取作为一种新兴的学术交流方式受到了学术界越来越多的关注。

3.3.1　开放存取概论

开放存取（Open Access，OA）又称为开放获取，是一种学术信息共享的自由理念和出版机制，在这种出版模式下，学术成果可以无障碍地进行传播，任何研究人员可以在任何地点和任何时间不受经济状况的影响平等免费地获取和使用学术成果。

开放存取运动自 20 世纪 60 年代起伴随着数字化产品的产生而开始，兴起于 20 世纪 90 年代末，它的快速发展主要基于两大背景：一是订阅的传统学术期刊出版模式严重阻碍了学术交流的自由；二是网络的运用使学术期刊出版和传播的成本大大降低。

按照布达佩斯开放存取先导计划（Budapest Open Access Initiative，BOAI）中的定义，科学和学术信息的开放存取是指将科研成果在互联网上公开发布，允许公众免费阅读、下载、复制、分发、打印、查找，或者链接到文章的全文，抓取文章进行索引，以数据方式传递到软件中，或者用于任何其他合法目的的使用，而没有财政、法律或者技术方面的障碍，复制和分发中唯一的限制以及版权在这个领域中的唯一角色，是保持作品的完整性以及给作者正确承认和引用的权利。

开放存取学术文献（Open Access Literature）具有以下 4 个方面的特点：①数字化；②网络存档；③免费，几乎没有授权的限制；④使用者以免费方式存取信息，作者保留被存取之外的权利。

3.3.2　开放存取实施机制

1. 开放存取期刊

开放存取期刊（OA Journals，OAJ），即基于开放存取出版模式的期刊，其期刊论文发表后通过互联网可立即免费阅读。开放存取期刊既可能是新创办的电子版期刊，也可能是由已有的传统期刊转变而来。开放存取期刊大都采用作者付费，读者免费获取方式。

☞ 重点提示：

开放存取期刊常常会被质疑发表的论文水平较低，但是根据 ISI 的研究，开放存取期刊和非开放获取期刊的影响力并无本质区别，如著名的开放存取期刊 PLoS Biology 在生物学领域就非常有影响力，其影响因子达到 13.9。

开放存取期刊分为立即开放、延时开放（例如第二年论文才开放）和新内容开放（例如第一年内容开放）。国际开放期刊多为立即开放，我国开放期刊存在多种情况。

目前，国际上开放出版的学术期刊已有 7000 多种，我国以不同形式开放出版的科技期刊已超过 200 种。

2. 开放存档

开放存档（Open Repositories and Archives），即研究机构或作者本人将未曾发表或已经在传统期刊中发表过的论文作为开放式的电子档案储存。开放存档的类型包括电子印本系统、机构知识库、开放存取课件等。

3.3.3 开放存取学术资源推介

1. 开放存取期刊（Open Access Journals）

（1）开放存取期刊目录（http://www.doaj.org）。开放存取期刊目录（Directory of Open Access Journal，DOAJ）是由瑞典隆德大学图书馆（Lund University Libraries）主办、OSI 和 SPARC 协办的一份开放存取期刊目录检索系统。DOAJ 目前提供超过 7800 种期刊的篇目检索和 3700 多种期刊的全文检索，收录论文 81 万多篇，是 OA 资源中最有影响的热点网站之一。学科范围涵盖农业与食品科学、生物与生命科学、商业与经济学、化学、健康科学、语言与文学、数学与统计学、物理与天文学、技术与工程学、一般工程、艺术与建筑学、地球与环境科学、历史与考古学、法律与政治学、综合类目、哲学与宗教学、社会科学 17 个主题。

（2）Socolar（http://www.socolar.com）。Socolar 是中国教育图书进出口公司开发的一个 OA 资源一站式服务平台，旨在通过对世界上重要的 OA 期刊和 OA 仓贮资源进行全面的收集和整理，为用户提供 OA 资源的统一检索和全文链接服务。Socolar 目前包含超过 11000 种 OA 期刊、1040 多个 OA 仓储，总计

2300 多万篇文章。学科范围涵盖农业和食品科学、艺术和建筑、生物学和生命科学、商学与经济学、化学、地球与环境科学、综合类目、健康科学、历史与考古、语言和文学、法律和政治学、数学与统计、哲学和宗教、物理学和天文学、一般科学、社会科学、工程与技术、图书情报学 18 个主题。

（3）HighWire Press（http://highwire. stanford. edu）。HighWire Press 是全球最大的提供免费全文的学术文献出版商之一，于 1995 年由美国斯坦福大学图书馆创立。数据库目前收录电子期刊近 1700 种，超过 200 万篇论文全文可免费获取，其学科范围涵盖生命科学、医学、物理学、社会科学等主题。

（4）科学公共图书馆（http://www. plos. org）。科学公共图书馆（The Public Library of Science，PloS）创立于 2001 年，是美国一家非营利性组织出版商，致力于使全球范围科技和医学领域文献成为可以免费获取的公共资源。PLoS 目前共出版了 7 种生命科学与医学领域的开放存取期刊。

（5）生物医学中心（http://www. biomedcentral. com）。生物医学中心（BioMed Central，BMC）创立于 2000 年，是生物医学领域一家独立的非赢利性学术出版机构，致力于提供生物医学文献的开放存取。BMC 目前共出版了超过 230 种生物医学开放存取期刊，内容涵盖生物学和医学的所有主要领域。

（6）Hindawi Publishing Corporation（http://www. hindawi. com）。Hindawi 出版公司创立于 1997 年，是继 PLoS、BMC 之后的第三大开放存取出版商，目前出版了超过 300 种开放存取期刊，涵盖科学、技术、医学等主要学科领域。

（7）公共医学中心（http://www. pubmedcentral. nih. gov）。公共医学中心（PubMed Central，PMC）是美国卫生研究院（National Institutes of Health，NIH）与美国国立医学图书馆（National Library of Medicine，NLM）联合建立的一个生命科学期刊文献全文免费检索系统。PMC International 是一个致力于促进国际间资源共享的合作项目，已有英国、加拿大两国的 PMC 加入，通过同一个检索系统实现数据共享。目前该系统共收录超过 3000 种开放存取期刊，240 多万篇论文全文。

（8）HINARI（http://www. who. int/hinari/en）。Health InterNetwork Access to Research Initiative（简称 HINARI）是世界卫生组织与主要出版商于 2002 年启动的向发展中国家提供生物医学与卫生文献的项目，目前包括 8500 多种期刊和 7000 多种电子图书。

（9）Free Medical Journals（http://www. freemedicaljournals. com）。Free Medical Journals 由 Amedeo 创建于 1997 年，致力于通过因特网免费提供生物医学期刊论文的全文，目前包括 3200 多种期刊。

2. 电子印本系统（E-print Archive）

电子印本（E-print）是指以电子方式复制学术文献，一般包括预印本（Preprints）和后印本（Postprints）。预印本是指科研人员在其研究成果未在正式出版物上发表之前，出于和同行交流的目的自愿先在学术会议上或通过互联网发布的科研论文、科技报告等文献。后印本是指内容已经经过出版部门审核达到出版要求的文献。

（1）中国预印本服务系统（http://prep.istic.ac.cn）。中国预印本服务系统是中国科学技术信息研究所与国家科技图书文献中心联合建设的以提供预印本文献资源服务为主要目的的实时学术交流系统，是国家科学技术部科技条件基础平台面项目的研究成果，于2004年3月18日正式开通服务。该系统主要收录国内科技工作者自由提交的预印本文章，可以实现二次文献检索、浏览全文、发表评论等功能。系统的收录范围按学科分为5大类：自然科学，农业科学，医药科学，工程与技术科学，图书馆、情报及文献学。除图书馆、情报及文献学外，其他几个大类又细分为二级子类，如自然科学又分为数学、物理学、化学等。

（2）arXiv（http://arxiv.org）。arXiv是美国国家科学基金会和美国能源部资助，于1991年8月由美国洛斯阿拉莫斯（Los Alamos）国家实验室建立的一个电子预印本文献库，2001年后转由美国康奈尔（Cornell）大学进行维护和管理，是世界上最大的电子预印本库。数据库内容涵盖物理、数学、计算机科学、数量生物学、数量金融学、统计学6个学科，超过76万篇预印本文献。我国在中科院理论物理研究所设有镜像站点，网址为http://cn.arxiv.org。

（3）中国科技论文在线（http://www.paper.edu.cn）。中国科技论文在线是教育部科技发展中心建立的一个电子印本系统，旨在为科研人员提供一个方便、快捷的交流平台和及时发表成果与新观点的有效渠道，从而使新成果得到及时推广，科研创新思想得到及时交流。

（4）认知科学电子预印本（http://cogprints.org）。认知科学电子预印本（简称Cogprints）是由英国南安普敦大学电子与计算机系于1997年开发的认知科学开放存储库，收录包括生物学、计算机科学、神经科学、语言学、医学、人类学、数学、哲学、心理学、社会科学等学科领域的相关期刊论文和作者自己的学术研究。

（5）E-print Network（http://www.osti.gov/eprints）。E-print Network是由美国能源部（Department of Energy，DoE）科技信息局建立的电子印本档案搜索引擎，可供检索存放在学术机构、政府研究实验室、私人研究组织以及科学家和科研人员个人网站的E-print资源。E-print Network选取内容的基本原则是与DoE研究相关的，完全开放使用的电子印本科学信息资源，目前提供35000

多个电子印本站点的一站式检索和超过550万篇电子印本的全文检索。

（6）科学哲学存储库（http://philsci-archive.pitt.edu）。科学哲学存储库（PhilSci Archive）是一个由美国科学哲学学会、彼得堡大学的科学哲学中心和图书馆合作创办的科学哲学（Philosophy of Science）的学科预印本库，目前该库共收录科学哲学相关主题文章超过2800篇。

3. 机构知识库（Institutional Repository，IR）

机构知识库在国内又被称作学术典藏库、机构库或机构仓储，是储存、组织、保存和提供存取服务的学术型、数字化信息系统，其中的内容由学术机构定义、收集，提供开放式的服务，目的是提高学术机构的透明度和学术成果的使用率。

机构知识库的建设伴随着开放存取运动的发展兴起于20世纪90年代末，在2002年11月美国麻省理工学院图书馆和惠普实验室共同开发的Dspace正式面世之后，拉开了全球范围内大规模建设机构知识库的序幕。目前被开放存取知识库名录（the Directory of Open Access Repositories，OpenDOAR）收录的知识库已超过2100个，其中美国有390个，排名第一，其次是英国、德国和日本，中国有33个。

（1）国家科学图书馆机构知识库（http://ir.las.ac.cn）。中国科学院国家科学图书馆总馆机构知识库（简称NSL OpenIR）创立于2009年，以发展机构知识能力和知识管理能力为目标，快速实现对本机构知识资产的收集、长期保存和合理传播利用。机构库收录期刊论文、学位论文、会议论文、研究报告、PPT、专著、文集等文献资料，能够直接下载利用。机构库平台基于DSpace软件开发，按照研究部门、主题类型、内容类型、题名、作者、日期等方式浏览和检索。

（2）香港科技大学机构知识库（http://repository.ust.hk）。香港科技大学机构知识库创建于2003年，是由香港科技大学图书馆用Dspace软件开发的一个数字化学术成果存储与交流知识库，收录该校教学科研人员和博士生提交的论文（包括已发表和待发表）、会议论文、预印本、博士学位论文、研究与技术报告、工作论文和演示稿。

（3）麻省理工学院机构知识库（http://dspace.mit.edu）。麻省理工学院机构知识库（简称MIT Dspace）是用Dspace软件开发的一个数字化学术成果存储与交流知识库，该库收录了麻省理工学院教学科研人员和研究生提交的论文（包括已发表和待发表）、会议论文、预印本、学位论文、研究与技术报告、工作论文和演示稿全文等。

（4）剑桥大学机构知识库（http://www.dspace.cam.ac.uk）。剑桥大学机构知识库（简称Cambridge Dspace）创建于2003年，是剑桥大学图书馆与计算机服务中心合作，加入 MIT 的 Dspace 联盟项目，建立 Dspace@Cambridge 存储库。此系统用于存储剑桥大学图书馆自己数字化的资料和本校其他机构产生的数字资源，如学术交流资料（论文和预印本）、学位论文、技术报告、各个学部和大学档案等，以不同的格式如多媒体、交互式课件、数据集、数据库等形式存储。

4. 开放存取课件（Open Access Courseware）

随着开放存取运动的发展，国内外教育界出现了一些开放教学内容的项目，这对于促进全球教育乃至知识资源的共享起到了积极的作用。日益丰富的开放课程资料是专业研究人员宝贵的参考资料。

（1）国家精品课程资源网（http://www.jingpinke.com）。国家精品课程资源网是由国家教育部主导推动的国家级精品课程集中展示平台；是全国高校依照“资源共建、成果共用、信息共通、效益共享”的原则合作建设，服务于全国广大高校教师和学生的课程资源交流、共享平台。国家精品课程资源网汇集了海量国内外优质教学资源，博览全球众多高校、企业开放课程，拥有来自 2000 多所国内高校的注册会员，目前已形成国内覆盖学科、专业最完整，课程资源数量最大的教学资源库，并初步建成了适合各类优质教学资源存储、检索、运营的共享服务平台。网站目前包含本科课程 14000 多门、高职课程 5900 多门、教学课件 330000 多份、教学录像 34000 多个。

（2）中国开放教育资源联合体（http://www.core.org.cn）。中国开放教育资源联合体（China Open Resources for Education，CORE）成立于 2003 年，系非盈利机构，是一个以部分中国大学及全国省级广播电视大学为成员的联合体。网站上重点推出的中国精品课程是由中国教育部评审出的部分示范性课程，还引进了以美国麻省理工学院为代表的国外大学优秀课件，并启动了国外开放课程的翻译项目，以方便国内广大学习者使用。提供的课件有网页、PPT 文件、动画、视频等多种形式。

（3）MIT OpenCourseWare（http://ocw.mit.edu）。MITOpenCourseWare 是麻省理工学院公开发布其课件的专门网站，由 William and Flora Hewlett Foundation、Andrew W. Mellon Foundation 和 MIT 共同创办于 2002 年 9 月。该网站旨在为全世界教师、学生和自学者提供免费、开放的服务，使其能够直接获取和使用 MIT 的各种课件，同时建立可供其他大学仿效的发布课件的有效的、标准化模式。MIT 课件可免费使用、复制、分享、翻译和修改，但仅限于非商业化的教育目的，并且必须免费供给其他使用者使用。网站目前提供 2100 多门课程的相关课件，包括讲义笔记、课程提纲、教学日程、阅读书目和专业课程分配表等内容。

（4）JOCW（http://www.jocw.jp）。Japan Opencourseware Consortium（简称 JOCW）创建于 2006 年，目前有大阪大学、庆应义塾、东京大学、早稻田大学等 23 个正式成员（大学），除了提供网页和文本课件之外，还有不少大学将教师的讲课录制下来，利用 podcast（播客）进行发布。

3.4　其他免费学术资源

3.4.1　政府出版物

政府出版物又称“官方出版物”，是由政府部门及其专门机构，根据国家的命令出版的文献资料。其内容比较广泛，主要可分为三类：①政府颁布的法律、法令、行政法规、条例等；②政府的公文；③政府的机关报纸、刊物及其他统计资料、科技资料等。政府出版物多数属非出售品，仅极少数作为商品进入不同范围的社会市场，据估计，全世界每年的政府出版物有几百万种之多。政府出版物是了解各国政治经济情况的重要文献资源。

（1）中国国家统计局（http://www.stats.gov.cn）。中国国家统计局是国务院直属机构，在该网站可以查阅各种反映社会与经济发展情况的统计公报、统计数据及相关分析。

（2）联合国数据（http://data.un.org）。联合国数据（Undata）是由联合国经济和社会事务部统计司推出的一个基于互联网的数据服务系统，在这个网站可以检索和下载全球最新、最可靠的统计数据，涉及贸易、农业、就业、环境、工业、教育、旅游等诸多领域。

3.4.2　学科信息门户

学科信息门户将特定学科领域的信息资源、工具和服务集成整体，为用户提供方便的信息检索和服务入口，以满足用户对科研和教育的信息需求。

（1）CALIS 重点学科网络资源导航门户（http://202.117.24.168）。“重点学科网络资源导航库”是 CALIS“十五”重点建设项目之一，启动于 2003 年。它以教育部正式颁布的学科分类系统作为学科分类基础，构建了一个集中服务的全球网络资源导航数据库，导航库的每条记录都是面向学术研究的、专门标引的高质量网络信息资源，目的是向读者提供可靠的、值得信赖的因特网资源。

（2）化学学科信息门户（http://chin.csdl.ac.cn）。化学学科信息门户是中国科学院知识创新工程科技基础设施建设专项“国家科学数字图书馆项目”的子项目，化学学科信息门户建设的目标是面向化学学科，建立并可靠运行 Internet 化学专业信息资源和信息服务的门户网站，提供权威和可靠的化学信息导航，整合文献信息资源系统及其检索利用，并逐步支持开放式集成定制。

（3）物理数学学科信息门户（http://phymath.csdl.ac.cn/）。物理数学学科信息门户是国家科学数字图书馆（CSDL）资助的建设项目之一，其宗旨是为数学、物理及其相关领域的科研人员及大专院校的师生提供涵盖数理学科的各种信息的资源网站。

（4）经济学论文库（http://repec.org）。经济学论文库（Research Papers in Economics，RePEc）是由全球 75 个国家的数百位志愿者共同建立的可以公开访问的网站，致力于促进经济学及相关学科研究成果的广泛传播与交流，从而促进经济学研究。目前，数据库从 75 个国家的 1400 多个 OA 仓储中收集了 1500 种期刊，超过 120 万篇研究论文。

（5）社会科学研究网（http://papers.ssrn.com）。社会科学研究网（Social Science Research Network，SSRN）由大量的社会及人文科学研究分支网络组成，致力于快速地在世界范围内传播社会科学的研究成果。SSRN 目前收录超过 42 万条摘要、34 万篇全文以及 19 万名作者信息。

3.4.3 参考工具书

（1）Bartleby 免费参考工具（http://www.bartleby.com）。Bartleby 是美国最大的免费网上参考工具书网站，收录包括《哥伦比亚百科全书》（第六版）、《罗杰氏同义词辞典》、《美国传统英语词典》等众多经典参考工具。

（2）维基百科（http://www.wikipedia.org）。维基百科（Wikipedia）由维基媒体基金会负责维持，是一个自由、免费、内容开放的百科全书协作计划，参与者来自世界各地。维基百科大部分页面都可以由任何人使用浏览器进行阅览和修改，是一个动态的、可自由访问和编辑的全球知识体。因为维基用户的广泛参与共建、共享，维基百科也被称为创新 2.0 时代的百科全书。目前维基百科几乎包含世界上所有语言的条目，其中英文版创建于 2001 年，目前条目超过 390 万条；中文版创建于 2002 年，目前条目超过 47 万条。

☞ 重点提示：

维基百科倡导中立、公平、共享和开放原则，但其自诞生之日起就伴随着巨大的争议，其中主要的质疑是：维基百科人人可编辑，缺乏权威，不够可靠。维基百科创始人吉米·威尔士则一直坚称，读者和供稿人的自我检查就能维系该站的准确度，同时也通过优秀的编辑以及更有效的工具来控制和管理质量。

3.4.4　学术论坛

（1）小木虫（http://emuch.net）。小木虫创建于 2001 年，是学术信息交流性质的综合科研服务个人网站，管理团队致力于把它打造成国内学术科研第一站，为中国学术科研免费提供动力。内容涵盖化学化工、生物医药、物理、材料、地理、食品、理工、信息、经管等学科，除此之外还有基金申请、专利标准、留学出国、考研考博、论文投稿、学术求助等实用内容。

（2）科学网论坛（http://bbs.sciencenet.cn）。科学网是由中国科学院、中国工程院和国家自然科学基金委支持的中文综合性科学网站，于 2007 年 1 月 18 日正式上线，目标是构建全球华人科学社区，目前在华人科学界有一定的影响力。

（3）学问社区（http://www.51xuewen.com）。学问社区成立于 2007 年 10 月，致力于成为一流的学术人群教学科研交流平台。学问社区以用户实名制为基础，为学术人群提供互动主页、博客、小组、科学软件、资源、问答等功能强大的互助共享平台，满足学术人群对交流、资源、软件、个人展示服务等多方面的需求，是百万学者共同建设的网上家园。学问社区目前有 10 个学科频道，覆盖 500 多个学科子类。

参考文献

[1] 黄如花. 信息检索[M]. 武汉：武汉大学出版社，2010.

[2] 陈英. 科技信息检索(第四版)[M]. 北京：科学出版社，2009.

[3] 关志英，郭依群. 网络学术资源应用导览(科技篇)[M]. 北京：中国水利水电出版社，2007.

[4] 邹广严，王红兵. 信息检索与利用[M]. 北京：科学出版社，2011.

[5] 百度. 搜索帮助[EB/OL]. http://www.baidu.com/search/page_feature.html#09[2012-6-6].

[6] Google. 搜索帮助[EB/OL]. http://support.google.com/websearch/bin/answer.py?hl=zh-Hans&answer=136861&topic=1221265&ctx=topic[2012-6-6].

[7] Google. 公司信息[EB/OL]. http://www.google.com/intl/zh-CN/about/corporate/company/[2012-6-6].

[8] 维基百科. 百度在线网络技术(北京)有限公司[EB/OL]. http://zh.wikipedia.org/wiki/百度[2012-6-6].

[9] 品味雅虎. 四月份全球搜索引擎排行雅虎落后必应，Google 一骑绝尘[EB/OL]. http://www.yseeker.com/archives/5072.html[2012-6-6].

[10] Stat Counter Global Stats. StatCounter Global Stats Top 5 Search Engines on 2012 [EB/OL]. http://gs.statcounter.com/#search_engine-ww-yearly-2012-2012-bar[2012-6-6].

[11] UNITED STATES SECURITIES AND EXCHANGE COMMISSION Commission file

number：000－51469 Baidu，Inc. 美国证券交易委员会[EB/OL]. http://www. sec. gov/Archives/edgar/data/1329099/000095012311030187/h04360de20vf. htm[2012－6－6].

[12] 艾瑞咨询集团. 艾瑞咨询：2012Q1中国搜索引擎市场规模54. 9亿市场集中度进一步提高[EB/OL]. http://www. iresearch. com. cn/Report/view. aspx?Newsid=170800[2012－6－6].

[13] 维基百科. 微软学术搜索[EB/OL]. http://zh. wikipedia. org/zh/微軟學術搜索[2012－6－6].

[14] 刘晓坤，任俊革. WorldWideScience. org——跨语言科学信息门户[EB/OL]. http://www. cnindex. fudan. edu. cn/zgsy/2011n3/11-liuxiaokun. htm[2012－6－6].

[15] 中国科学院国家科学图书馆. 开放获取资源门户[EB/OL]. http://www. open-access. net. cn/[2012－6－7].

[16] 百度. 开放存取[EB/OL]. http://baike. baidu. com/view/798036. htm[2012－6－7].

[17] 维基百科. 开放获取[EB/OL]. http://zh. wikipedia. org/wiki/开放获取[2012－6－7].

[18] 清华大学图书馆. 预印本站点汇总[EB/OL]. http://www. lib. tsinghua. edu. cn/database/preprint. html[2012－6－7].

[19] Open DOAR. The Directory of Open Access Repositories - OpenDOAR[EB/OL]. http://www. opendoar. org/[2012－6－8].

[20] NETMARKETSHARE. Search Engine Market Share[EB/OL]. http://www. netmarketshare. com/search-engine-market-share. aspx?qprid=4[2012－6－9].

第 4 章　综合性文摘索引数据库

4.1　中国科学引文数据库（CSCD）

4.1.1　概述

中国科学引文数据库（Chinese Science Citation Database，CSCD）是我国第一个引文数据库，由中国科学院国家科学图书馆创建于 1989 年，其编辑政策与 Web of Science 的编辑理念相似，遵循多学科性和完整性。CSCD 内容丰富、结构科学、数据准确，收录我国数学、物理、化学、天文学、地学、生物学、农林科学、医药卫生、工程技术、环境科学和管理科学等领域出版的中英文科技核心期刊和优秀期刊超过 1200 种，目前已积累从 1989 年到现在的论文记录 350 万条，引文记录近 1700 万条。系统除具备一般的检索功能外，还提供新型的索引关系——引文索引，使用该功能，用户可迅速从数百万条引文中查询到某篇科技文献（期刊论文、专著、会议文献、学位论文、专利文献等）被引用的详细情况，还可以从一篇早期的重要文献或著者姓名入手，检索到一批近期发表的相关文献，对交叉学科和新学科的发展研究具有十分重要的参考价值。数据库还提供数据链接机制，支持用户获取全文。CSCD 目前已在我国科研院所、高等院校的课题查新、基金资助、项目评估、成果申报、人才选拔以及文献计量与评价研究等多方面作为权威文献检索工具获得广泛应用。

☞ 重点提示：

引文就是通常所说的参考文献，即著作在著述活动中曾经参考并引用的文献资料。引文索引是提供某一作者及其著作在别的作者的著作中被引用状况的一种索引，从文献之间相互引证的关系上，揭示文献之间的内在联系。如：两篇文献 A、B，文献 B 在文章中引用了文献 A，则称文献 A 为 B 的“参考文献”或“被引文献”，简称“引文”；称文献 B 为 A 的“引用文献”、“来源文献”或“施引文献”。

2007 年，CSCD 与美国汤姆森路透科技信息集团（Thomson-Reuters Scientific）合作，以 ISI Web of Knowledge 为平台，实现与 Web of Science 的跨库检索。CSCD 是 ISI Web of Knowledge 平台上第一个非英文语种的数据库。

本节将主要对 CSCD 在中国科学文献服务系统平台上的检索功能进行介绍，其访问地址为 http://sciencechina.cn，对于机构用户采用 IP 地址控制使用权限。

CSCD 首页如图 4-1 所示，页面上方是中国科学文献服务系统平台 4 个子库的选项标签及功能导航栏，下方是检索区。

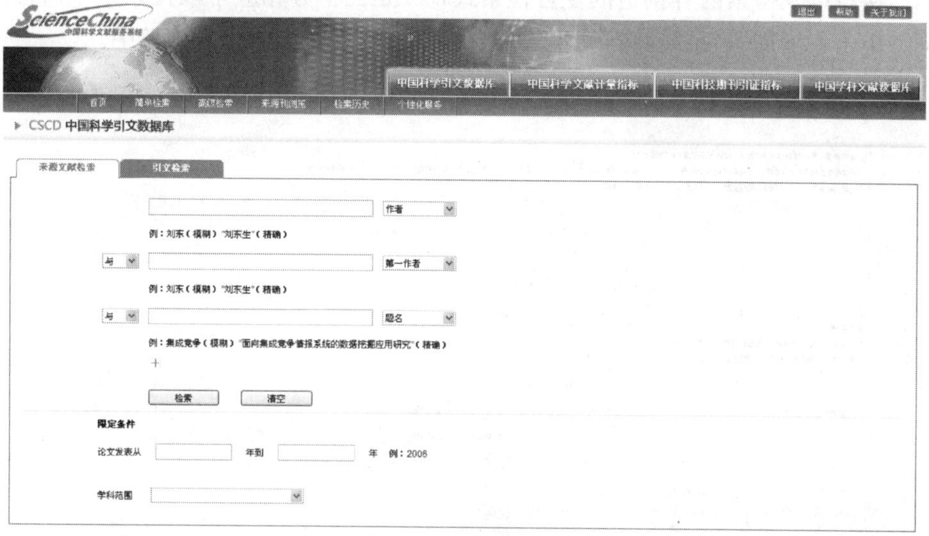

图 4-1 CSCD 首页即简单检索界面

4.1.2 检索方式

CSCD 提供来源刊浏览功能以及简单检索和高级检索两种检索方式，可分别实现来源文献检索和引文检索功能。来源文献检索的作用主要是检索文献被 CSCD 收录的情况；引文检索的作用主要是检索文献被引用的情况，两种检索功能可在同一种检索方式下自由切换，其界面构成及操作方法类似。

1. 简单检索

CSCD 首页即简单检索界面，系统默认为来源文献检索，单击检索区上方选项标签可切换为引文检索。系统提供三个检索行，每一检索行的检索字段用右侧的下拉菜单选择，检索行之间逻辑关系用左侧下拉菜单指定。检索框内的检索词可以是单词、词组或用检索算符连接的多个词（组）。来源文献检索可检字段包括题名、作者、关键词、刊名、ISSN、文摘、机构、第一机构、实验室、关键词、基金名称等；引文检索可检字段包括被引作者、被引第一作者、被引来源、被引机构、被引实验室、被引文献主编等。检索区下方有论文发表时间和学科范围的检索范围限制选项。

2. 高级检索

单击页面上方功能导航栏中的“高级检索”标签进入高级检索界面，如图 4-2 所示。高级检索有两种检索途径，一是在上方的检索窗口输入字段名称、布尔连接符以及检索内容构造的复合检索式，二是在下方相应字段检索框填入检索词，单击“增加”，系统将自动生成复合检索式出现在上方检索窗口中。

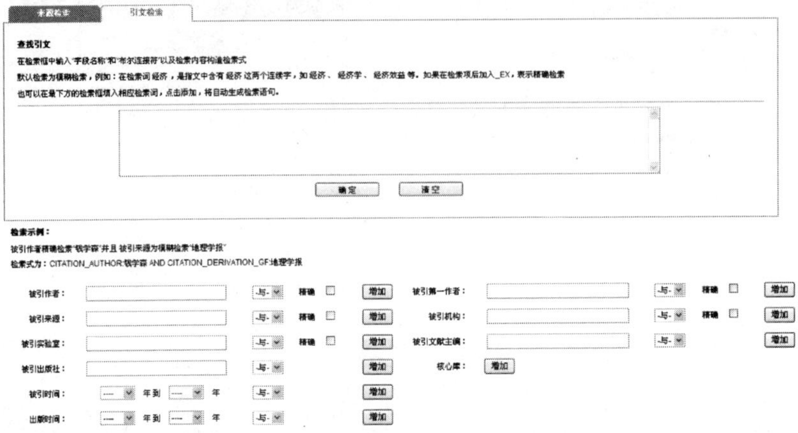

图 4-2　CSCD 高级检索界面

☞ **重点提示：**

无论是简单检索还是高级检索，系统默认均为模糊检索，如在作者字段检索陈东，凡是作者字段中含有陈东这两个连续字，如陈东升、陈东风等均会被检中。简单检索中用双引号“”实现精确检索功能；高级检索中需在检索字段代码后加入 _ EX，表示精确检索，如：CITATION _ AUTHOR _ EX：“钱学森”，表示把“钱学森”放在被引作者字段进行精确检索。

3. 来源刊浏览

来源刊浏览界面左上方提供期刊首字母浏览，可根据刊名首字母浏览对应期刊内容，右上方是期刊检索输入框，通过下拉菜单可选择刊名和 ISSN 号两种检索字段。下方是期刊列表，可浏览刊名、ISSN 号和收录年代信息，单击刊名链接可进入期刊详细信息页面。

4.1.3　检索结果的显示与处理

图 4-3 为 CSCD 来源文献检索结果显示页，上方为按来源、年代、作者、学

科 4 个类别生成的检索结果分布列表，下方为结果输出列表。引文检索结果显示页与之类似。

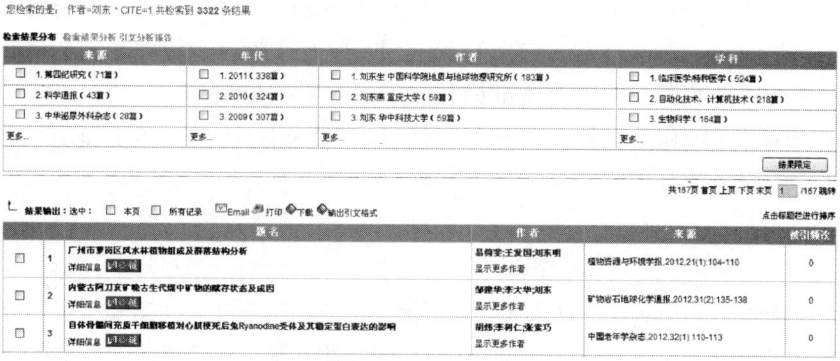

图 4-3　CSCD 来源文献检索结果显示页

1．结果限定

勾选上方检索结果分布列表中相应限定选项前的复选框，单击“结果限定”，下方的结果输出列表即更新为限定的检索结果。来源检索结果可以从来源、年代、作者和学科 4 个方面来进行结果限定；引文检索结果可以从被引出处、年代和作者 3 个方面来进行结果限定。

2．结果排序

单击检索结果输出列表中相应的字段名称，可以实现相应字段的排序。来源检索结果可以按照题名、作者、来源和被引频次进行排序；引文检索可以按照作者、被引出处和被引频次进行排序。

3．查看单条记录

单击检索结果输出列表中单条记录题名下方的“详细信息”链接，进入该条记录的详细信息页面，可以查看题名、作者、作者机构、文摘、来源、ISSN、关键词、参考文献、引文文献、相关文献和其他链接等信息。

4．查看引用情况

通过检索结果输出列表中的被引频次，或者检索结果详细信息页面右侧的引证文献，可以查看来源文献的被引用情况。

5．查看相关文献

检索结果详细信息页面右侧提供的相关文献信息，分为以下三类。

（1）作者相关。可以在作者相关选项的弹出作者列表中选择作者，选择一个作者，表示检索所选择的作者发表的所有文献，选择两个或以上的作者，表示检索所选择的两个或以上作者共同发表的所有文献。

(2) 关键词相关。可以在关键词相关选项的弹出关键词列表中选择关键词，选择一个关键词，表示检索所选择的关键词的所有文献，选择两个或以上的关键词，表示所选择的两个或以上关键词共同出现的所有文献。

(3) 参考文献相关。单击“参考文献相关”按钮，查看与本文具有共同参考文献的文献（可部分相同）。

6. 输出多条记录

在检索结果输出列表上方提供三种输出方式：E-mail、打印和下载，通过勾选记录左侧的复选框，或者直接选中“本页”或“所有记录”，即可对所选记录进行输出结果的操作。

4.1.4 个性化服务功能

用户通过免费注册账号并登录后，单击功能导航栏的“个性化服务”标签即在系统首页形成一个个性化服务区。用户可变更个人信息及修改密码，可通过“我的检索历史”查看近期进行并保存的检索信息，可收藏感兴趣的期刊，可获得及时的引文信息，还可定制默认检索方式和结果显示形式。

4.2 ISI Web of Science

4.2.1 概述

位于费城的美国科学信息研究所（Institute for Scientific Information，ISI）为当代情报学家尤金·加菲尔德（Engene Garfield）于1958年创立。1963年，他以私人身份出版了第一期多学科引文索引期刊——《科学引文索引》（SCI），发明量化评估期刊影响力的指标——影响因子（Impact Factor，IF）。1992年，ISI被全球著名的专业情报提供商汤姆森收购，之后与英国专利情报机构德温特公司（Derwent）、美国生物学文摘社（BIOSIS）等信息机构合并建立了隶属于汤姆森公司（ the Thomson Corporation）的汤姆森科技信息集团（Thomson Scientific）。2008年4月17日，汤姆森公司收购英国路透集团，建立了汤姆森路透集团（Thomson Reuters）。

1997年，ISI建立了Web of Science，帮助用户通过国际互联网检索三大引文索引。2001年5月，ISI推出以Web of Science为核心的基于web的信息资源整合平台ISI Web of Knowledge，该平台将著名的三大引文数据库、会议录、德温特专利、BIOSIS Previews、JCR 等七大类数据库整合在同一平台内，从属关系如图 4-4 所示。该平台可以检索关于自然科学、工程技术、生物医学、社会科学、艺术与人文等多个领域中高质量、可靠性强的学术信息，堪称最全面的综合性多学科文献数据库。ISI web of Knowledge 还建立了与其他出版公司的数据库、原始文献、图书馆 OPAC 以及日益增多的网页等信息资源之间的相互链接，实现了信息内容、分析工具和文献信息资源管理软件的无缝连接。

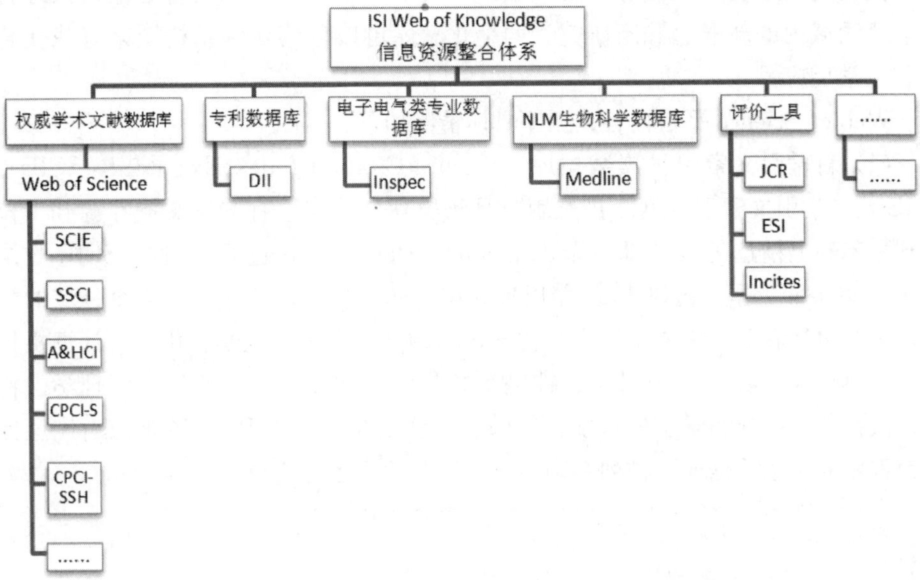

图 4-4 ISI Web of Knowledge 平台各数据库关系图

ISI Web of Knowledge 收录了超过 22000 种期刊、2300 万个专利、12 万份会议录、5500 个网站、5000 本书籍、200 万个化学结构，以及一些学术网站内容，并可通过跨库检索一次性检索所有这些内容。

本节将主要介绍 Web of Science 平台的检索方法，通过它可以直接访问 Thomson Reuters 的三大引文数据库，即科学引文索引扩展数据库、社会科学引文索引数据库、艺术人文引文索引数据库；两大国际会议录引文索引，即科技会议论文引文索引、社会科学及人文科学会议论文引文索引；两大化学信息数据库，即近期化学反应数据库和化合物索引。这一丰富的综合性信息覆盖 256 个学科，源自全球 12000 多种权威的、高影响力的学术期刊和超过 12 万种会议录，数据最早回溯至 1900 年。

Web of Science 设置了独特的“引文索引”(Citation Index)，即通过先期的文献被当前文献的引用，来说明文献之间的相关性及先前文献对当前文献的影响力，使其不仅成为一部文献检索工具，而且成为科研评价的重要依据。

Web of Science 通过独特的被引文献检索，可以用一篇文章、一个专利号、一篇会议文献或者一本书作为检索词，检索这些文献被引用的情况，了解引用这些文献的论文所做的研究工作；可以轻松地回溯课题或某一研究文献的起源与历史（Cited References），或者追踪其最新的进展（Citing Articles），既可以越查越旧，也可以越查越新，越查越深入。两个会议录数据库包括多种学科的重要会议、讨论会、研讨会、学术会、专题学术讨论会和大型会议出版的文献。使用这两个会议数据库，可以在期刊文献尚未报道相关内容之前，跟踪特定学科领域内的新概念和新研究。两个化学库可以创建化学结构图来查找化合物和化学反应。

Web of Science 平台内各数据库具体情况如下。

（1）科学引文索引扩展数据库（Science Citation Index Expanded，SCIE）。SCIE 是科学引文索引的网络扩展版，是汤姆森公司在原有 SCI 文摘在源刊（核心刊）基础上精选另外的部分杂志形成的，期刊总计超过 8000 种。SCIE 收录 1900 年以来的数据，提供 1991 年以来的作者摘要信息，覆盖 150 多个领域的学科，主要包括农业、天文学、生物化学、生物学、生物工艺学、化学、计算机科学、材料科学、数学、内科学、神经系统科学、肿瘤学、小儿科、药理学、物理、植物学、精神病学、外科学、兽医学、动物学等。SCIE 已经成为当代世界最为重要的大型数据库，被列在国际六大著名检索系统之首。

☞ 重点提示：SCI 和 SCIE 的区别

（1）SCIE 是 SCI 的扩展版，目前前者收录期刊 8000 多种，后者收录期刊 3700 多种。SCI 期刊目录可在 SCI 官方网站（http://scientific.thomson.com）的 Master Journal List 数据库查询。

（2）SCI 期刊全刊文章都会被 SCIE 收录；SCIE 期刊并非所有文章都一定会被 SCI 收录。

（3）SCI 期刊选刊相对稳定，变化不大；SCIE 期刊选刊变化较大。

（2）社会科学引文索引数据库（Social Sciences Citation Index，SSCI）。SSCI 为 SCI 的姊妹篇，是目前世界上可以用来对不同国家和地区的社会科学论文的数据进行统计分析的大型检索工具。SSCI 收录有 2900 多种社会科学期刊，同时也收录了 SCIE 所收录的期刊当中涉及社会科学研究的论文，内容涵盖 50 多个学科领域，包括人类学、历史、行业关系、信息科学和图书馆科学、法律、语言学、哲学、心理学、精神病学、政治学、公共卫生学、社会问题、社会工作、社会学、药物滥用、城市研究、女性研究等。

（3）艺术人文引文索引数据库（Arts & Humanities Citation Index，A&HCI）。A&HCI 是针对艺术和人文科学期刊文献的多学科索引，它收录了

1600多种世界一流的艺术和人文期刊，提供1975年以来的数据和2000年以来的作者摘要信息，所涵盖的学科主要包括考古学、建筑学、艺术、亚洲研究、古典文学、舞蹈、民间传说、历史、语种、语言学、文学、音乐、哲学、诗歌、广播、电视和电影、宗教和戏剧等。

(4) 科技会议论文引文索引（Conference Proceedings Citation Index-Science，CPCI-S）。CPCI-S是原科技会议录索引ISTP新版，提供1990年以来以专著、丛书、预印本、期刊、报告等形式出版的国际会议论文文摘及参考文献索引信息，涉及自然科学和工程技术的所有领域，包括农业、生物化学、生物学、生物工艺学、化学、计算机科学、工程、环境科学、内科学、物理等。

(5) 社会科学及人文科学会议论文引文索引（Conference Proceedings Citation Index-Social Sciences & Humanities，CPCI-SSH）。CPCI-SSH是原社会科学及人文科学会议录索引ISSHP的新版，提供1990年以来以专著、丛书、预印本、期刊、报告等形式出版的国际会议论文文摘及参考文献索引信息，涉及社会科学、艺术及人文科学的所有领域，包括艺术、经济学、历史、文学、管理学、哲学、心理学、公共卫生学、社会学等。

(6) 近期化学反应数据库（Current Chemical Reactions，CCR）。CCR收集了1840年以来新的化学反应事实性的数据，包括从39个机构发行的一流期刊和专利中摘录的全新单步和多步合成方法。每种方法都提供有总体反应流程以及每个反应步骤详细、准确的示意图。数据库除提供题名、关键词等常规的检索字段外，还可以用反应式、结构式等进行检索。检索结果包括完整的反应图示、重要的反应条件、生物数据和作者文摘。利用CCR可以了解最新的化学合成、药物合成和化合物及其生物活性方面的信息。

(7) 化合物索引（Index Chemicus，IC）。IC收录了1993年以来新的化学物质事实性的数据，包括来自国际一流期刊所报导的最新有机化合物的结构和关键支持数据，是有关生物活性化合物和天然产物最新信息的重要来源，许多记录显示了从原始材料到最终产物的反应流程。支持结构式检索。检索结果包括用结构图形式表示的化合物、重要的反应图示、完整的书目信息、作者文摘等。

ISI Web of Knowledge的访问网址为http://apps.webofknowledge.com，机构用户采用IP地址控制使用权限。系统默认为简体中文界面，在页面最下方可对语种进行转换。

ISI Web of Knowledge首页系统默认的是机构所购ISI平台下所有数据库的跨库检索界面，单击功能导航栏中的Web of Science标签进入Web of Science首页，如图4-5所示。

图 4-5　Web of Science 首页即基本检索界面

4.2.2　检索技术

1. 布尔检索

使用布尔算符 AND，OR，NOT 实现逻辑“与”、“或”、“非”运算。

2. 词位检索

Web of Science 中常用的词位算符为 NEAR 和 SAME。

使用 NEAR/x 可查找由该运算符连接的检索词之间相隔指定数量的单词的记录。该规则也适用于单词处于不同字段的情况。用数字取代 x 可指定将检索词分开的最大单词数。如果只使用 NEAR 而不使用/x，则系统将查找其中的检索词由 NEAR 连接且彼此相隔不到 15 个单词的记录。例如，以下检索式效果相同：salmon NEAR virus 和 salmon NEAR/15 virus。

SAME 通常用在地址检索中，可查找该运算符所分隔的检索词出现在同一个地址中的记录。注意需要使用括号来分组地址检索词。例如：AD=（Portland SAME Oregon）

3. 截词检索

截词检索有三种，后截词、中截词和前截词，后截词可得到该单词所提及的所有词形变化形式；中截词可找到该单词的所有变化形式或不同拼法；前截词可用于该单词的前缀形式。使用截词检索可提高查全率。Web of Science 常用的截词符有“*”、“$”和“?”。“*”截取零到多个字符，如，输入检索词“*carbon*”，检索结果中会出现 carbon、hydrocarbon 和 polycarbonate；“$”截取零到一个字符，如，输入检索词“colo$r”，检索结果中会出现 color 和 colour；“?”截取一个字符，如输入检索词“en?oblast”，检索结果中会出现 entoblast 和 endoblast。

4. 精确检索

精确检索符号为双引号“”，可实现精确查找提高查准率。引号中可套用截词符。如果不使用精确检索，则系统默认词组间各词是布尔逻辑“与”（AND）的关系，即中间可以间隔单词，可以不限词序。

5. 词形还原

系统词形还原功能见图 4-5 最下方“调整检索设置”项。系统默认使用词形还原功能，可实现自动检索单复数、动词时态、形容词比较级等，如 tooth 和 teeth；自动匹配英美拼写差异，如 Color 和 Colour，Behavior 和 Behaviour。

6. 其他注意事项

（1）在主题字段中，可以使用 AND，但在出版物名称字段中却不能使用。

（2）可以在多数字段中使用 NEAR，但不要在出版年字段中使用。

（3）当在除地址字段以外的其他字段（如主题和标题）中使用 SAME 时，如果检索词出现在同一记录中，则 SAME 与 AND 的作用就完全相同。例如：TS=(cat SAME mouse)与 TS=(cat AND mouse)将得到相同结果。

（4）美元符号($)对于查找同一单词的英国拼写和美国拼写非常有用。例如，“flavo$r”可查找 flavor 和 flavour；问号(?)对于检索最后一个字符不确定的作者姓氏非常有用。例如，“Barthold?”可查找 Bartholdi 和 Bartholdy，但不会查找 Barthod。

（5）撇号(’)被视为空格，如 Title=(Paget’s or pagets)和 Title=(Paget s or pagets)返回相同数量的检索结果。

（6）如果输入以连字号、句号或逗号分隔的两个单词，则词语将视为精确短语。

4.2.3　检索方式

Web of Science 有基本检索、作者甄别、被引参考文献检索、化学结构检索和高级检索 5 种检索方式，通过上方功能导航栏的相应标签可进行切换。

1. 基本检索（Search）

Web of Science 首页即基本检索界面，如图 4-5 所示，系统提供三个检索行，每一检索行的检索字段用右侧的下拉菜单选择，检索行之间逻辑关系用左侧下拉菜单指定。检索框内的检索词可以是单词、词组或用检索算符连接的多个词（组）。检索区下方系统提供时间跨度和平台中 7 个子库的检索范围限制选项，还有调整检索及检索结果设置。

系统提供 16 种检索字段，主要包括以下几种。

（1）主题字段（Topic）。把检索词放在主题字段表示在论文的题名、文摘或关键词中进行检索。在该字段中输入的检索词可以使用截词符、逻辑算符组配。

（2）标题字段（Title）。通过标题来查找文献。它仅在论文的题名中检索。

（3）作者字段（Author）。通过输入来源文献的作者姓名来检索该作者的论文被 Web of Science 平台数据库收录情况，进而了解该作者在一段时间内的科研动态。

☞ 重点提示：作者姓名拼写方式

（1）姓氏在先，空一格，然后输入名字首字母（最多 4 个字母），如：Wang JZ。姓氏可以包含连字号、空格或撇号。

（2）如果不知道作者名的全部首字母，可以在输入的首字母后用星号（*）代替，如在作者字段里输入“Wang J *”，检索结果中会出现：Wang Jianzhou、Wang Jianyu 等记录。

（3）输入作者姓名的全拼，“姓”和“名”之间用空格隔开，如输入 Wang Jianzhou。

以上三种作者拼写均有局限性，如要保证全面可采用作者甄别（Author Finder）检索方式，下文会做详细介绍。

（4）团体作者字段（Group Author）。输入团体作者的姓名，应考虑其各种写法，包括全称和缩写形式。也可利用 Group Author Index 选择并添加到检索框中。

（5）编者字段（Editor）。通过输入来源文献的编者姓名来查找文献。输入姓名方式与作者字段相同。

（6）出版物名称字段（Publication Name）。在这个字段中应输入刊名的全称。如果记不全刊名的名称，可以输入刊名的前几个单词和截词符来检索，或者单击该字段右面的🔍标记，进入 Publication Name Index 查阅准确名称，选择并添加到检索输入框中。

(7) 出版年字段（Year Published）。应输入论文出版的准确年份，或发表论文的时间段。

(8) 地址字段（Address）。在此字段中可以输入一个机构、一个城市、一个国家、一个邮编等或者它们的组合。机构名和通用地址通常采用缩写。可以点击该字段下方的“查看缩写列表”查找缩写形式。各检索词之间可以使用 SAME、AND、OR、NOT 算符组配。一条地址相当于一句，若一条地址中包含两个或多个词汇，检索时用 SAME 运算符连接多个词。

☞ 重点提示：

例如检索四川大学化学工程学院某老师发表的论文被 Web of Science 数据库收录的情况，可以在地址字段输入“SICHUAN UNIV SAME CHEM”，目前使用的最新版本 Web of Knowledge 5 支持地址字段的检索单词的完整表达，如 SICHUAN UNIV SAME CHEM 与 SICHUAN UNIVERSITY SAME CHEMISTRY 的检索效果一样。

(9) Web of Science 提供检索的其他字段包括会议（Conference）、语种（Language）、文献类型（Document Type）、基金资助机构（Funding Agency）、授权号（Grant Number）等。

2. 作者甄别（Author Finder）

作者甄别主要用于以作者为起始切入点，检索该作者发表的文献，且能够区分名字相同的作者，可将名字有多种拼写方式（包括全名）的作者的研究成果集中起来，还可选择作者所属的多个机构。

作者甄别检索界面如图 4-6 所示，左侧的检索框必须输入作者姓氏，右侧的检索框必须输入作者名的首字母，至少提供 1 个，最多允许 4 个。检索框下方的“仅限精确匹配”复选框，用于在检索作者姓名时扩大或缩小检索的范围。系统默认清空该复选框，即自动使用内部通配符检索作者姓名的所有不同形式。例如，检索 Johnson T 将返回与该姓名所有不同形式相关的唯一作者集，如 Johnson T，Johnson TC，Johnson TR 等。勾选该复选框时，系统将作者检索限制为只检索该字段中输入的作者姓名首字母，不返回姓名的不同形式，例如检索作者 Johnson TR，检索结果中仅出现关于 Johnson TR 的唯一作者集。

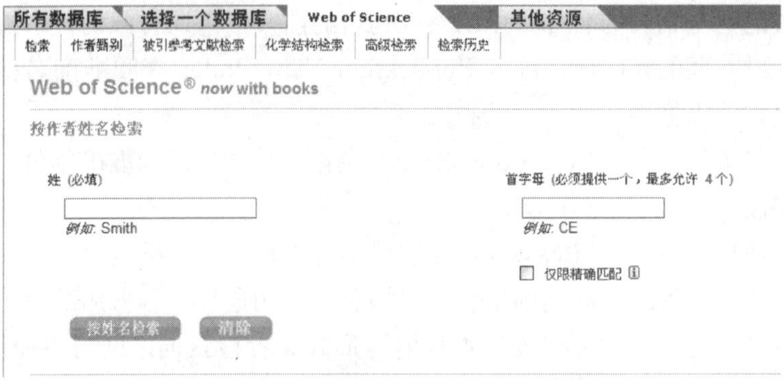

图 4-6　Web of Science 作者甄别检索界面

3. 被引参考文献检索（Cited Reference Search）

被引参考文献检索以被引作者、被引文献和被引文献发表年代作为检索点进行检索，以了解某个作者的著作（论文、书籍、专利等）发表以来被引用的情况，考察著作的重要程度及对相关研究的影响等。

> 重点提示：
>
> 被引参考文献检索与基本检索均能查到目标文献的被引情况，其区别在于前者可检索非 Web of Science 收录的著作的被引用情况，而后者只能检索被 Web of Science 收录的著作的被引用情况。

被引参考文献检索界面如图 4-7 所示，系统提供三个检索行，每一检索行的检索字段用右侧的下拉菜单选择，检索行之间逻辑关系固定为逻辑“与”。系统提供的可检字段包括被引作者字段、被引著作字段和被引年份字段。检索区下方系统提供时间跨度和平台中 7 个子库的检索范围限制选项，还有调整检索及检索结果设置。

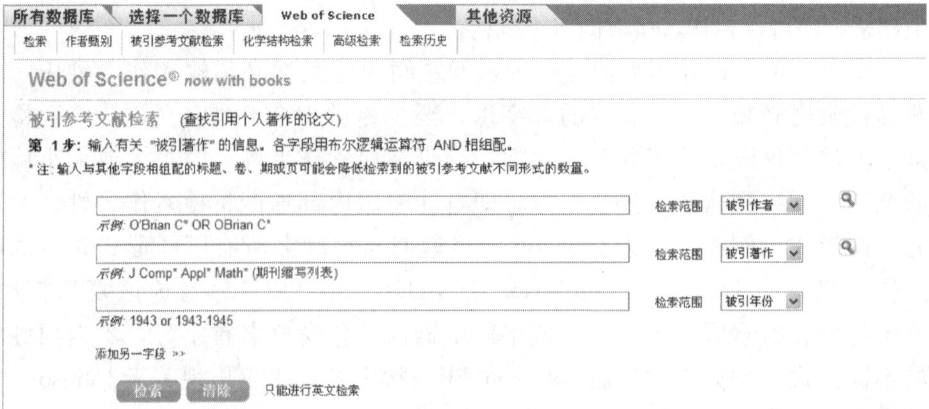

图 4-7　Web of Science 被引参考文献检索界面

（1）被引作者字段（CITED AUTHOR）。在该字段中输入主要被引作者姓名，还可以输入第二作者的姓名，文献主要作者的姓名将显示在“被引作者”栏中。

（2）被引著作字段（CITED WORK）。输入被引文献的刊名进行检索。输入被引文献的刊名时采用缩略式，为了提高查全率，要考虑被引刊名的不同写法，如果不知道准确的缩写，可以单击该字段检索框下方的“期刊缩写列表”链接查看期刊缩略表。

（3）被引年份字段（CITED YEAR）。如果要检索某人在某个特定年份发表论文的被引情况，可以在该字段输入文献发表的年份（4 位数字表示），如果要检索几年，可以用“OR”组配，如“1998 OR 1999 OR 2000”，或输入时间段，如“2002－2012”。

选择子库，输入有关“被引著作”信息进行检索后，得到满足检索条件的文献被引用情况列表，如图 4-8 所示。列表中单条记录的“施引文献”项列出的数字即该文献的被引次数，单击右侧“查看记录”链接进入该被引文献的全记录信息页面。那些不带“查看记录”链接的记录，则表示该文献未被 Web of Science 收录，无法查看它的全记录信息。

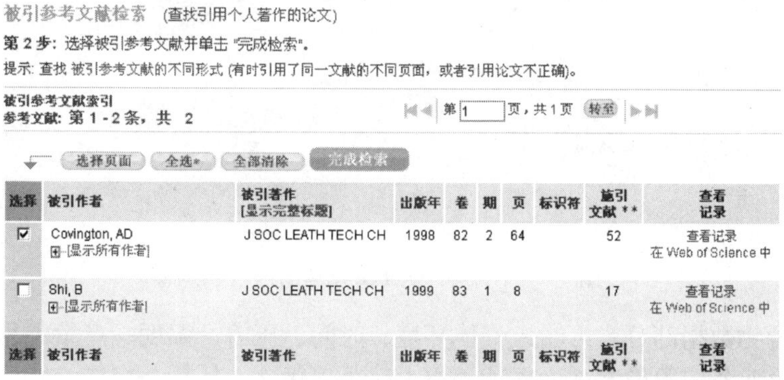

图 4-8 Web of Science 被引参考文献检索结果显示页

4. 化学结构检索（Structure Search）

化学结构式检索界面如图 4-9 所示，从上到下分为三部分：化学结构绘图、化合物数据和化学反应数据。

化学结构绘图部分，可创建化学结构检索式（需安装 Java 才可应用系统提供的画图软件）检索相匹配的化合物和反应。绘图框左侧提供子结构和精确匹配两种限定功能。子结构查找可查找包含绘制的化学结构的化合物和反应，即检索结果中绘制的化学结构可作为片段出现；精确匹配可查找与绘制的化学结构精确匹配的化合物和反应，即绘制的化学结构精确出现，不带任何附加结构或基团。

化合物数据部分有三个检索行，分别对应化合物名称、生物活性和分子量检索字段。其中生物活性检索框右侧给出“生物活性”列表，可通过单击链接查看所需检索词；分子量检索框左侧下拉菜单有 6 种选项可供选择：>、<、≥、≤、=和 between。通过勾选检索框下方的复选框可以指定化合物在反应中的角色，包括作为反应物、作为产物、作为催化剂和作为溶剂。初始状态下系统默认自动检索每个复选框选项的反应信息。

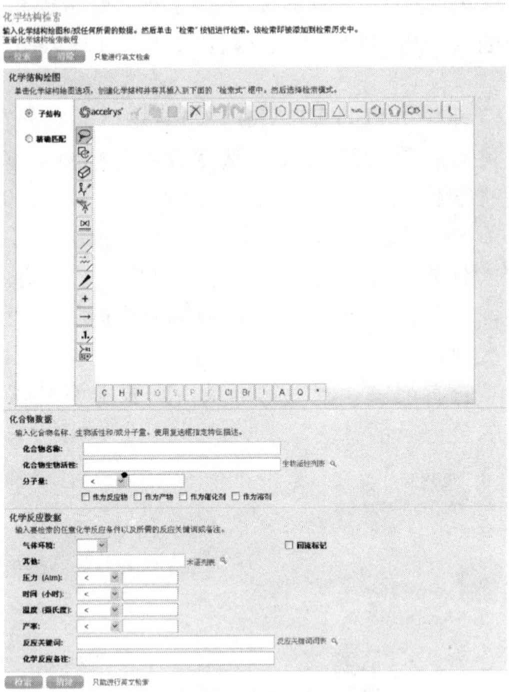

图 4-9　Web of Science 化学结构检索界面

化合物数据部分，可输入气体环境、时间、压力、温度、产量、反应关键词和化学反应备注等检索词。气体环境下拉菜单包含：任意、空气、O_2、N_2、H_2、He、Ar、CO、CH_4 和 CO_2。气体环境选项框右侧有回流标记复选框，选中时表示检索标记为回流的反应。反应关键字标识以下内容：一般反应类别、命名的化学反应、新催化剂和试剂等，可通过单击检索框后方的反应关键字列表添加可检索的有意义的反应关键字。

以上三部分内容可互相结合进行检索，也可只针对其中一部分输入关键词进行检索。

5. 高级检索（Advanced Search）

高级检索界面如图 4-10 所示，系统提供一个检索窗口，需要输入一个用检索词、检索算符、字段标识符构造的具有完整逻辑关系的复合检索式。检索窗口右侧是字段标示符对照表，页面下方的检索历史区显示在当前会话期间所有执行过的检索，并可对历史检索进行组配运算。

图 4-10 Web of Science 高级检索界面

4.2.4 检索结果的显示与处理

基本检索及高级检索的检索结果显示页如图 4-11 所示，上方显示检索策略（包括检索式、时间跨度和所检数据库）和命中记录总数，下方右侧列表显示每条记录的概要信息，左侧是精练检索结果区。

图 4-11 Web of Science 检索结果显示页

☞ 重点提示：

Web of Science 为文摘型数据库，有些记录有全文链接图标，并不表示该数据库提供全文，而是通过后台链接到开放存取资源或从本机构已购买的全文数据库中调出全文。有类似情况的文摘型数据库还有工程索引（Ei Compendex）、化学文摘（SciFinder Web）等。

1. 结果排序

通过检索结果列表右上方的排序方式下拉菜单可选择结果排序方式，包括出版时间、被引频次、相关度、第一作者、来源出版物等 11 种。

2. 精炼检索结果

当检索结果数量较大，查准率不够高时可利用右侧的“精炼检索结果”工具栏将检索结果按学科、文献类型、作者、来源期刊、出版年份、机构名称、语种、国家及地区等限定字段组成不同的集合进行聚类显示，也可以利用上方的“结果内检索”输入框进行二次检索，系统默认为主题字段。

3. 查看单条记录

单击单条记录的标题链接进入该记录的全记录显示页面，如图 4-12 所示，除显示题名、作者、原文出处、摘要等基本信息外，还可以查看该记录的参考文献数量和被引频次，更重要的是可通过单击这些数字链接获得相应的参考文献和施引文献的详细信息，从而实现“越查越旧”和“越查越新”，了解本课题之前和现在的研究状况，回顾和追溯学术发展渊源与发展趋势。

☞ 重点提示：IDS 号、DOI 号、UT 号的区别

IDS：ISI 公司入藏号，此号码是识别期刊和期号的唯一编号，用于订阅 Document Solution 中的文献的全文，同一种期刊同一卷期所有论文的 IDS 号是一样的。IDS 号示例：928ZC。

DOI：数字对象标识符（Digital Object Identifier），是一种在数字环境中永久标识和交换知识产权的系统，它并非只是一个不重复的字符串，它是一套包括名称空间、唯一标识符、命名机构、命名登记系统和解析系统 5 个部分的完整体系。对所标识的数字对象而言，DOI 号相当于人的身份证号，具有唯一性。DOI 号示例：10.1007/s10114-009-7473-4

UT：ISI（现在公司名称 Thomson Reuters）分配给一篇文献的唯一识别符，可以唯一地识别一篇文献，即常说的 SCIE（ISTP）收录号。如果说 DOI 号相当于文献在整个数字资源世界内的身份证号，那么 UT 号就相当于该篇文献在 ISI 公司内部的身份证号。收录号示例 UT WOS：000290423000003。

图 4-12　Web of Science 检索结果全记录显示页

4. 输出多条记录

输出记录界面在检索结果显示页的底部，如图 4-13 所示，操作步骤为：第 1 步，标记记录，可单选已作标记的“页面上的所选记录”，也可以单选“页面上的所有记录”或注明记录号区间；第 2 步，选择输出记录格式，有题录格式和全记录格式两种；第 3 步，选择输出方式，包括打印、存盘、发邮件、保存到我的 Endnote Web 图书馆和保存到我的 ResearchID 列表等。

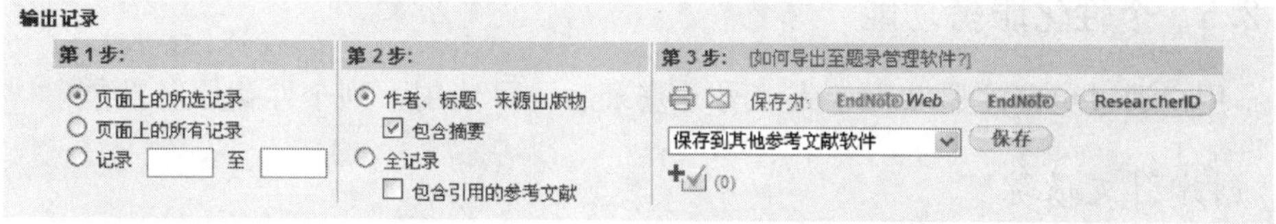

图 4-13　Web of Science 检索结果输出步骤界面

5. 分析检索结果

单击检索结果显示页右上方的“分析检索结果”按钮，可以从作者、丛书名称、会议名称、国家/地区、文献类型、编者、基金资助机构、授权号、团体作者、语种、出版年、来源出版物、学科类别、Web of Science 类别等方面对检索结果进行分析。

6. 创建引文报告

单击检索结果显示页右上方的“创建引文报告”按钮，可以查看检索结果中所有文献的被引用情况，如图 4-14 所示，包括被引用总次数、他引次数、施引文献数量等信息。

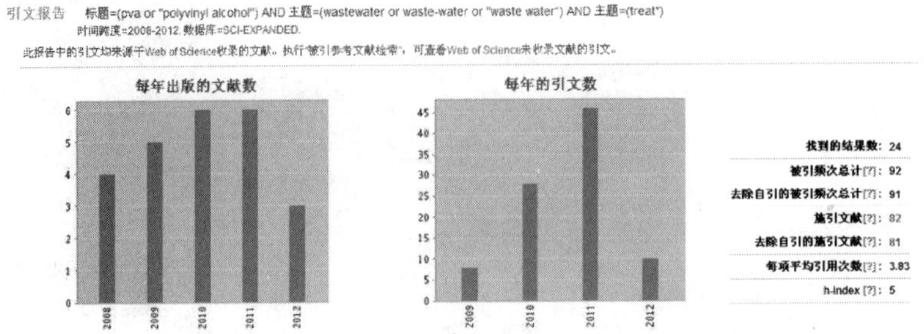

图 4-14 Web of Science 创建引文报告页

☞ 重点提示：

(1) 通过“创建引文报告”查出的被引次数是 Web of Science 来源文献的总引用，包括非 SCIE 收录文献的引用，如被 ISTP 收录的文献的引用。

(2) 检索结果详细信息页面右侧的“施引文献列表”计数是 Web of Knowledge 所有引文数据库的引用总数，包括来自以下引文索引的来源记录：Web of Science、BIOSIS Citation Index 和中国科学引文数据库。

查找论文的 SCIE 被引情况的常用方法可参见 4.2.6 节。

4.2.5 个性化服务功能

用户通过免费注册获得个人账号并登录后，可使用下列个性化服务功能。

1. 创建引文跟踪

单击单条记录详细信息页面右侧“创建引文跟踪”按钮即可创建引文跟踪，所选文章被引用时将收到电子邮件提醒，还可以使用此功能制作一个感兴趣的论文列表，每当列表中有论文被引用时均会收到电子邮件提醒。

2. 创建定题服务

可将自己感兴趣的课题保存到本地服务器或计算机上，需填写保存历史名称和电子邮箱等信息。定题服务可定期检索相关课题，并把最新结果发送到指定的邮箱中，使用户随时掌握课题最新进展。定题服务有效期半年，到期后可以续订。

4.2.6 论文被 SCIE 收录及被引用情况的查询方法

论文被 SCIE 收录及被引用情况在一定程度上可以反映论文的重要性和在学科领域的影响力，也在一定程度上说明论文作者和机构的学术成就，因此很多作者和学术机构都很关注自己的论文被 SCIE 收录及被引用的情况。

1. 论文被 SCIE 收录情况的查询方法

首先在 Web of Science 基本检索界面选择 SCIE 单库（系统默认勾选 Web of Science 平台下所有数据库），然后检索作者姓名及工作单位（也可用作者甄别检索），所得结果排除掉重名作者之后即可确认为该作者的论文被 SCIE 收录的情况。另一种情况是查询已知的特定论文被 SCIE 收录的情况，只需直接检索论文题名，如果能检索到结果则证明被 SCIE 收录。

2. 论文的 SCIE 被引用情况的查询方法

SCIE 被引用次数特指被 SCIE 收录的施引文献的数量。论文的 SCIE 被引用情况有以下两种查询方法。

（1）各种文献，包括非 Web of Science 收录的著作都可通过被引参考文献检索方式检索其 SCIE 被引用情况。首先仅选择 SCIE 单库（系统默认勾选 Web of Science 平台下所有数据库），输入有关“被引著作”信息进行检索后，在检索结果页（参见图 4-8）选定的论文左侧复选框打勾，单击“完成检索”，所得检索结果即该论文的 SCIE 施引文献列表，如图 4-15 所示。

图 4-15　论文的 SCIE 施引文献页面

（2）若已知论文被 SCIE 收录，则可先在 Web of Science 基本检索界面查看 SCIE 收录，所得结果记录中会有“被引频次”，全记录显示页（参见图 4-12）右侧会有“施引文献列表”计数，前者是 Web of Science 来源文献的引用次数，后者是 Web of Knowledge 所有的引文数据库的引用次数。单击引用次数链接均可进入该论文的施引文献页面，如图 4-16 所示，记录列表上方列出施引文献的详细数据分布，包括 SCIE，SSCI，A&HCI，CPCI-S，CPCI-SSH，BKCI-S，BIOSIS Citation Index 和中国科学引文数据库等，其中 SCIE 前的数字即 SCIE 被引用次数。这种方式只能查看论文的 SCIE 被引用次数，无法得到 SCIE 施引文献列表。

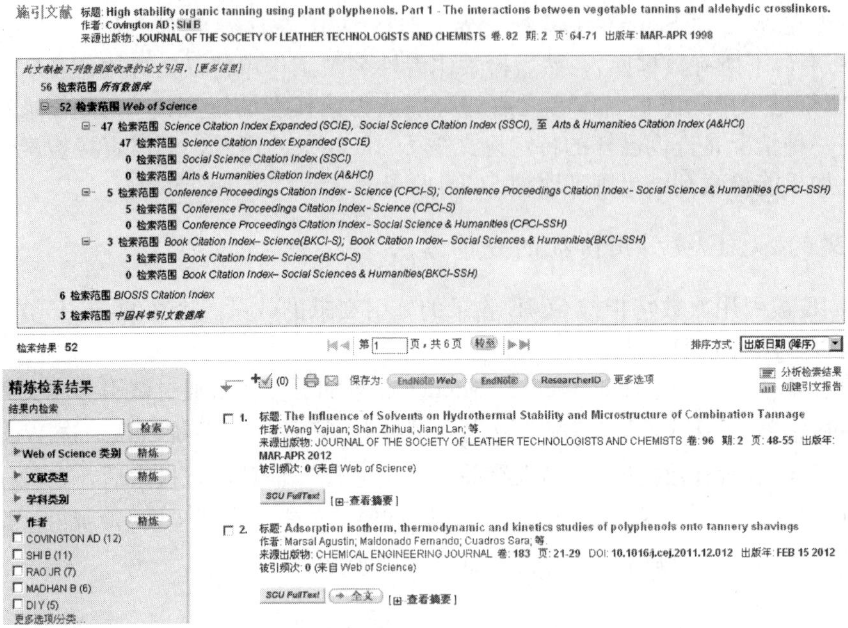

图 4-16　论文的施引文献页面

3. 论文的 SCIE 他引次数的查询方法

论文的被引次数分为三类，即总被引次数、自引次数和他引次数，总被引次数=自引次数+他引次数。科技查新工作站出具的引用报告通常都要特别注明他引次数。他引次数的定义分为三种情况：①论文被所有作者以外其他人的引用；②论文被第一作者（或通讯作者）以外其他人的引用；③论文被申请检索作者以外其他人的引用。科技查新工作站通常以第一种标准出具论文的他引报告。论文的 SCIE 他引次数有以下两种查询方法。

(1) 在 SCIE 施引文献页面左侧的精炼检索结果界面，点击作者标签下的“更多选项/分类”链接打开作者精炼页面，如图 4-17 所示，在作者列表中勾选被引文献的所有论文作者，单击“排除”按钮，所得文献列表即该论文的 SCIE 他引记录，如图 4-18 所示。当作者列表大于 100 条时，单击“分析结果报告”可得到更多作者信息。

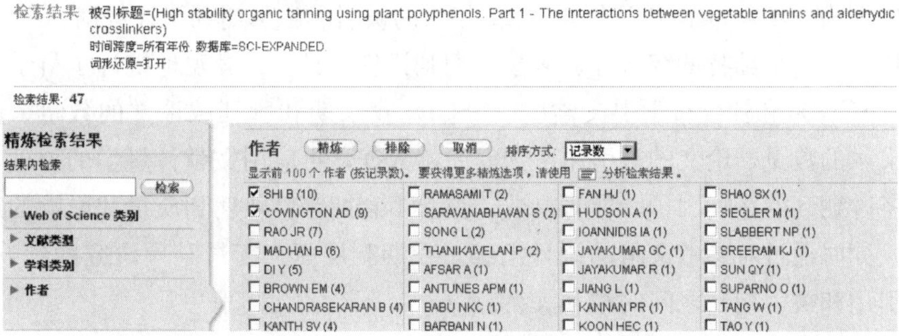

图 4-17　Web of Science 作者精炼页面

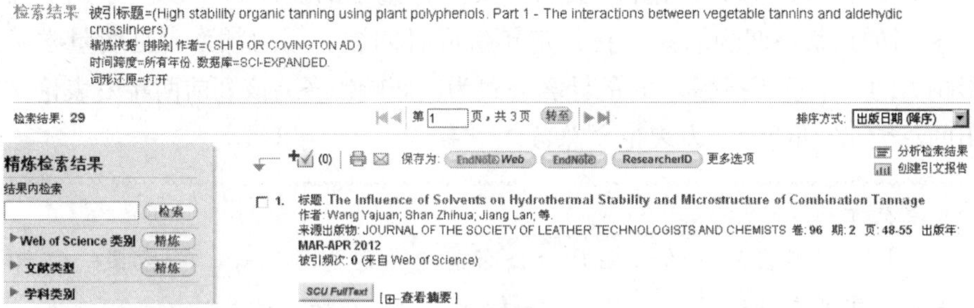

图 4-18　论文的他引记录页面

（2）通过被引参考文献检索方式得到论文的 SCIE 被引用情况后（在检索历史中标注为＃1），进入 Web of Science 高级检索界面，仅选择 SCIE 单库，利用前次检索历史去除自引作者，在检索窗口输入的检索式为：＃1 not au=（SHI B OR COVINGTON AD）。执行检索后，在页面下方的“检索历史”区，最新一次检索（＃2）的“检索结果”即该论文的 SCIE 他引次数，界面如图 4-10 所示，点击次数链接打开 SCIE 他引文献列表。

SSCI，A&HCI，CPCI 收录及被引用情况的查询方法与上述方法类似。

4.3　期刊引证报告（JCR）

4.3.1　概述

期刊引证报告（Journal Citation Reports，JCR）隶属于 ISI 平台，其历史最早可追溯到 1975 年，从那年开始，ISI 在《科学引文索引》（SCIE）年度累积本中，增加了一个新的部分——“期刊引证报告”。JCR 分为两个版本：自然科学版（JCR Science Edition）和社会科学版（JCR Social Science Edition），收录了来自 60 多个国家，3300 多家出版商出版的 7500 多种期刊，涉及约 227 个学科，出版周期为一年。目前 JCR 提供 1997 年后的被引和施引期刊统计数据。

JCR 是一个独特的综合性、多学科期刊评价工具，它客观地统计了科学引文索引（SCIE）和社会科学引文索引（SSCI）收录期刊所刊载论文的数量、论文参考文献的数量、论文的被引用次数等原始数据，再应用文献计量学的原理，计算出各种期刊的影响因子、即时指数、被引半衰期等反映期刊质量和影响的定量指标。同时通过对参考文献的统计汇编，在期刊层面上衡量某项研究的影响力，显示引用和被引期刊之间的相互关系。

常用的 JCR 评价指标有以下几个。

（1）影响因子（Impact Factor，IF）。IF 由 ISI 创始人尤金·加菲尔德（Engene Garfield）在 1960 年创立，其后为文献计量学的发展带来了一系列重大革新。IF 指的是某一期刊的论文在特定年份或时期被引用的频率，是衡量学术期刊影响力的一个重要指标。IF 的计算公式为：影响因子=该刊前两年发表论文被引用的总数/该刊前两年发表论文总数。

☞ 重点提示：

JCR 一般在每年的六七月份公布前一年的影响因子。检索某一作者发表论文所在期刊的影响因子，一般应以论文出版年的影响因子为准。

（2）及时指数（Immediacy Index）。表征期刊即时反应速率的指标，确定某刊发表的论文在同年被引用的快速程度。及时指数=该刊当年发表论文被引用的次数/该刊当年发表论文的总数。

（3）被引半衰期（Cited Half-life）。衡量期刊老化速度快慢的一种指标。

（4）发文量（Articles）。在某一特定年度该刊出版的论文总数。

（5）引用量（Total Cites）。在某一特定年度该刊发表的论文引用其他论文的总数。

JCR 可在 ISI Web of Knowledge 平台的“选择一个数据库”标签页单击 Journal Citation Reports 链接进入，也可以通过网址 http://www.webofknowledge.com/JCR 登录，机构用户采用 IP 地址控制使用权限。JCR 首页如图 4-19 所示，左侧为年份选项，右侧为 JCR 的三种检索方式选项。

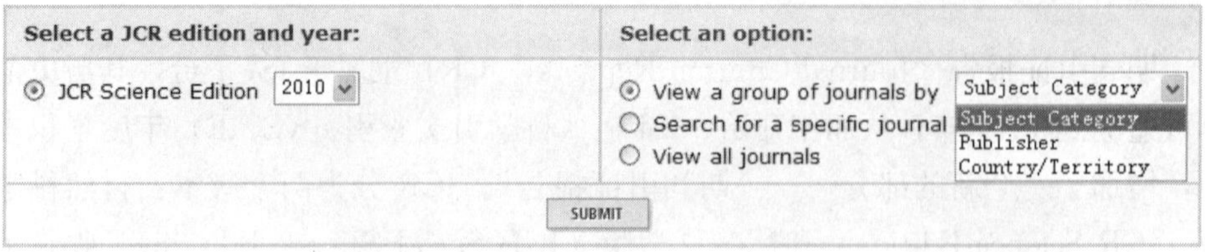

图 4-19　JCR 首页

4.3.2 检索方式

JCR 提供分类检索、特定期刊检索和期刊浏览三种检索方式。

1. 分类检索（View a group of journals）

JCR 首页右侧第一项即分类检索，通过下拉菜单可选择学科范畴、出版机构和国家地区三种分类。

（1）学科范畴（Subject Category）。学科范畴分类浏览界面如图 4-20 所示，分为上下两部分。上方是学科主题选择区，可选择一个或多个学科。下方选择查看方式，View Journal Data 是查看所选主题下所有期刊的评价指数信息；View Category Data 是查看所选主题的评价指数信息。

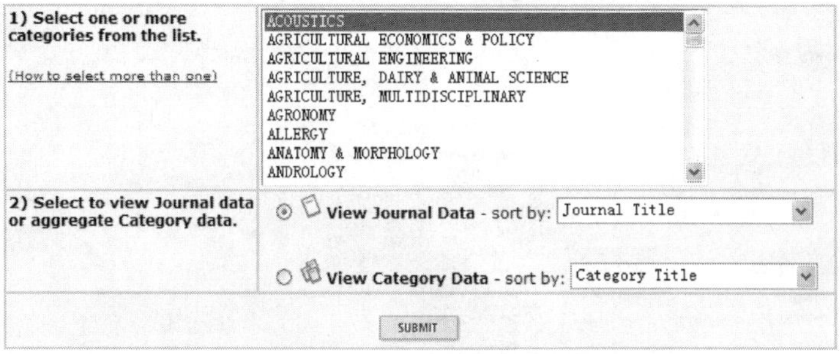

图 4-20 JCR 分类检索——学科范畴界面

（2）出版机构（Publisher）。利用该方式可了解各个出版社出版的期刊的影响因子、及时指数等指标，此项检索主要用于图书馆订购期刊时参考。

（3）国家地区（Country/Territory）。JCR 的期刊来源于 60 多个国家，通过该方式可了解各个国家或地区期刊的影响因子、及时指数等指标，供作者向刊物投稿时参考。

2. 特定期刊检索（Search for a specific journal）

特定期刊检索界面如图 4-21 所示，系统提供一个检索行，可检字段包括期刊全名（Full Journal Title）、期刊缩写名（Abbreviated Journal Title）、刊名关键词（Title Word）和 ISSN 号。

☞ 重点提示：

如刊名拼写不准确将无法查到结果，可通过检索行上方 view list of full journal titles 链接查看刊名列表。

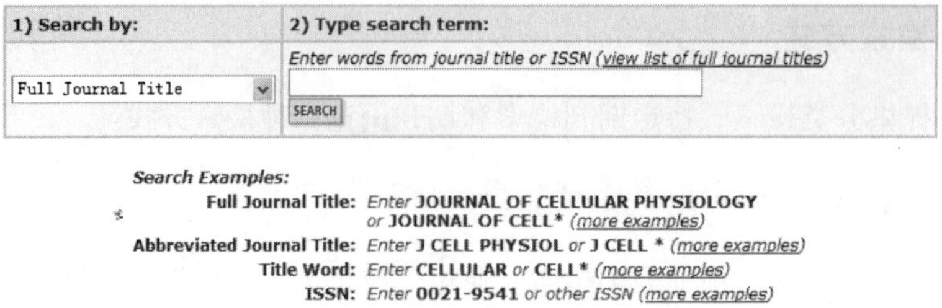

图 4-21 JCR 特定期刊检索界面

3. 期刊浏览（View all journals）

期刊浏览界面如图 4-22 所示，可查看 JCR 所有来源刊的影响因子等信息，左上方的 Sorted by 是排序方式设置，可选择按刊名首字母或各种评价指标排序。

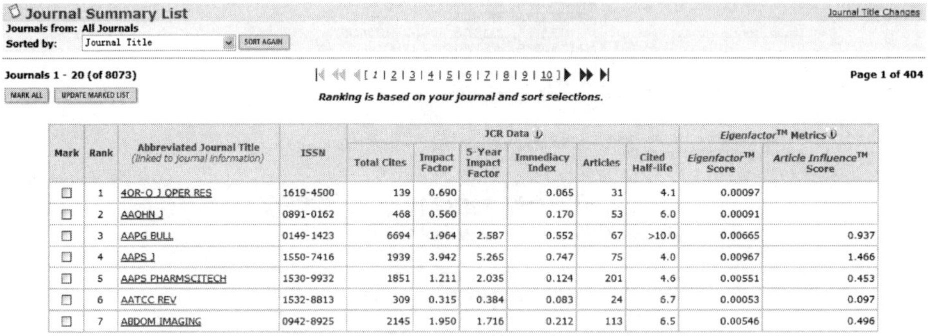

Mark	Rank	Abbreviated Journal Title (linked to journal information)	ISSN	JCR Data						Eigenfactor™ Metrics	
				Total Cites	Impact Factor	5-Year Impact Factor	Immediacy Index	Articles	Cited Half-life	Eigenfactor™ Score	Article Influence™ Score
□	1	4OR-Q J OPER RES	1619-4500	139	0.690		0.065	31	4.1	0.00097	
□	2	AAOHN J	0891-0162	468	0.560		0.170	53	6.0	0.00091	
□	3	AAPG BULL	0149-1423	6694	1.964	2.587	0.552	67	>10.0	0.00665	0.937
□	4	AAPS J	1550-7416	1939	3.942	5.265	0.747	75	4.0	0.00967	1.466
□	5	AAPS PHARMSCITECH	1530-9932	1851	1.211	2.035	0.124	201	4.6	0.00551	0.453
□	6	AATCC REV	1532-8813	309	0.315	0.384	0.083	24	6.7	0.00053	0.097
□	7	ABDOM IMAGING	0942-8925	2145	1.950	1.716	0.212	113	6.5	0.00546	0.496

图 4-22 JCR 期刊浏览即检索结果界面

4.3.3 检索结果的显示

检索结果界面与图 4-22 相似，可查看期刊的总引用量、影响因子、5 年影响因子、及时指数、发文量、被引半衰期等信息。单击刊名链接，还可查看该刊历年来的影响因子变化情况、该刊所属学科领域、该刊所属国家地区等信息。

参考文献

[1] 中国科学院国家科学图书馆. 中国科学引文数据库介绍[EB/OL]. http://sciencechina.cn/index_more1.jsp[2012-04-20].

[2] 复旦大学图书馆. Web of Science 使用说明[EB/OL]. http://www.library.fudan.edu.cn/eresources/help/wos.htm[2012-06-04].

[3] 田质兵,薛娟,周同. 科技情报检索[M]. 北京:清华大学出版社,2010:89-106.

[4] 徐庆宁. 新编信息检索与利用[M]. 上海:华东理工大学出版社,2008:130.

[5] 何晓萍,罗时民. 实用文献信息检索[M]. 北京:机械工业出版社,2007:122-123.

[6] 小木虫论坛.判定 SCI 光盘版、网络版的方法[EB/OL].http://emuch.net/html/201202/4127364.html[2012-04-25].

[7] ISI.Thomson Reuters 产品培训指南[EB/OL].http://ip-science.thomsonreuters.com.cn/productraining/[2012-6-12].

[8] ISI.Web of Science 快速参考指南[EB/OL].http://www.thomsonscientific.com.cn/media/product2011/2009%20WOS%20NEW%20QRC.pdf[2012-06-15].

[9] 同济大学图书馆.美国汤姆森科技信息期刊詹姆士·特斯特:成功期刊是这样炼成的[EB/OL].http://www.lib.tongji.edu.cn/jzb/2005%E5%B9%B4/200509/200509期刊与论文a.htm[2012-6-14].

[10] 科学网.SCI 和 EI 论文检索号 IDS number 和收录号查询方法[EB/OL].http://bbs.sciencenet.cn/thread-266229-1-1.html[2012-4-12].

[11] 燕山大学.关于"论文他引次数"、"检索号"及"ESI 高被引论文"的查询方法[EB/OL].http://gs.ysu.edu.cn/UploadFile/201231210538134.pdf[2012-06-25].

[12] Thomson Reuters. Journal Citation Reports[EB/OL].http://ip-science.thomsonreuters.com.cn/productsservices/jcr/[2012-6-12].

第 5 章　综合性全文数据库

5.1　中国知网（CNKI）

5.1.1　概述

国家知识基础设施（National Knowledge Infrastructure，NKI）的概念，由世界银行于 1998 年提出。中国知网（以下简称 CNKI）是以实现全社会知识资源传播共享与增值利用为目标的信息化建设项目，由清华大学、清华同方发起，始建于 1999 年 6 月，是目前全球最大的知识资源全文数据库集群。CNKI 覆盖的学科范围包括数理科学、化学化工和能源与材料、工业技术、农业、医药卫生、文史哲、经济政治与法律、教育与社会科学、电子技术与信息科学等，其核心资源包括中国学术期刊网络出版总库、中国博士学位论文全文数据库、中国优秀硕士学位论文全文数据库、中国重要会议论文全文数据库、中国重要报纸全文数据库等。

中国期刊全文数据库是 CNKI 的子库之一，是目前世界上最大的连续动态更新的中文期刊全文数据库，收录了 1994 年至今国内 8200 多种综合期刊与专业特色期刊（部分刊物回溯至创刊）的全文，按学科分为 168 个专题，现有文献 2200 多万篇，每日更新，年新增文献 100 多万篇。数据库内容涵盖数学、物理、力学、天文、地理、生物、化学、化工、冶金、环境、矿业、机电、航空、交通、水利、建筑、能源、农业、医药卫生、文史哲、政治军事与法律、教育与社会科学综合、电子技术与信息科学、经济与管理等学科领域。数据库数据高度整合，可实现一站式检索；同时还具有引文连接功能，除了可以构建成相关的知识网络外，还可用于个人、机构、论文、期刊等方面的计量与评价。

CNKI 有新旧两个检索平台，新平台网址为 http://www.cnki.net，旧平台网址为 http://www.dlib.cnki.net，对机构用户采用 IP 地址控制使用权限。任何用户无需帐户登录即可访问新平台并免费检索获取文摘题录信息；免费注册帐户并登录后可以访问旧平台并免费检索获取文摘题录信息。本节将对新旧平台的检索方法分别进行介绍。

☞ 重点提示：

CNKI 新平台的检索范围更广，学术性更强，但检索方式不如旧平台简洁易用，建议初学者以旧平台为主进行学习，待熟悉后再使用新平台。

5.1.2　CNKI 旧平台

图 5-1 为 CNKI 旧平台首页，左上方是个人用户登录区；中部是跨库检索区；下方是子库列表。本节将以中国期刊全文数据库为例介绍 CNKI 旧平台单库检索的方法，跨库检索与之类似。

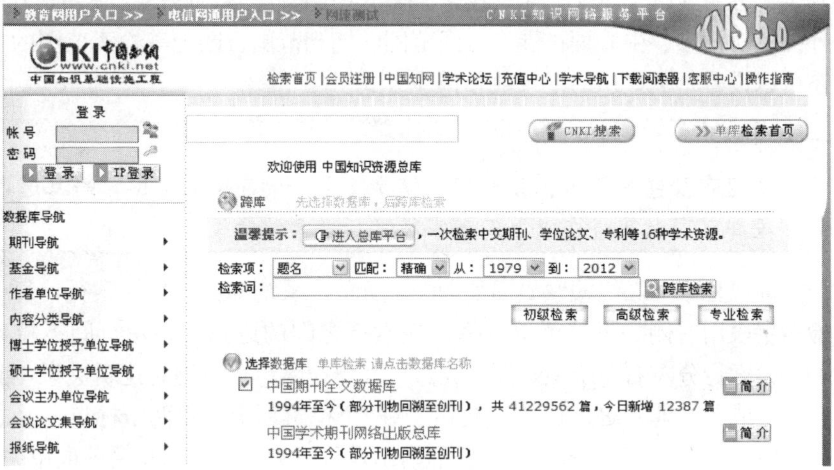

图 5-1　CNKI 旧平台首页

1. 检索方式

图 5-2 为中国期刊全文数据库首页，系统提供初级检索、高级检索、专业检索和期刊导航四种检索方式，通过页面上方功能导航栏可进行切换。页面左侧为专辑导航区，系统默认为全部专辑，也可根据需要勾选一个或多个专辑。页面中部是检索区。

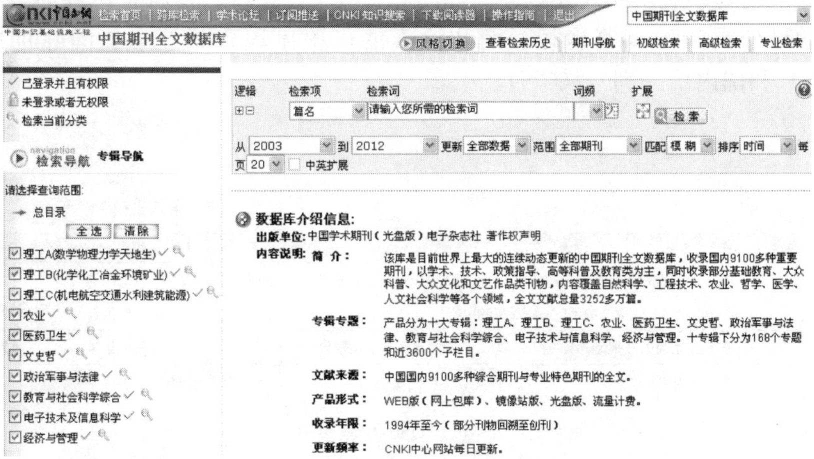

图 5-2　CNKI 旧平台初级检索界面

（1）初级检索。登录后系统默认为初级检索，提供一个检索行，通过前方的“+”、“−”按钮可以增加或删除检索行。检索框内的检索词可以是单词、词组或用检索算符连接的多个词（组），检索词之间分别用“ * ”、“+”、“−”算符实现逻辑“与”、“或”、“非”的运算。检索行的检索字段用左侧的下拉菜单选择，系统提供的可检字段包括篇名、主题、关键词、摘要、作者、第一作者、单位、刊名、参考文献、全文、年、期、基金、中图分类号、ISSN、统一刊号等。系统另外提供对词频、中心词扩展、时间范围、期刊范围、匹配等检索范围的控制选项，还可以设置每页显示的记录数和排序方式。

☞ 重点提示：

主题字段包含篇名、关键词、摘要三个检索字段的范围，一旦选定主题字段即可同时获得在以上三个字段进行检索的结果。

（2）高级检索。高级检索界面如图 2-5 所示，系统提供三个检索行，每一检索行的检索字段用左侧的下拉菜单选择，检索行之间的逻辑关系用行间下拉菜单指定。每一检索行分左右两个检索框，通过框间下拉菜单可以指定逻辑关系，除了逻辑“与”、“或”、“非”之外还有“同句”（两个检索词限定在两个标点符号之间出现）、“同段”（两个检索词限定在一段话内出现且不能超过 5 句）两种词位关系。

（3）专业检索。专业检索界面如图 2-6 所示，系统提供一个检索窗口，需要输入一个用检索词、检索算符、字段代码构造的具有完整逻辑关系的复合检索式。检索式格式为：字段名=检索词　布尔逻辑算符　字段名=检索词，其语法要求：①每个检索词之前都要用等号“=”连接对应的检索项名称；②括号“()”、等号“=”需在英文半角状态输入；③布尔逻辑“与”、逻辑“或”、逻辑“非”，分别用 AND、OR、NOT 表示，算符前后空一个字节。检索式若有语法错误，系统将会弹出提示框：对不起，服务器执行检索出错。

（4）期刊导航。期刊导航界面如图 2-7 所示，系统提供首字母导航、期刊检索、学科分类三种浏览途径。期刊检索的可检字段包括刊名、国际标准刊号（ISSN）和国内统一刊号（CN）。

2. 检索结果的显示与处理

共有记录3条　首页　上页　下页　1 /1 转页　全选　清除　存盘

序号	篇名	作者	刊名	年/期
1	加速溶剂萃取-高效液相色谱法测定皮革和纺织品中含氯苯酚的含量	李琳	分析化学	2010/10
2	流动注射分光光度法测定皮革制品中的甲醛	邹玉权	分析化学	2007/12
3	液相色谱-质谱法测定纺织品和皮革制品中痕量全氟辛烷磺酸盐	黄晓兰	分析化学	2007/11

共有记录3条　首页　上页　下页　1 /1 转页　全选　清除　存盘

图 5-3　CNKI 旧平台检索结果界面

图 5-3 为 CNKI 旧平台检索结果显示页，上方显示命中记录总数，下方默认

以引文格式列表显示检索结果。

（1）查看单条记录。单击单条记录的题名链接进入该篇文献的详细信息页，可查看作者、单位、摘要、参考文献等信息，并可选择 CAJ、PDF 两种格式的全文下载。

（2）保存多条记录。勾选记录前方的复选框，或单击列表上方的“全选”按钮勾选该页所有记录，再单击“存盘”按钮进入检索结果输出页面。系统提供简单、详细、引文、自定义、查新等 9 种下载格式，以及预览、输出到本地文件、打印三种输出方式。系统允许批量下载摘要最多不超过 50 条记录。

5.1.3 CNKI 新平台

中国知网首页如图 5-4 所示，其中“学术文献总库”为跨库检索平台，下方列出各子库链接，本节将以《中国学术期刊网络出版总库》为例介绍 CNKI 新平台单库检索的方法，跨库检索与之类似。

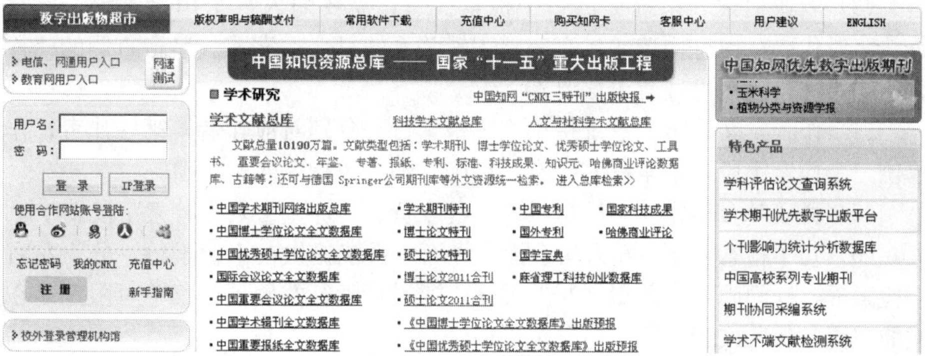

图 5-4 中国知网首页

1. 检索方式

图 5-5 为中国学术期刊网络出版总库首页。

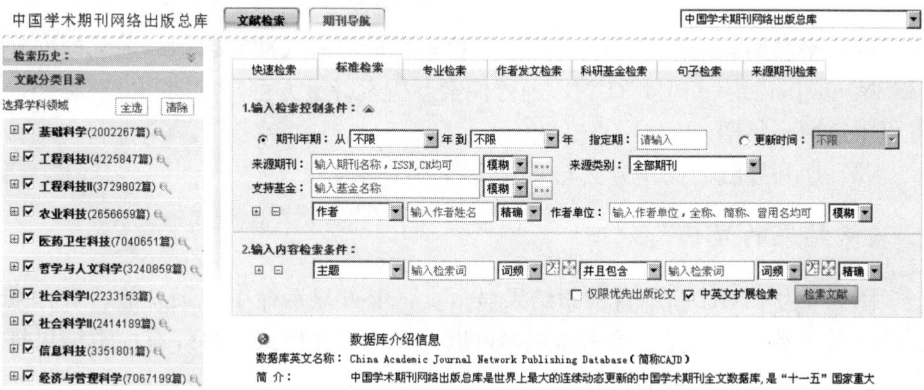

图 5-5 CNKI 新平台标准检索界面

系统提供标准检索、快速检索、专业检索、作者发文检索、科研基金检索、句子检索、来源期刊检索以及期刊导航 8 种检索方式，通过页面上方功能导航栏可进行切换。页面右侧为学科领域选择区，系统默认为全部学科，也可根据需要勾选一个或多个学科。界面中部是检索区。

（1）标准检索。登录后系统默认为标准检索方式，检索区分为两个部分：①输入检索控制条件，系统提供期刊年期、更新时间、来源期刊、来源类别、支持基金、作者、单位等限定选项；②输入内容检索条件，系统提供一个检索行，通过前方的“+”、“−”按钮可以增加或删除检索行，每一检索行的检索字段用左侧的下拉菜单选择，每一检索行分左右两个检索框，通过框间下拉菜单可以指定逻辑关系，系统默认为中英文扩展检索。

（2）快速检索。系统提供一个检索行，没有检索字段的选项和其他检索范围限定条件。

（3）专业检索。系统提供一个检索窗口，需要输入一个用检索词、检索算符、字段代码标识符构造的具有完整逻辑关系的复合检索式。单击右侧的“检索表达式语法”链接可查看语法要求。

（4）作者发文检索。系统提供三个检索行，分别对应作者、第一作者、作者单位三个检索字段，检索框右侧有“精确”和“模糊”匹配选项。

（5）科研基金检索。系统提供一个检索行，对应基金名称检索字段。

（6）句子检索。图 5-6 为句子检索界面，系统提供一个检索行，分为左右两个检索框，框间固定为逻辑“与”关系，通过检索行左侧下拉菜单可限定是在全文的“同一句”或者“同一段”范围内进行检索。

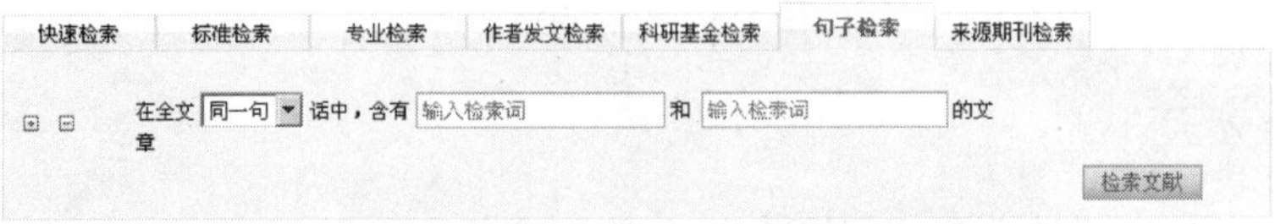

图 5-6　CNKI 新平台句子检索界面

（7）来源期刊检索。系统提供一个检索行，可输入期刊名称、国际标准刊号（ISSN）或国内统一刊号（CN）进行检索。检索行上方可限定期刊来源类别，下方可限定期刊年期。

（8）期刊导航。操作方法与 CNKI 旧平台一致。

2. 检索结果的显示与处理

图 5-7 为 CNKI 新平台检索结果显示页，上方显示命中记录总数，下方系统默认以引文格式列表显示检索结果，可以选择为摘要格式，另外有检索结果排序方式和每页显示记录数的设置。

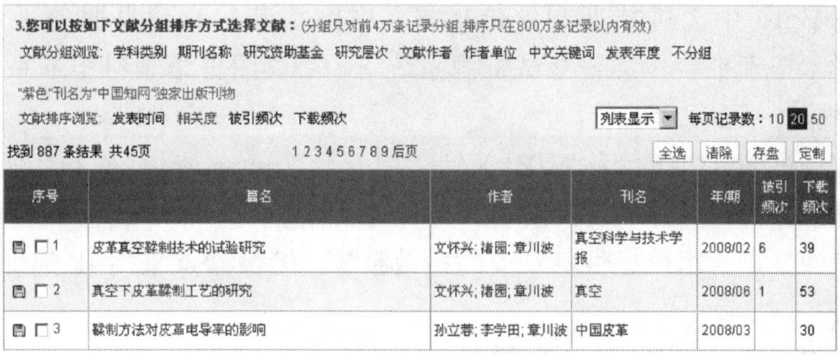

图 5-7　CNKI 新平台检索结果显示页

(1) 查看单条记录。结果列表中每条记录除了显示引文信息外还提供被引频次和下载次数的数据信息。单击单条记录的题名链接进入该篇文献的详细信息页，可查看作者、单位、摘要、引文网络、参考文献等信息，并可选择 CAJ、PDF 两种格式的全文下载。

(2) 保存多条记录。勾选记录前方的选项框，或单击列表上方的“全选”按钮勾选该页所有记录，再单击“存盘”按钮进入检索结果输出页面。系统提供简单、详细、引文、自定义、查新等 9 种下载格式，以及输出到本地文件、打印两种输出方式。系统允许批量下载摘要最多不超过 50 条记录。

(3) 分组浏览。系统将检索结果按学科类别、期刊名称、研究资助基金、研究层次、文献作者、作者单位、中文关键词、发表年度等限定字段组成不同的集合进行聚类显示。

5.2　维普资讯网（VIP）

5.2.1　概述

重庆维普资讯有限公司的前身为中国科技情报研究所重庆分所数据库研究中心，成立于 1989 年，同年该中心自主研发并推出了中文科技期刊篇名数据库，这是中国第一个中文期刊文献数据库，也是中国最大的自建中文文献数据库之一。2000 年，重庆维普资讯有限公司建立维普资讯网，新研发的中文科技期刊数据库将在中文科技期刊篇名数据库的基础上为用户提供网络检索服务。2005 年 1 月起，中文科技期刊数据库增加收录文、史、哲、法等学科的期刊论文，目前共收录国内历年出版的中文期刊 12000 余种，全文 3000 余万篇，引文 4000 余万条，分三个版本（全文版、文摘版、引文版）和 8 个专辑（社会科学、自然科学、工程技术、农业科学、医药卫生、经济管理、教育科学、图书情报）定期出版发行。维普资讯网包含的主要资源还有中国科技经济新闻数据库、中国科学指标数据库 CSI、中文科技期刊评价报告、中国基础教育信息服务平台、维普-google 学术搜索平台、维普考试资源系统 VERS、图书馆学科服务平台 LDSP、文献共享服务平台 LSSP 等。

维普资讯网（以下简称 VIP）网址为 http://www.cqvip.com，任何用户无需帐户登录即可访问并免费检索获取文摘题录信息。另外，维普资讯通过与机构共建的镜像站点为用户提供更专业的检索服务，镜像站点采用 IP 地址控制使用权限。

本节将对镜像站点的中文科技期刊数据库（全文版）的检索方法进行介绍。

5.2.2　检索方式

图 5-8 为 VIP 镜像站点首页，系统提供快速检索、传统检索、高级检索、分类检索和期刊导航 5 种检索方式，通过检索区上方功能导航栏可进行切换。

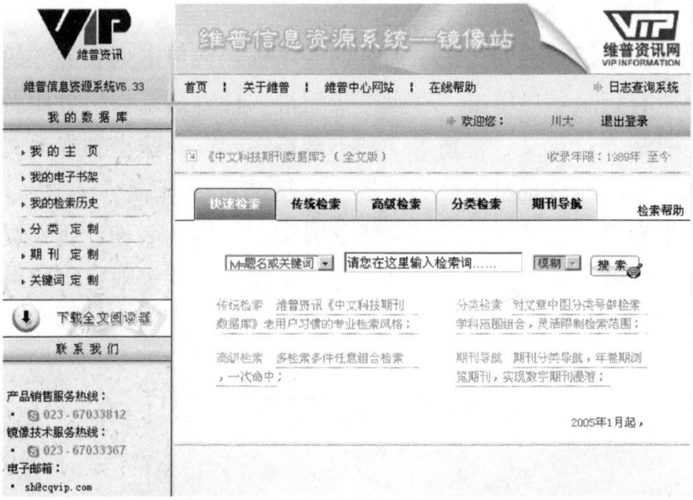

图 5-8　VIP 首页即快速检索界面

1. 快速检索

VIP 首页即快速检索界面，系统提供一个检索行，通过左侧下拉菜单可选择检索字段，右侧有“模糊”和“精确”匹配设置。检索框内的检索词可以是单词、词组或用检索算符连接的多个词（组）。系统提供的可检字段包括题名或关键词、关键词、刊名、作者、机构、题名、文摘等。

2. 传统检索

这是老用户习惯的专业检索风格，界面如图 5-9 所示，上方是检索区，下方左侧为学科分类导航区，下方右侧为检索结果概览区和细览区。

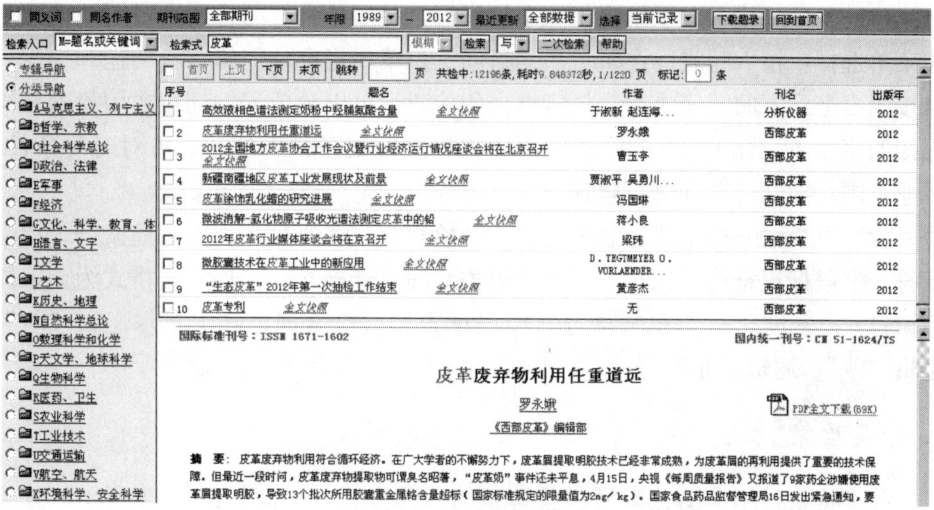

图 5-9 VIP 传统检索界面

检索区系统提供一个检索行，右侧下拉菜单可选择检索字段，另外还有同义词、同名作者、期刊范围、年限等检索范围限制选项以及二次检索功能设置。学科分类导航区系统默认为全部学科，可以单选一个学科或子学科。检索结果概览区首先显示命中记录总数，下方以引文格式列表显示检索结果。单击结果列表中单条记录题名链接，下方细览区将显示该记录的详细题录信息及 PDF 全文下载链接。可选择“当前记录”、“标记记录”或“全部记录”进行“下载题录”操作。

3. 高级检索

高级检索方式提供多检索条件任意组合检索，界面如图 5-10 所示，分为上下两种检索途径。

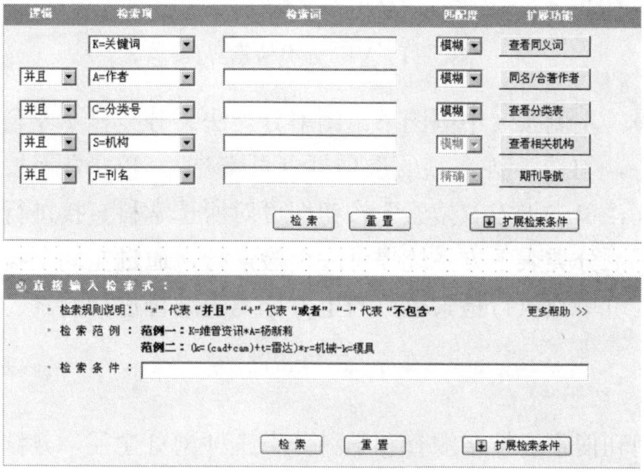

图 5-10 VIP 高级检索界面

（1）向导式检索：系统提供 5 个检索行，每一检索行的检索字段用左侧的下拉菜单选择，检索行之间逻辑关系用行间下拉菜单指定，但检索行的运算次序严格按照由上到下的顺序进行。检索框内的检索词可以是单词、词组或用检索算符连接的多个词（组）。单击检索区下方“扩展检索条件”按钮，可对时间条件、专业范围、期刊范围等进行限定。

（2）直接输入检索式：系统提供一个检索行，需要输入一个用检索词、检索算符、字段标识符构造的具有完整逻辑关系的复合检索式。检索式格式为：字段标识符=检索词　布尔逻辑算符　字段标识符=检索词，其中布尔逻辑“与”、逻辑“或”、逻辑“非”，分别用“*”、“+”、“−”代表。

4. 分类检索

分类检索是用中图分类号进行检索的一种方式，界面如图 5-11 所示，分为上下两部分。

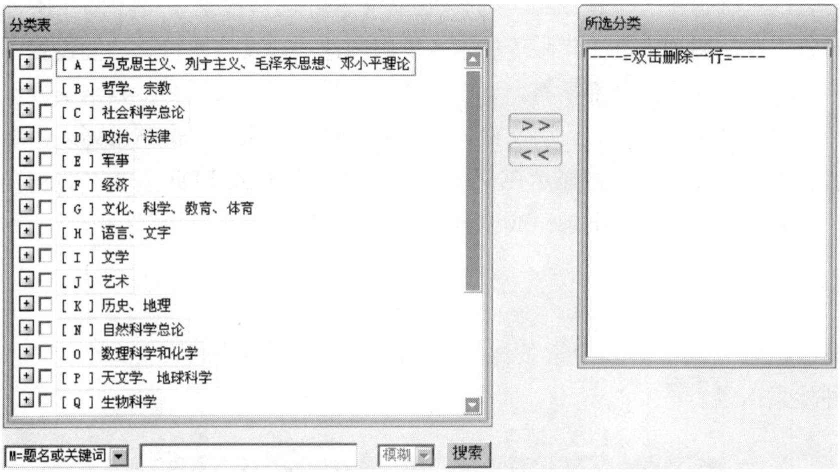

图 5-11　VIP 分类检索界面

（1）分类表：左侧按《中国图书馆图书分类法》分类显示学科树状图，可以逐级点开子学科，勾选学科左侧的选项框（可多选），单击 >> 按钮，将所选学科移到右侧方框，单击下方“搜索”按钮即可对所选学科直接进行检索。

（2）检索区：分类表下方系统提供一个检索行，通过左侧下拉菜单可选择检索字段。检索区可单独执行检索也可与上方分类表结合进行检索。

5. 期刊导航

系统提供期刊搜索、按字顺查和学科分类三种浏览途径，方法与 CNKI 旧平台相似。

5.2.3 检索结果的显示与处理

VIP 检索结果显示页如图 5-12 所示，上方显示检索条件（包括检索式和时间跨度）和命中记录总数，下方以引文格式列表显示检索结果。

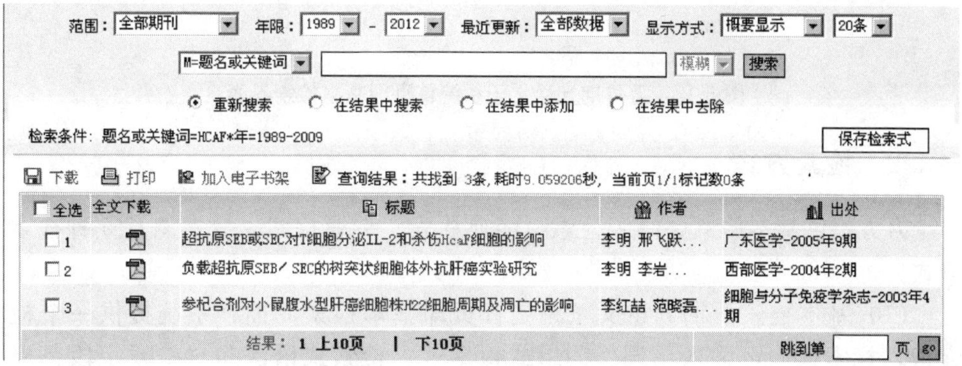

图 5-12 VIP 检索结果显示页

（1）查看单条记录。单击记录的题名链接打开题录细阅格式页面，可查看该条记录的详细信息和 PDF 全文下载链接。

（2）输出多条记录。勾选记录后可选择以下载、打印、加入电子书架等方式输出所选记录。

（3）二次检索。在检索结果列表上方，系统提供二次检索输入框，并可选择“在结果中搜索”、“在结果中添加”和“在结果中去除”三种逻辑关系。

5.3 万方数据知识服务平台

5.3.1 概述

万方数据知识服务平台是中国科技信息研究所、万方数据集团公司于 1997 年 8 月创建的大型网络检索平台。平台下设学术论文、期刊论文、学位论文、会议论文、外文文献、专利文献、标准文献、科技成果、图书、法规、机构、专家 12 个子系统。

万方数据知识服务平台（以下简称万方）网址为 http://g.wanfangdata.com.cn，任何用户无需帐户登录即可访问并免费检索获取文摘题录信息，机构用户采用 IP 地址控制使用权限。万方首页为学术论文子系统检索界面，默认是对学术期刊、学位论文、会议论文、外文文献 4 个子系统进行跨库检索。通过页面上方导航栏可对子系统进行切换，本节将以期刊论文子系统为例介绍万方单库的检索方法，跨库检索与之类似。期刊论文子系统首页如图 5-13 所示。

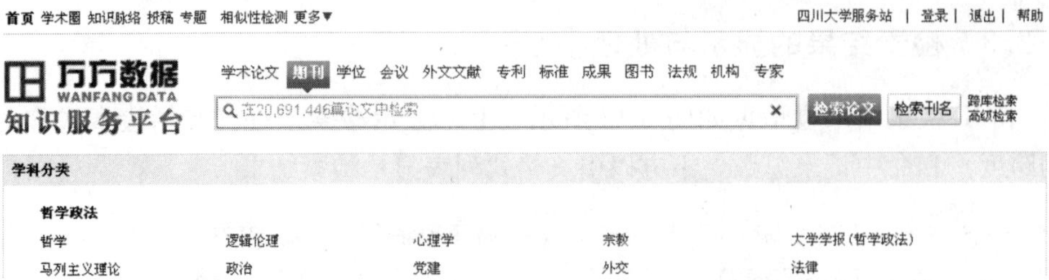

图 5-13　万方期刊论文子系统首页即基本检索界面

5.3.2　检索方式

万方提供基本检索、高级检索、经典检索、专业检索、分类浏览 5 种检索方式。

（1）基本检索。期刊论文子系统首页即基本检索界面，系统提供一个检索行，检索框内可输入单词、词组或检索式。检索式语法为“检索字段：检索词”。

（2）高级检索。高级检索界面如图 5-14 所示，上方有经典检索、专业检索的切换标签。系统提供 7 个检索行，分别对应标题、作者、刊名、关键词、摘要、全文和 DOI 检索字段，检索行之间固定为逻辑“与”关系。检索框下方有发表日期、被引用次数、有无全文等检索范围限制选项，还能选择检索结果排序方式和每页显示记录数。

（3）经典检索。系统提供 5 个检索行，每一检索行的检索字段用左侧的下拉菜单选择，检索行之间固定为逻辑“与”关系。

（4）专业检索。系统提供一个检索窗口，需要输入一个用检索词、检索算符、字段代码或其标识符构造的具有完整逻辑关系的复合检索式。检索式使用“CQL 检索语言”，含有空格或其他特殊字符的单个检索词用引号（“”）括起来，多个检索词之间根据逻辑关系使用 AND 或 OR 连接。检索窗口下方有检索式示例。

（5）分类浏览。在万方期刊论文子系统首页即基本检索界面检索区下方，可以按学科分类浏览期刊。

5.3.3　检索结果的显示与处理

图 5-15 为检索结果显示页，上方检索框中显示所用检索式，检索框下显示命中记录总数，下方按相关度排序列表显示检索结果，可选择按“新论文优先”或“经典论文优先”排序方式。左侧是精炼检索结果区，右侧提供相关学者信息。

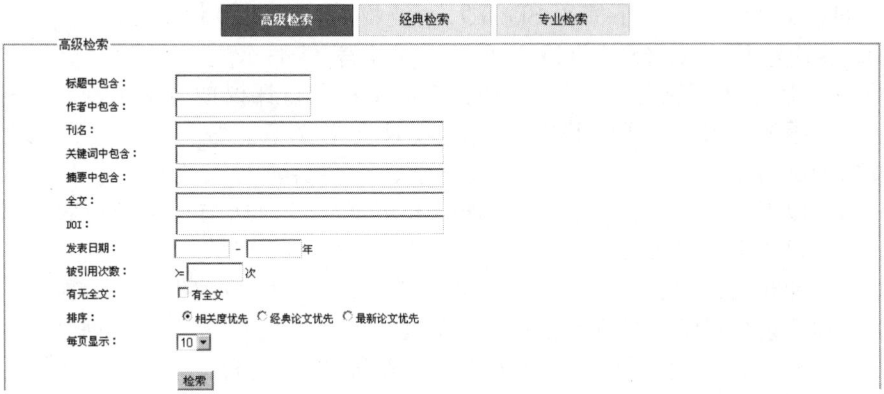

图 5-14　万方高级检索界面

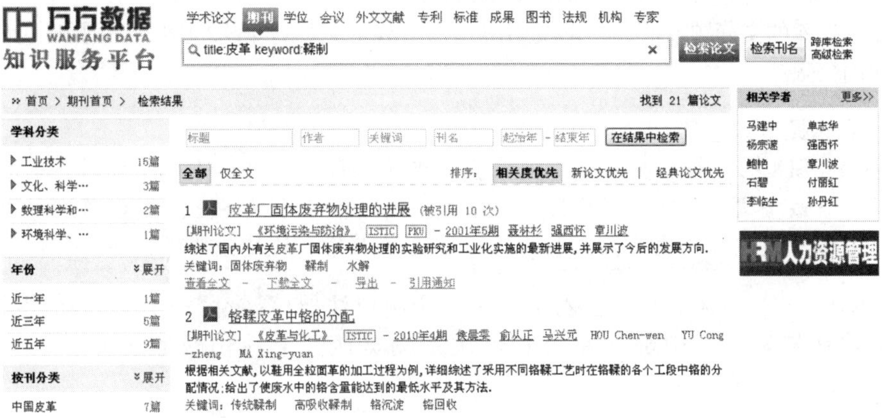

图 5-15　万方检索结果显示页

(1) 查看、保存单条记录。检索结果列表中单条记录显示题名、被引用次数、来源刊、作者、摘要、关键词等简要信息，单击题名链接进入该条记录详细信息页，可查看或下载全文。

(2) 二次检索。检索结果列表上方系统提供二次检索入口，可检字段包括标题、作者、关键词、刊名和起止年。

(3) 精炼检索结果。在左侧精炼检索结果区，可将检索结果按学科、年份、期刊等限定字段组成不同的集合进行聚类显示。

5.4 ScienceDirect Online (SDOL)

5.4.1 概述

荷兰爱思唯尔出版集团（Elsevier，http://www.elsevier.com）创立于1880年，是全球最大的科技与医学文献出版发行商之一，1999年开始通过

ScienceDirect Online（以下简称 SDOL）系统提供电子出版物全文的在线服务。SDOL 系统是 Elsevier 公司的核心产品，是全学科的全文数据库，提供包括 Elsevier 出版集团所属各出版社出版的 2500 多种同行评议期刊和 11000 多种系列丛书、手册、参考书等，目前数据库收录全文文章总数已超过 1100 万篇，涉及物理学与工程、生命科学、健康科学、社会科学与人文科学 4 大学科领域，涵盖以下 28 个学科：数学、物理学和天文学、地球与行星学、农业和生物学、材料科学、能源与动力、化学、生物化学、遗传学与分子生物学、化学工程学、计算机科学、工程与技术、环境科学、免疫学与微生物学、医学与牙科学、神经系统科学、护理与健康、药理学、毒理学与药物学、心理学、兽医学、社会科学、商业、管理与会计学、决策科学、经济学、计量经济学与金融、艺术与人文科学。

SDOL 的网址为 http://www.sciencedirect.com，任何用户均可访问并免费检索获取该数据库的文摘题录信息，正式用户可以下载全文，对于机构用户采用 IP 地址控制使用权限。

☞ **重点提示：**

SDOL 允许任何人免费使用其数据库，与付费用户的唯一区别只是没有下载全文的权限。SDOL 学科覆盖全面，检索方式齐全，是普通用户学习英文数据库检索方法或初略检索英文学术信息的最佳选择。

图 5-16 为 SDOL 首页。右上角是人个用户注册/登录区；下方是功能导航栏和快速检索区；中部从左至右依次是浏览区、个性化服务区和数据库介绍区。

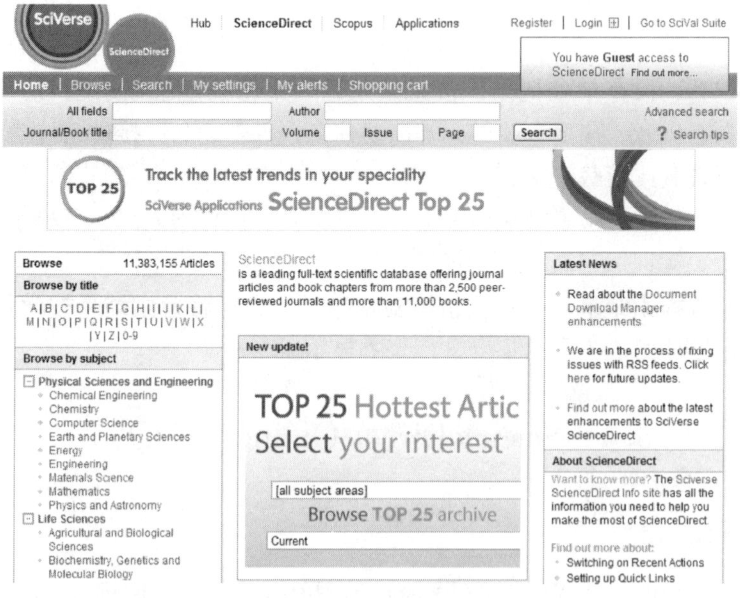

图 5-16　SDOL 首页

5.4.2 检索方式

SDOL 提供了浏览(Browse)、快速检索(Quick Search)、高级检索(Advanced Search)和专业检索(Expert Search)4 种检索方式。

1. 浏览

单击功能导航栏中的 Browse 按钮进入出版物浏览检索界面,如图 5-17 所示,系统提供了三种浏览方式,此外还可对资源订购类型和文献类型加以限定。

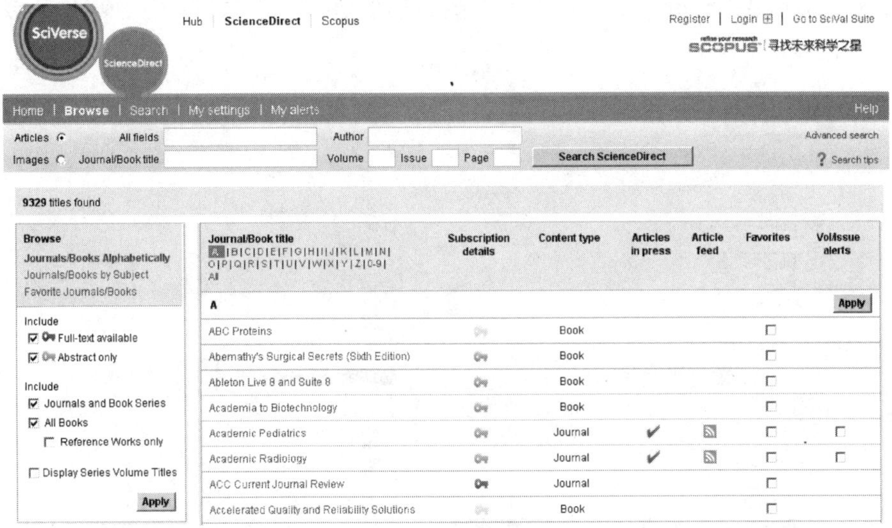

图 5-17 SDOL 期刊浏览检索界面

(1) 按题名英文字顺浏览(Journals/Books Alphabetically)。系统会按照题名的字母顺序列出所有的期刊和图书,每一种文献题名后有关于资源订购类型和文献类型的说明,点击题名链接即可查看文献详情。

(2) 按学科主题浏览(Journals/Books by Subject)。系统会按照 4 个大类共 28 个学科主题显示树状结构目录,单击每个学科前的"+"可以查看到该学科所包含的各级子学科,直至列出最末层子学科所包含的全部文献题名。

(3) 按个人喜好浏览(Favorite Journals/Books)。这种浏览方式需要个人用户免费注册并登录系统后方可使用,届时会列出个人已保存的常用期刊/图书列表,并可对其进行个性化服务的相应操作。

2. 快速检索

在 SDOL 系统的任何一个操作界面,快速检索区始终会出现在功能导航栏下方,以方便用户操作。如图 5-16 所示,快速检索的可检字段包括所有字段(All fields）或作者字段（Author）检索，也可检索期刊/图书的题名（Journal/Book title）及卷（Volume）、期（Issue）和页码（Page），各检索框之间默认为逻辑“与”关系。快速检索方式既可用于检索某主题概念的全文信息，也可用于检索已知的特定全文信息。

3. 高级检索

单击快速检索区右侧的 Advanced search 链接或功能导航栏中的 Search 标签进入高级检索界面，如图 5-18 所示。检索区上方设置有检索范围切换卡，默认是所有资源（All Sources），也可以只选择期刊（Journals）、图书（Books）或图像（Images）。

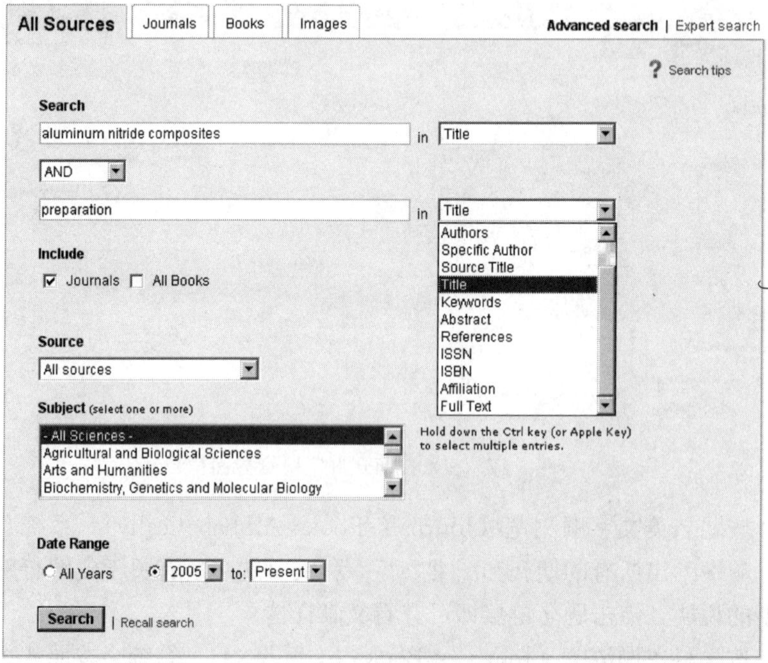

图 5-18　SDOL 高级检索界面

系统提供两个检索行，每一检索行的检索字段用右侧的下拉菜单选择，检索行之间逻辑关系用行间下拉菜单指定。检索框内的检索词可以是单词、词组或用检索算符连接的多个词（组）。可检字段包括文摘/题名/关键词（Abstract/Title/Keywords）、作者（Authors）、来源出版物名（Source Title）、文章题名（Title）、作者单位（Affiliation）、全文（Full Text）等。在检索区是检索范围限制选项，包括文献类型（Include）、来源（Source）、学科领域（Subject）、出版时间（Date Range）等。

4. 专业检索

单击高级检索界面右上方的 Expert search 链接进入专业检索界面，系统提供一个检索窗口，需要输入一个用检索词、检索算符、字段代码或其标识符构造的具有完整逻辑关系的复合检索式。

5.4.3 检索结果的显示与处理

检索结果显示页如图 5-19 所示，首先显示命中记录总数和检索策略（包括检索数据库、时间跨度和检索式），下方默认按相关度排序（Sort by Relevance）显示检索结果的记录列表，也可选择按时间排序（Sort by Date）。

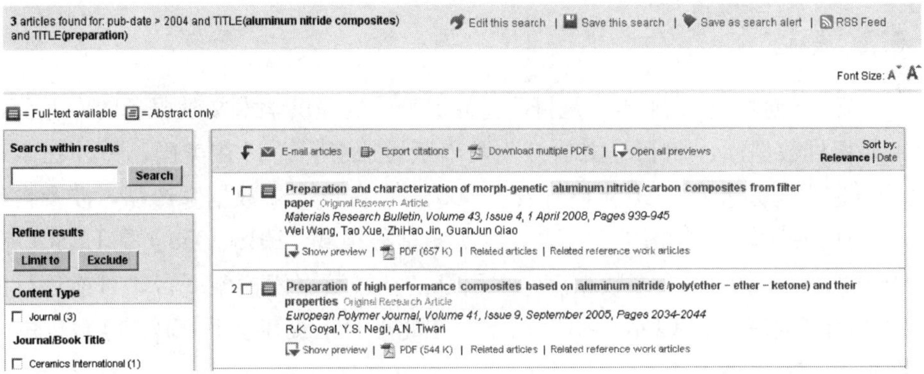

图 5-19 SDOL 检索结果显示页

（1）查看单条记录。单击记录列表中文献题名下方的 Show Preview 即可弹出摘要信息的浮动视窗。对于已订购的期刊，单击结果列表中的记录题名链接即可打开 HTML 格式的全文；单击题名下方的 PDF 链接即可下载 PDF 格式的文献全文。

（2）输出多条记录。勾选结果列表中记录左侧的复选框，可以输出已选记录，输出方式包括发送邮件（E-mail articles）、输出引文（Export citations）、下载 PDF 全文（Download multiple PDFs）等。

（3）二次检索。在检索结果列表左上方，系统提供了一个二次检索输入框（Search Within Results），默认为主题字段，可用来进一步缩小查询范围，提高查准率。

（4）精炼检索结果。在二次检索输入框下方，系统提供了精炼结果功能（Refine Results），可将检索结果按文献类型、出版物名称、主题、出版时间等限定字段组成不同的集合进行聚类显示。

5.4.4 个性化服务功能

SDOL 向用户提供了多角度、多层次的个性化服务功能，用户通过免费注册获得个人账号并登录后，在系统首页的中部即形成个性化服务区。用户可通过近期操作（Recent Actions）查看到自己最近的 100 次操作详情，包括已执行的检索、浏览过的全文和出版物等；通过快速链接（Quick Links）可进行管理个人喜好期刊（Manage Favorites）、定制及管理专题通报（Alerts）等操作。

5.5 EBSCOhost

5.5.1 概述

EBSCO 创立于 1944 年，是目前世界上最大的提供学术文献服务的专业公司之一，提供数据库、期刊、文献订购及出版等服务，总部在美国，另外在全球 19 个国家设有办事处。EBSCO 开发了 500 多个在线文献数据库产品，涉及自然科学、社会科学、生物医学、人文艺术等多学科领域。EBSCOhost 是 EBSCO 公司于 1994 年开发的一个多数据库、单引擎的在线数据库检索平台，目前运行的是 2008 年启用的 EBSCOhost 2.0 版本。在此平台上提供多种 EBSCO 自己的全文数据库，其中最著名的是学术期刊全文数据库（Academic Source Premier，ASP）和商业资源数据库（Business Source Premier，BSP），另外也有其他著名信息提供商所提供的数据库，如 ERIC、MEDLINE 等。

ASP 专为研究机构所设计，是当今全世界最大的多学科学术期刊全文数据库，提供丰富的学术类全文期刊资源。数据库收录期刊 12000 多种，包括 8700 多种全文期刊（其中 7613 种为同行评审期刊），553 种非期刊类全文出版物（如图书、报告及会议论文等），覆盖社会科学、教育、法律、医学、语言学、人文、工程技术、工商经济、信息科技、通讯传播、生物科学、教育、公共管理、社会科学、历史学、计算机、科学、传播学、法律、军事、文化、健康卫生医疗、宗教与神学、生物科学、艺术、视觉传达、表演艺术、心理学、哲学、妇女研究、各国文学等学科领域。收录年限为 1887 年至今。

BSP 是世界上最大、行业中使用最多的商务期刊全文数据库之一，共收录 9200 多种全文期刊（包括 1100 多种同行评审全文期刊）及 10000 多种非刊全文出版物（如案例分析、专著、国家及产业报告等），涉及所有商业学科，包括金融、银行、国际贸易、商业管理、市场行销、投资报告、房地产、产业报导、经济评论、经济学、企业经营、财务金融、能源管理、信息管理、知识管理、工业工程管理、保险、法律、税收、电信通讯等领域。数据库独特的全文期刊如：Harvard Business Review，Administrative Science Quarterly，Academy of Management Journal，Academy of Management Review，Journal of Marketing，Journal of Marketing Research（JMR），MIS Quarterly，Communications of the ACM，International Journal of Production Research 等。同时收录 Business Monitor International，CountryWatch Incorporated，Datamonitor Plc.，EIU：Economist Intelligence Unit。Global Insight Inc.，ICON Group International，Inc.，PRS Group Inc.（Political Risk Yearbook）等 1400 种知名出版社的国家/地区报告（全文）。此数据库通过 EBSCOhost 每日更新。收录年限为 1886 年至今。

2000 年，我国通过 CALIS 中心联合引进了 EBSCOhost，访问地址为 http://search.ebscohost.com，中文操作界面，机构用户采用 IP 地址控制使用权限。EBSCOhost 首页如图 5-20 所示，亦为检索平台选择界面。

图 5-20 EBSCOhost 首页即检索平台选择界面

5.5.2 检索方式

EBSCOhost 2.0 加强了对商业数据库的检索功能，增加了商业检索平台（Business Searching Interface，BSI），该平台只适用于 BSP 数据库。本节将以“EBSCO 一站式学术检索平台”（以下简称 EBSCO 学术检索）为重点介绍其检索方法，其首页如图 5-21 所示，为简体中文操作界面。系统默认是对机构订购的所有数据库的跨库检索，单击“显示全部”链接可以查看所有数据库清单；单击“选择数据库”链接可以添加或更改数据库。

图 5-21　EBSCO 学术检索首页即基本检索界面

EBSCO 学术检索提供基本检索、高级检索和视觉搜索三种检索方式。

(1) 基本检索。EBSCO 学术检索首页即基本检索界面，系统提供一个检索行，没有检索字段的设置，属于模糊检索。单击检索框下方的“检索选项”链接，出现检索选项界面，如图 5-22 所示，可对检索模式、字词扩展、全文字段进行限定，还可以对结果的类型、出版日期等进行限制。检索模式下的“智能文本检索”采用了复杂算法来检查文本，重点突出检索词语并根据相关性返回结果列表，可以在查找字段中输入大量文本，甚至一段话或整页内容。在检索选项框下方还有更多针对不同子库特性的特殊限定条件选项。

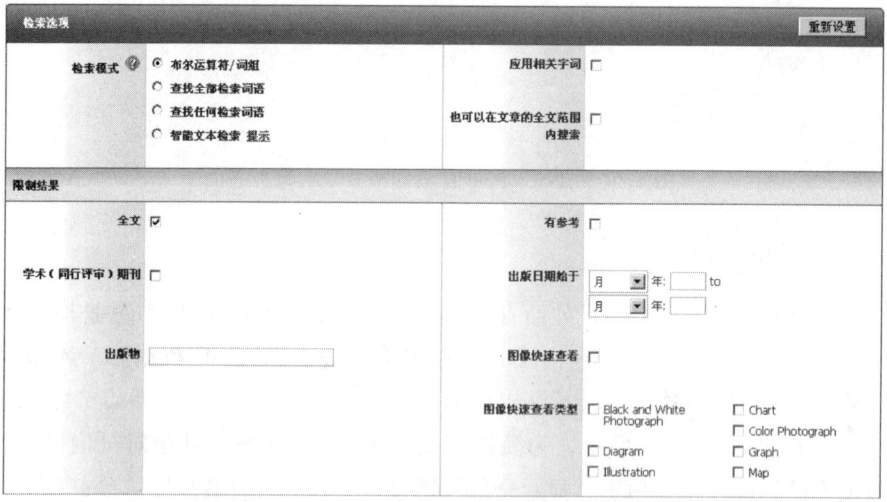

图 5-22　EBSCO 学术检索检索选项界面

（2）高级检索。系统提供三个检索行，每一检索行的检索字段用右侧的下拉菜单选择，检索行之间逻辑关系用左侧下拉菜单指定。检索框内的检索词可以是单词、词组或用检索算符连接的多个词（组）。可检字段包括全文、作者、题名、主题词、摘要等。

（3）视觉搜索。视觉搜索界面如图 5-23 所示，是 EBSCO 学术检索独创的一种检索方式，主要体现在检索结果的组织和显示有别于传统方法，特别适合于检索广泛的主题。系统会将返回的检索结果以视觉导航图的方式显示，按组群类别（Group Results）进行排列，单击某一分类可浏览其下一级分类及其对应的记录，单击某条记录，界面右边会显示其题录信息（Summary），单击题录信息下方的 more 链接打开该记录的独立页面，可进行阅读、下载、保存等操作。此外，还可以调整检索结果的排序方式（Sort Results），选择结果的时间范围（Filter Results by Date）及显示风格（Display Style）。

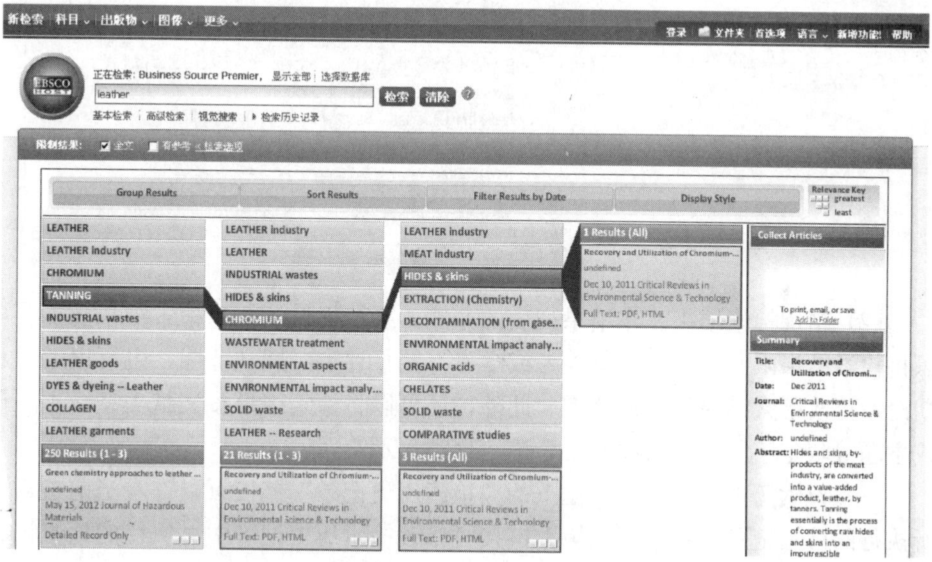

图 5-23　EBSCO 学术检索视觉搜索页面

5.5.3　检索结果的显示与处理

图 5-24 为基本检索和高级检索的检索结果显示页，系统默认按相关度排序显示检索结果，也可选择按时间升序或降序排列。

（1）查看单条记录。将鼠标悬停在结果列表单条记录题名下方的放大镜图标上可预览文章的详细记录（Detailed Record），包括与文章有关的基本信息以及全文链接图标。单击记录题名链接，可进入记录的详细信息页面。系统提供全文的会有一个 PDF 格式的全文下载链接；如系统未提供全文，而用户所在机构订购了该文献的电子版，用户可直接通过链接看到其全文。

图 5-24　EBSCO 学术检索检索结果显示页

（2）精炼检索结果。在结果列表的左侧，系统提供了精确检索结果功能，可以将检索结果限制在全文、有参考或学术（同行评审）期刊范围，也可以通过日期滑块更改检索结果的日期范围。此外，还可以将检索结果按文献类型、主题语或主题等限定字段组成不同的集合进行聚类显示。

（3）检索历史。单击检索框下的“检索历史记录”链接可以查看当前检索中所执行的检索记录，单击“编辑”链接可修改检索历史记录中对应栏的检索词语或限定条件，还可以对检索记录进行逻辑组配运算。

5.5.4　个性化服务功能

在 EBSCOhost 系统的任何一个操作页面，登录入口都会出现在页面的最上方。在免费注册并登录后，可以扩展在 EBSCOhost 平台内建立的通报的功能。每一个通报都可设置成一个 RSS 联合发布系统，让用户可以在 RSS 聚合器中直接阅读通报，或在 RSS 聚合器中直接建立 EBSCOhost 平台内的文章连接。用户通过新闻聚合阅读器（可免费下载）或是将其 URL 建置在网页内，则可定期收到最新设定的信息。

5.6 SpringerLink

5.6.1 概述

德国施普林格出版社（Springer）创立于 1842 年。2004 年，Springer 与 Kluwer Academic Publishers 合并成立新的 Springer 出版集团，是目前全球自然科学、工程技术和医学（STM）领域最大的图书出版商和顶尖的学术期刊出版商。SpringerLink 是 Springer 于 1996 年推出的一个电子出版物在线服务平台，目前运行的是 2010 年推出的第 4 版新平台。SpringerLink 除包含 2700 多种全文学术期刊外，还包含丛书、图书、参考工具书以及回溯文档，全文文献超过 560 万篇，学科领域涉及建筑和设计、行为科学、生物医学和生命科学、商业和经济、化学和材料科学、计算机科学、地球和环境科学、工程学、人文、社科和法律、数学和统计学、医学、物理和天文学、计算机职业技术与专业计算机应用共 14 个学科大类。

SpringerLink 的网址为 http://springerlink.metapress.com，任何用户均可访问并免费检索获取该数据库的文摘题录信息，正式用户可以下载全文，对于机构用户采用 IP 地址控制使用权限。目前 SpringerLink 在国内的镜像服务站点为 http://springerlink.lib.tsinghua.edu.cn，用户可访问的全文数量根据所在机构订购情况而定。图 5-25 为 SpringerLink 首页。

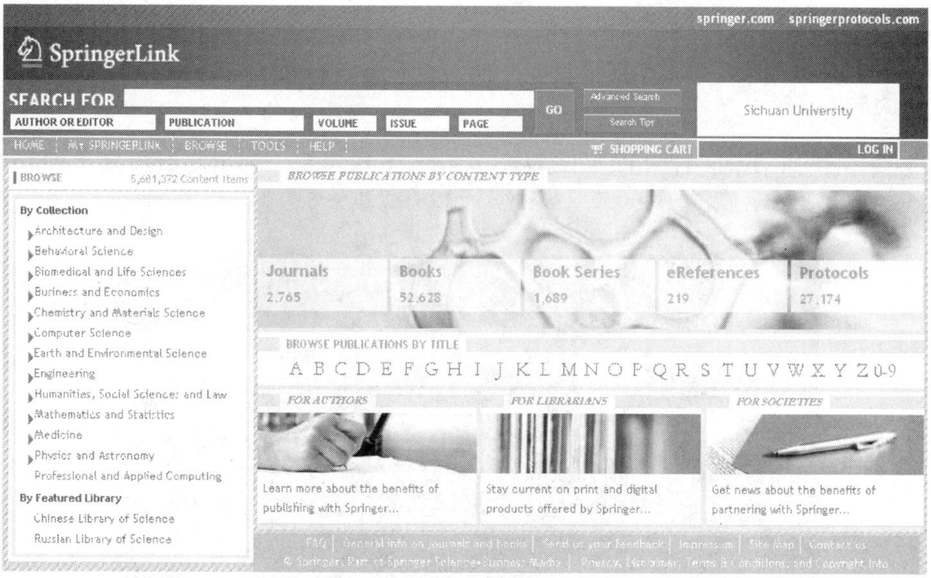

图 5-25 SpringerLink 首页

5.6.2　检索方式

SpringerLink 提供浏览（Browse）、快速检索（Search）和高级检索（Advanced Search）三种检索方式。

1. 浏览

在 SpringerLink 首页，系统提供了三种浏览途径。

(1) 按学科主题浏览（By Collection）。系统按照 14 个学科大类显示树状结构目录，点击每个学科前的▶图标可以查看到该学科所包含的各级子学科，直至列出最末层子学科所包含的全部文献题名，单击题名链接即可查看文献详情。

(2) 按首字母浏览（By Title）。系统按照出版物题名的首字母顺序列出所有的期刊和图书，每一种出版物注明文献类型、作者、出版时间等信息。

(3) 按产品类型（By Content Type）。可以按期刊、图书、丛书、参考工具书以及实验室指南 5 种产品类型分别进行浏览。

2. 快速检索

在 SpringerLink 系统的任何一个操作界面，快速检索区始终会出现在页面上方，以方便用户操作。快速检索区如图 5-25 上方所示，系统提供 6 个检索输入框，分别对应全文、著者或编者（AUTHOR OR EDITOR）、出版社（PUBLICATION）、卷号（VOLUME）、期号（ISSUE）、页码（PAGE）6 个检索字段，检索框之间默认为逻辑“与”关系。

3. 高级检索

单击快速检索区右侧的 Advanced search 下拉菜单，弹出高级检索界面，如图 5-26 所示。

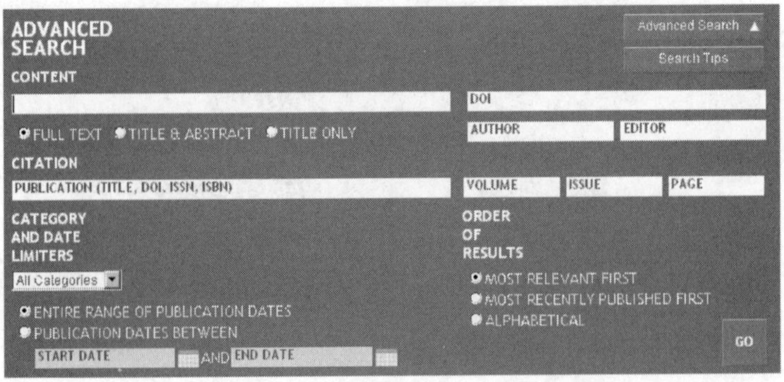

图 5-26　SpringerLink 高级检索界面

系统提供主题内容检索（CONTENT）和引文检索（CITATION）两种方式。主题内容检索有全文（FULL TEXT）、题名和摘要（TITLE & ABSTRACT）、题名（TITLE ONLY）三个检索字段，还可对数字对象标识符(DOI)、著者（AUTHOR)、编者（EDITOR）进行限定。引文检索可直接对文献的题名、数字对象标识符、国际标准连续出版物号（ISSN）或国际标准书号(ISBN）进行检索，还可对文献的卷、期、页码进行限定，以方便搜索到特定的文章或章节。此外，在检索区下方可以对文献类型和出版时间进行限定，还能选择检索结果的排序方式，系统默认按相关度排序。

5.6.3 检索结果的显示与处理

SpringerLink 检索结果显示页如图 5-27 所示，上方列出检索提问式和命中记录数，下方默认按相关度排序显示检索结果列表，也可选择按时间（Date）排序或题名首字母（Title）排序。

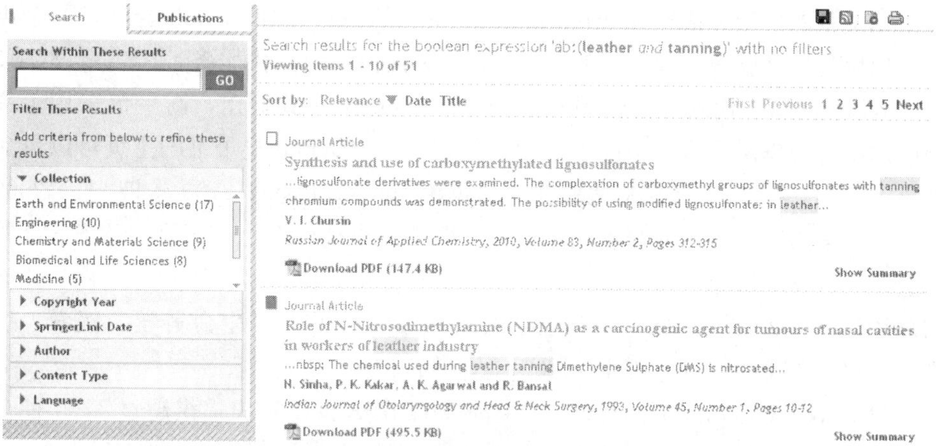

图 5-27 SpringerLink 检索结果显示页

(1) 查看单条记录。单击结果列表中单条记录右下方的 Show Summary 链接直接打开浮动视窗显示该条记录的摘要信息及 PDF 全文首页，也可单击记录题名链接进入文摘显示页面。单击单条记录下方的 Download PDF 或 View HTML 可分别下载或打开该条记录的 PDF 或 HTML 格式全文。

(2) 二次检索。在检索结果列表的左上方提供了一个二次检索输入框(Search within These Results)，可用来进一步缩小查询范围，提高查准率。

(3) 精炼检索结果。在二次检索输入框下方，系统提供了精炼结果功能(Filter These Results)，可将检索结果按主题、版权年、出版物时期、作者、文献类型和语种等限定字段组成不同的集合进行聚类显示。

5.6.4 个性化服务功能

在 SpringerLink 系统的任何一个操作界面，登录框都会出现在快速检索区的右侧。在免费注册并登录后，用户通过 MY SPRINGLINK 栏目可以设置和管理个人喜欢的文献（Favorites）、检索式（Searchs）和专题通报（Alerts），还可以查看订单历史记录（Order History）和管理个人帐户（Account Details）。

5.7 Wiley Online Library

5.7.1 概述

约翰威立国际出版公司（John Wiley & Sons Inc.）1807 年创建于美国，是全球历史最悠久、最知名的学术出版商之一，享有世界第一大独立的学术图书出版商和第三大学术期刊出版商的美誉，在化学、生命科学、医学、工程技术等领域学术文献的出版方面颇具权威性。2007 年，Wiley 与 Blackwell 合并，两个出版社出版的期刊整合到 Wiley InterScience 平台为用户提供服务。2010 年 8 月 9 日，Wiley 的新一代内容平台 Wiley Online Library 正式推出，新平台采用了最新的网络与数据库技术，页面设计简约美观，各个期刊和电子书的主页可以灵活地进行定制，搜索功能被大大加强。数据库目前收录超过 2100 本期刊、12000 本书，涵盖农业、水产业与食品科学、兽医学、建筑与规划、商业、经济、金融与会计、数学与统计学、化学、计算机科学与信息科技、物理科学与工程、地球与环境科学、人文、法律与犯罪学、社会科学与行为学、生命科学、医学、护理、牙科与卫生保健、心理学共 20 个学科领域。

目前 Wiley Online Library 为中国高校 CALIS 集团用户提供超过 1200 种全文电子期刊，可访问期刊年限为 1997 年以来的期刊全文。图 5-28 为 Wiley 首页。

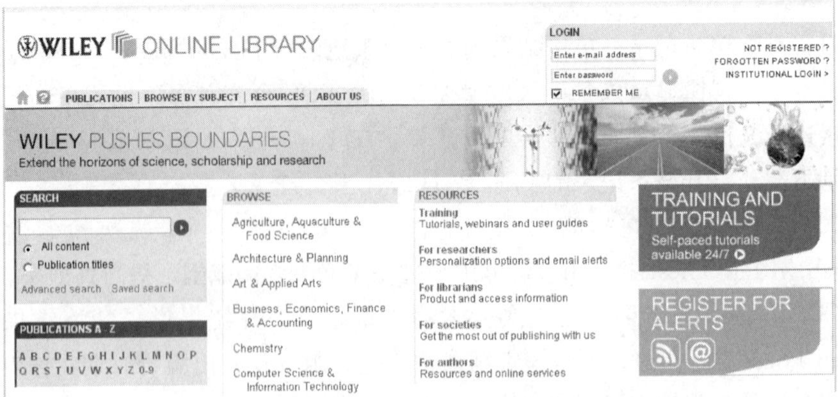

图 5-28　Wiley 首页

Wiley Online Library（以下简称 Wiley）的网址为 http://onlinelibrary.wiley.com，任何用户均可访问并免费检索获取该数据库的文摘题录信息及图像格式的全文首页，正式用户可以下载全文，对于机构用户采用 IP 地址控制使用权限。

5.7.2 检索方式

Wiley 提供浏览（Browse）、快速检索（Search）和高级检索（Advanced Search）三种检索方式。

1. 浏览

在 Wiley 首页，系统提供了两种浏览途径。

（1）按学科主题浏览（BROWSE BY SUBJECT）。系统按照 17 个学科大类显示树状两级结构目录，单击每个二级学科链接可以查看到该学科所包含的所有出版物列表，单击题名链接即可查看文献详情。

（2）按首字母浏览（PUBLICATIONS A-Z）。系统按照出版物题名的首字母顺序列出所有的期刊和图书。

2. 快速检索

在 Wiley 系统的任何一个操作界面，快速检索区始终会出现在页面上方，以方便用户操作。系统提供一个检索行，默认全字段检索（All Content），可以选择出版物题名字段（Publication titles）。

3. 高级检索

单击快速检索区下方的“Advanced Search”链接进入高级检索界面，如图 5-29 所示。

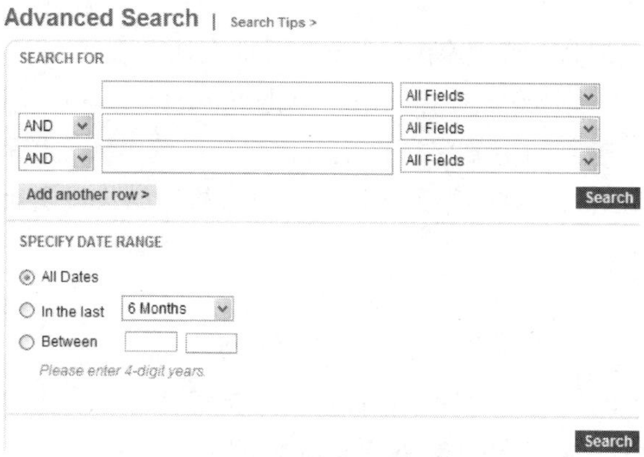

图 5-29 Wiley 高级检索界面

系统提供三个检索行，每一检索行的检索字段用右侧的下拉菜单选择，检索行之间逻辑关系用左侧下拉菜单指定。检索框内的检索词可以是单词、词组或用检索算符连接的多个词（组）。检索区有时间范围的限制选项。

5.7.3　检索结果的显示与处理

Wiley 检索结果显示页如图 5-30 所示，上方列出检索式和命中记录数，下方默认按相关度（Best Match）排序显示检索结果列表，也可选择按时间排序（Date）。

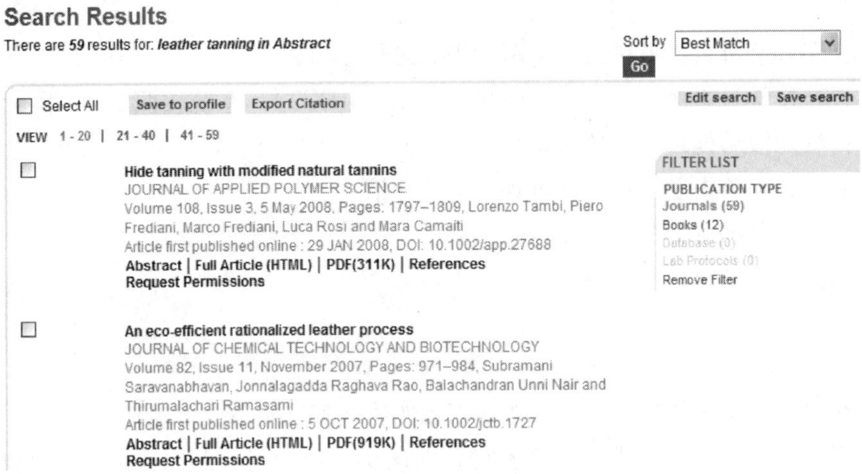

图 5-30　Wiley 检索结果显示页

（1）查看单条记录。单击结果列表中单条记录题名链接或其下方的 Abstract 链接进入文摘显示页面，可查看来源刊、摘要、参考文献和引文等信息。单击单条记录下方的 Full Article（HTML）或 PDF 链接可分别打开或下载该条记录的 HTML 或 PDF 格式全文。

（2）输出多条记录。勾选结果列表中记录左侧的复选框或勾选列表上方的 Select All 复选框选择页面上所有记录，单击 Save to profile（需提前注册登录）和 Export Citation 链接可分别将所选记录保存至系统个人文档和输出引文。

（3）精炼检索结果。在结果列表右侧，可将检索结果按文献类型组成不同的集合进行聚类显示。

5.7.4　个性化服务功能

在 Wiley 系统的任何一个操作界面，登录框都会出现在页面上方。在免费注册登录后，用户可以保存和编辑文章或检索式，设置和管理专题通报（Alert），还可以管理个人帐户（ACCOUNT）。

参考文献

[1] 中国知网．中国知识基础设施工程[EB/OL]. http://www. cnki. net/gycnki/gycnki. htm [2012—5—20].

[2] 维普资讯. 公司简介[EB/OL]. http://2010. cqvip. com/about/about. shtml[2012—6—27].

[3] Spinger 公司. Springer 培训课件. ppt [EB/OL]. lib. xtu. edu. cn/Portals/0/EmbodyList/springerlink[2012—6—11].

[4] Springer Link. 新版 springerlink 快速用户指南[EB/OL]. http://lib. bfsu. edu. cn/upload-file/20120515/090748. pdf[2012—6—11].

[5] IASK 爱问+共享资源. EBSCOHOST TRIANING(20101101)[EB/OL]. http://ishare. iask. si-na. com. cn/f/12666080. html[2012—6—11].

[6] 胡颖. How to Maximize EBSCO Resources to Enhance your Academic Learning 培训课件[EB/OL]. http://cylib. jlu. edu. cn/jyypx/10Minute/ebsco1. pdf[2012—6—14].

[7] EBSCO. EBSCOhost 简介-EBSCO Support[EB/OL]. http://202. 194. 143. 1/1002/doc/201105banzhinan/ebsco. ppt[2012—6—14].

[8] EBSCOhost. EBSCOhost 培训课件[EB/OL]. http://support. epnet. com/training/lang/zh/zh-cn-s/PPT/ZS _ Intro _ to _ ehost _ tut. ppt[2012—6—15].

第 6 章　社会科学类学科专题数据库

6.1　中文社会科学引文索引（CSSCI）

6.1.1　概述

中文社会科学引文索引（Chinese Social Sciences Citation Index，CSSCI）是由南京大学中国社会科学研究评价中心 1997 年开发研制的引文数据库，用来检索中文人文社会科学领域的论文收录和被引用情况。CSSCI 遵循文献计量学规律，采取定量与定性相结合的方法从全国 2700 余种中文人文社会科学学术性期刊中精选出学术性强、编辑规范的期刊作为来源期刊，目前收录包括法学、管理学、经济学、历史学、政治学等在内的 25 大类的 500 多种学术期刊，已开发 CSSCI14 年度（1998～2011 年）数据。

引文索引是提供某一作者及其著作在别的作者的著作中被引用状况的一种索引，从文献之间相互引证的关系上，揭示文献之间的内在联系。引文索引以被引用文献即引文为标目，其下列出引用过该文献的全部文献即来源文献。

对于社会科学研究者来说，CSSCI 可以从来源文献和被引文献两个方面向研究人员提供相关研究领域的前沿信息，通过不同学科领域的相关逻辑组配检索，挖掘学科新的生长点，并以此把握各学科学术研究发展的脉搏，实现知识创新。

对于社会科学管理者来说，CSSCI 可以提供地区、机构、学科、学者等多种类型的统计分析数据，从而为定制科学研究发展规划、科研政策提供科学合理的参考决策。

对于期刊研究与管理者来说，CSSCI 可以提供多种定量数据，如：被引频次、影响因子、即年指标、期刊影响广度、地域分布、半衰期等，通过多种定量指标的分析统计，可为期刊评价、栏目设置、组稿选题等提供定量依据。

此外，CSSCI 可为出版社与各学科著作的学术评价提供定量依据。目前，教育部已将 CSSCI 数据作为全国高校机构与基地评估、成果评奖、项目立项、名优期刊的评估、人才培养等方面的重要指标。

CSSCI 的网址为 http://cssci.nju.edu.cn，面向高校用户开展网上包库服务，采用账号和 IP 两种方式控制访问权限。CSSCI 数据库首页页面右侧为 CSSCI 注册用户登录入口及包库用户入口。

6.1.2　检索方式

用户登录后进入数据库选择页面，如图 6-1 所示，页面左侧为 CSSCI 来源期刊的年份选项，系统默认全选所有年份；右侧为 CSSCI 扩展版来源期刊，即试运行中的 2008 年来源数据库；页面下方提供了来源文献和被引文献两种检索方式入口。

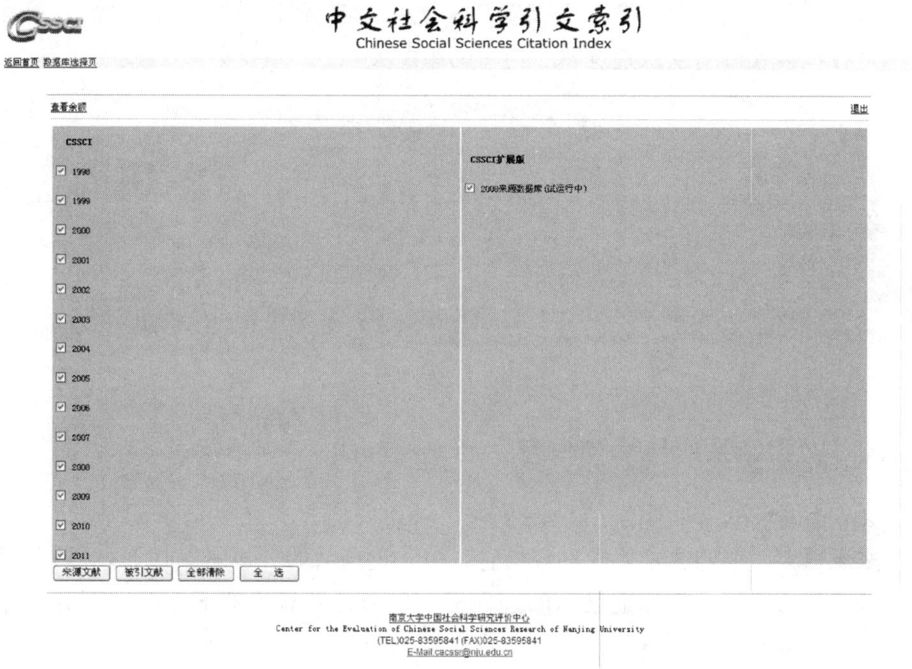

图 6-1　CSSCI 数据库选择页面

（1）来源文献检索。来源文献检索主要用来查询作者文献的被收录情况，检索页面如图 6-2 所示。

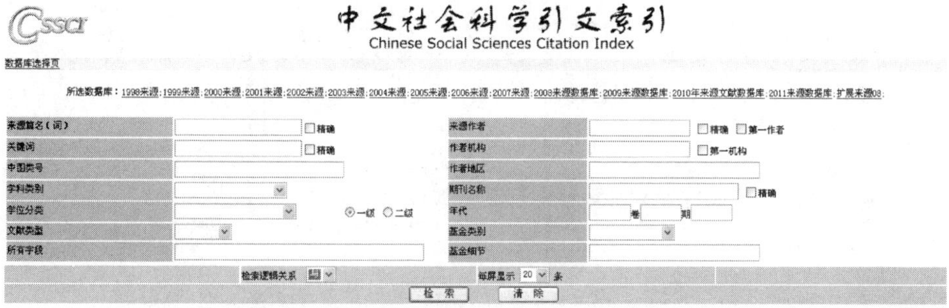

图 6-2　CSSCI 来源文献检索页面

系统提供的检索入口包括篇名、作者、作者所在地区机构、刊名、关键词、文献分类号、学科类别、学位类别、基金类别及项目、期刊年卷期等，其中篇名、作者、关键词和刊名字段提供“精确”选项，各检索入口间默认是逻辑“与”的组配关系。

（2）被引文献检索。被引文献检索主要用来查询作者文献的被引用情况，检索页面如图 6-3 所示。系统提供的检索入口包括被引文献作者、被引文献期刊、被引文献类型、被引文献篇名（词）、被引文献年代、被引文献细节、所有字段等，其中被引文献作者、被引文献期刊和被引文献篇名（词）字段提供“精确”选项，各检索入口间默认是逻辑“与”的组配关系。

图 6-3　CSSCI 被引文献检索页面

6.1.3　检索结果的显示与保存

图 6-4 为来源文献检索结果显示页，以列表的方式显示每条记录的来源作者、来源篇名、期刊、年代卷期等信息，单击记录后的“显示”按钮，可打开该记录的详细信息页。勾选记录前的选择框，单击结果显示页下方的“下载所选”按钮，可下载所选的多条记录。

被引文献检索结果的显示与保存操作与之类似。

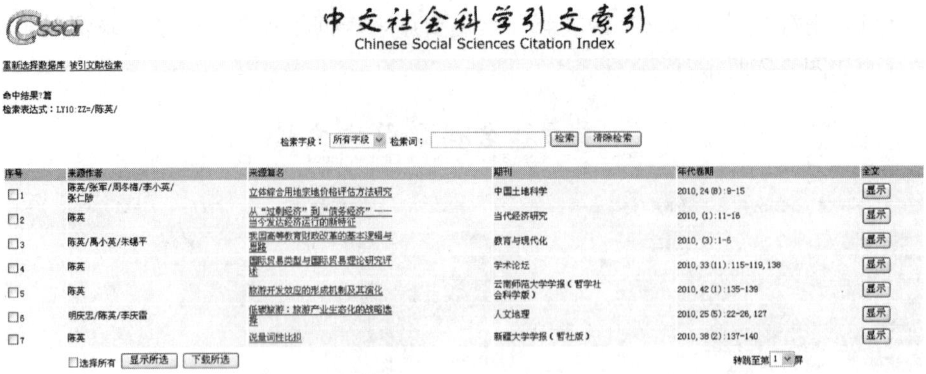

图 6-4　CSSCI 来源文献检索结果显示页

6.2 Gale参考数据库

6.2.1 概述

Gale Research创建于1954年，是全球最大、最权威的参考文献出版商，以人文社会学科参考文献见长。1998年，Gale Research与另两家公司合并成立Gale出版集团。2002年，Gale并入汤姆森学习出版集团（Thomson Learning），与ISI一起成为汤姆森集团两大重要品牌之一。Gale的产品及服务专门针对学术图书馆，主要产品为纸本参考工具书及600余个在线、纸本及缩微大型数据库。Gale著名的数据库系列，其核心内容来自于Gale多年来出版的众多参考书。这些参考书系列中的参考资料被公认为世界上相应学科领域中（文学、历史、商业、人物传记等）最权威、最全面的参考资料，并且为Gale独家拥有，通过其他同类数据库无法查到。

图6-5为Gale数据库首页，数据库采用InfoTrac界面，简单直观。

图6-5 Gale数据库首页

Gale集团的主要参考数据库有以下几个。

1. 文学资源中心（Literature Resource Center）

文学资源中心是Gale在线数据库的旗舰产品，囊括Gale近50年来最引以为荣的著名印刷系列（文学评论、文学传记）。这些系列在相应的文学分支中是最权威的参考书，历来是各高校及公共图书馆的必备藏书，如：Contemporary Literary Criticism、Twentieth-Century Literary Criticism、Contemporary Authors 等，数据库包含近 460 份全文学术期刊和文学杂志的 100 多万篇文章，可链接至 11000 多个经过专家严格挑选的相关站点，1 万条文学术语定义来自于 Merriam-Webster's Encyclopedia of Literature（韦氏文学大百科全书）。

智能化是该数据库具有的独特功能，通过该数据库可以很容易地将相似文学主题的不同作家或同一作家的不同作品进行比较。该数据库每日更新，如作家的死亡日期、获得的主要奖项、主要的文学作品、有报道价值的事件及与作家职业相关的事件都会被随时加入，平均每年新增加超过 4000 名作家。

2. 人物传记资源中心（Biography in Context）

人物传记资源中心包括自人类历史开始到现在各个领域的 50 多万个人物的 60 多万份传记资料，内容涵盖文学、科学、政治、政府、历史、商业、娱乐、体育、艺术、当今事件等，包括 360 多种期刊、杂志的全文文章及说明和近 2 万多个权威网站的链接，这些网站都经过人物传记专家的严格考证，保证其权威性。数据库每年新增或更新 5 万份人物传记。

3. 商业及公司资源中心（Business & Company Resource Center）

商业及公司资源中心提供丰富的全球商业信息，帮助用户高效地从事商业个案研究，获取宝贵的商业竞争、个人职业发展和投资机会等方面的信息。该数据库适用于商业、经济、财政、金融等领域的专业研究人员、学生及投资者。数据库包含 3300 多种（其中 2180 种为全文）商业期刊的丰富信息，全球 50 多万家公司及 8000 个行业协会的详细信息，150 万份来自于 Thomson Financial 的原始投资报告以及财务信息（股票行情、资产报表、内部交易等），同时整合了市场与技术展望数据库（Predicast Overview of Markets and Technology），包括 4400 多种（其中 3400 多份为全文）期刊。数据库内容每日更新，原始投资报告每周更新。

4. 世界历史资源中心（World History In Context）

该数据库是一个内容全面、丰富，可进行多媒体检索的世界历史信息资源平台，涵盖热点事件、政治、文化、宗教、战争、人物等各方面内容，历史时期跨越从古至今五千多年，包括重要历史事件如：文艺复兴、维多利亚时代、法国革命、第二次世界大战、以色列-阿拉伯冲突、全球化、伊斯兰、工业革命、古代埃及、玛雅人、联合国等，并不断增加新的历史事件与主题。通过该数据库的历史信息和灵活的检索方式，研究人员可以参考其他优秀历史学家的学术成就，以满足所有的研究需求。数据库收录 Gale 独家拥有的 Primary Source Microfilm 的

1700 份一次文献，440 多份学术期刊及报纸的丰富信息，1600 多份耶鲁大学权威专家从原始资料中精心挑选的全文、历史地图及地图集、历史年代表等。

6.2.2 检索方式

Gale 集团的数据库系统是由多个数据库集合而成，由于每个数据库收录的信息类型不同，检索字段和检索方式也存在差异。但总体来说，系统所包含的数据库都在同一检索平台上，检索方法大致相同。

Gale 提供跨库和单库两种检索模式。

1. 跨库检索

如图 6-5 所示，在 Gale 数据库首页上方有一个跨库检索输入框。Gale 提供 4 个可跨库检索产品，分别是人物传记中心（Biography In Context）、虚拟参考图书馆（Gale Virtual Reference Library）、相反论点资源中心（Opposing Viewpoints In Context）和现代世界历史资源中心（World History In Context）。可按需要选择所有的 4 个可跨库检索产品（All Cross-Searchable Products），也可单独勾选 4 个中的任意一个或几个（Selected Cross-Searchable Products）。

2. 单库检索

无论是 4 个可跨库检索产品（Cross-Searchable Products），还是附属产品（Additional Products），均可单击进入单库检索。以文学资源中心（Literature Resource Center）为例，单击链接进入文学资源中心数据库首页，如图 6-6 所示。

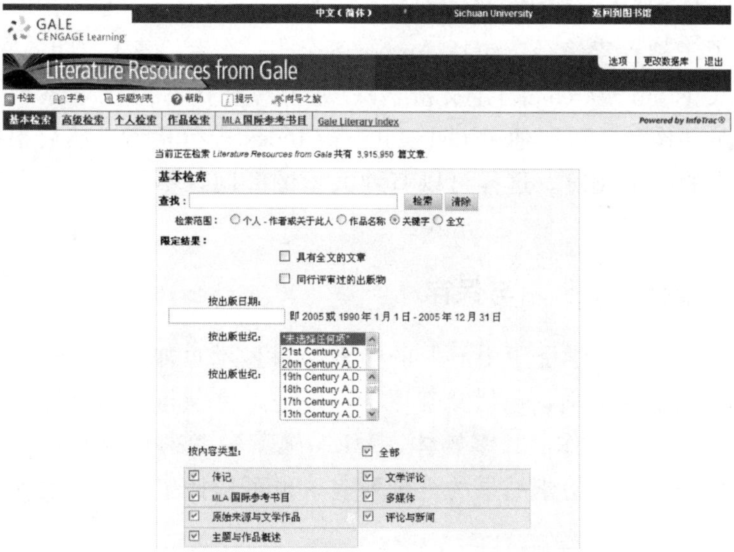

图 6-6 Gale 数据库“文学资源中心”首页即基本检索界面

数据库为中文界面。数据库提供 5 种检索方式：基本检索、高级检索、个人检索、作品检索和 Gale 文学索引检索。

（1）基本检索。数据库首页即基本检索界面，系统提供一个检索行，通过下方“检索范围”单选框可选择检索字段，包括个人、作品名称、关键字和全文字段 4 种，另外可对出版时间、内容类型、检索数据库范围等条件进行限定。

（2）高级检索。高级检索界面如图 6-7 所示，系统提供三个检索行，每一检索行的检索字段用左侧的下拉菜单选择，检索行之间逻辑关系用行间下拉菜单指定。

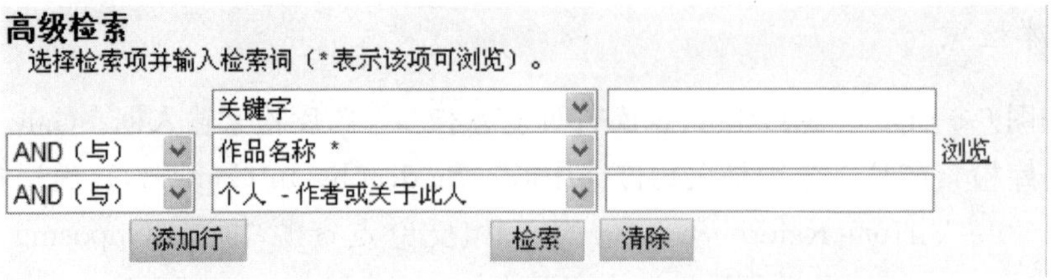

图 6-7　Gale 数据库“文学资源中心”高级检索界面

（3）个人检索。系统提供一个检索输入框，可以输入作者的全名、全名中的某一部分、别称、甚至是笔名进行检索，皆可找到所需的资料。对欲查找的对象也可进行限定，限定条件包括性别、国籍、种族、职业、文学运动、流派、主题等。

（4）作品检索。在作品检索界面，可以输入作家的作品名称进行检索，还可以对作品类型、作者、出版年份等条件进行限定。

（5）Gale 文学索引检索（Gale Literary Index）。在 Gale 文学索引检索界面，系统提供了三种检索途径，包括 Author Search（作者检索）、Title Search（题名检索）、Custom Search（自定义检索）。如果想查找 Gale 文学系列丛书中某个作家或某部作品，可以通过 Gale Literary Index 进行检索，然后根据检索结果找到相应的图书浏览，这样可以节约大量的时间，不用从头到尾翻阅整本图书。

6.2.3　检索结果的显示与保存

Gale 数据库“文学资源中心”的检索结果显示页如图 6-8 所示，上方显示检索命中记录的类别，包括文学评论、传记、主题与作品概述、评论与新闻、原始来源与文学作品、多媒体、MLA 国籍参考书目及其数量，下方默认按相关性排序显示检索结果的记录列表，也可选择按出版日期和文章标题排序。

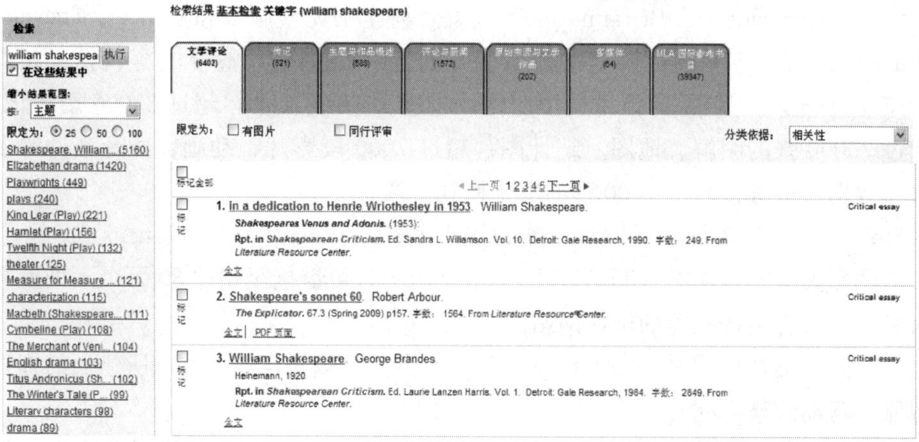

图 6-8 Gale 数据库"文学资源中心"基本检索结果显示页

检索结果列表中每条记录以引文（Citation）形式显示篇名、作者、刊名、年、卷期号等信息，单击文献题名链接进入该条记录的文摘显示页，单击"全文"链接可下载该条记录的全文。勾选记录前的标记框，可对选定的所有记录进行保存操作。

6.3 《不列颠百科全书》(EB)

6.3.1 概述

《不列颠百科全书》（Encyclopedia Britannica，EB）又称《大英百科全书》，在西方百科全书中享有盛誉，其学术性和权威性已为世人所公认，与《美国百科全书》(Encyclopedia Americana，EA)、《科利尔百科全书》（Collier's Encyc lopedia，EC）一起，并称为三大著名的英语百科全书（即百科全书 ABC)。其中又以 EB 最具权威性，是世界上公认的权威参考工具书。

《不列颠百科全书》于 1768 年首次出版，历经两百多年出版、修订、再版的漫长发展，得到不断的完善，2005 年出版了最新版本。《不列颠百科全书》全套共 32 册，所有条目均由世界各国著名的学者、各个领域的专家撰写，对主要学科、重要人物事件都有详尽介绍和叙述。

《不列颠百科全书》网络版（Encyclopedia Britannica Online，EB Online）是 EB 的电子版，作为第一部 Internet 网上的百科全书于 1994 年正式发布。目前，EB Online 的用户已遍及世界各高校、中小学、公共图书馆及政府机构。特别是在欧美地区，几乎每个图书馆都在使用 EB Online 电子版。EB Online 已成为世界上使用最广泛的电子参考工具之一。EB Online 的具体内容如下。

（1）Encyclopedia Britannica（不列颠百科全书完整版）和 Concise Encyclopedia Britann（不列颠百科全书简明版）两部百科全书，整合内容包括：超过22.5万个词条；超过34万种词类变化；超过16万篇文章；超过33000篇传记；超过75000张的图解、地图、统计图；超过7000段影片、动画、声音文件等多媒体数据；可链接超过1000种的电子期刊文章。

（2）韦氏字典 & 辞典（Merriam-Webster Dictionary & Thesaurus）。

（3）大英精选网站（The Web's Best Sites），可链接至超过30万个不列颠百科专家编辑群精选推荐的优良网站。

（4）大英知识博客（Britannica Blog），专为喜爱知识的朋友们所建立的知识智能、互动分享空间。

（5）动物拥护站（Advocacy for Animals），以爱护动物，关怀动物为出发点，展开多面向的议题探讨，替读者开启一扇通往动物世界的大门。

（6）视频资料库（Video Collection），按语言艺术、数学、科学、地理、世界研究、美国历史、艺术等主题分类，提供各种长短的影音数据文件。

（7）大事年表（Timelines），依照时间顺序呈现所选主题的大事纪录，共包括14种主题类别：建筑、艺术、儿童时期、每日生活、生态学、探险、文学、医学、音乐、宗教、科学、运动、科技、女性历史。

（8）全球资料分析（World Data Analyst），提供所选国家的简介及各类统计资料，例如地理状况、人口分析、官方语言、教育程度、政经情势、贸易类型、军队、交通、通讯等。

（9）国家比较（Compare Countries），提供超过215个国家的基本地理人口资料、地图、国旗、各类统计、相关文章、相关影像、多媒体数据、最近发生事件与相关网站资源等。

（10）世界地图（World Atlas），与 Google map 合作，收录了超过215个国家的地图、国旗及统计资料等信息。

（11）名人格言（Notable Quotation），提供古今中外4000多篇名人格言。

（12）经典文献（Gateway to the Classics），提供140位作者的文学、科学、历史与科学等主题共225篇经典文献。

（13）大英主题数据库（Spotlights），独家提供深入且丰富的主题介绍，从远古时代的恐龙、诺曼底登陆、铁达尼号，到奥斯卡、美国总统全集共20种主题深度探讨；收录世界地图及国家相关资料；精选超过20万个以上的优秀网站连接；收录超过23000幅图片及表格；拥有视频、音频等多种方式的资料。

（14）全球资料参考中心（Global Reference Center，GRC），收藏了《大英百科全书》外语数据，目前提供西班牙文、日文、韩文、简体中文与法文5种语言。使用者不但可以在这里找到涵盖全球的艺术、地理、历史、政治、科学、体育、科技等包罗万象的数据，每一种语言参考中心亦根据不同的文化历史与传统，提供该国特色的内容。此外，全球资料参考中心包含了多元的数据类型，有色彩缤纷的照片，精细绘制的地图，与各种影像搭配着详尽的文字解说，不仅吸引读者，亦利于更深层的学习。EB Online 访问地址为 http://search.eb.com，机构用户采用 IP 地址控制使用权限。EB Online 首页如图 6-9 所示。

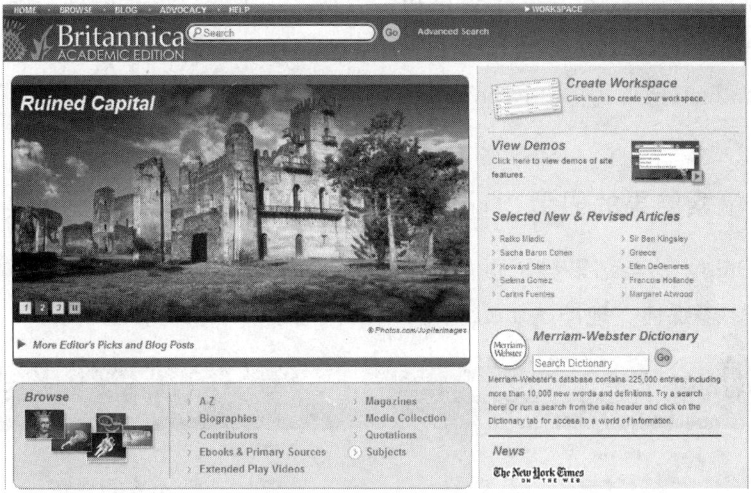

图 6-9 EB Online 首页

6.3.2 检索方式

EB Online 提供简单检索、高级检索和资源浏览三种检索方式。

(1) 简单检索（SEARCH）。在 EB Online 首页上方系统提供了一个检索输入框，输入检索词即可得到结果。

(2) 高级检索（Advanced Search）。单击简单检索输入框右侧的 Advanced Search 链接，即会弹出一个高级检索界面，如图 6-10 所示。

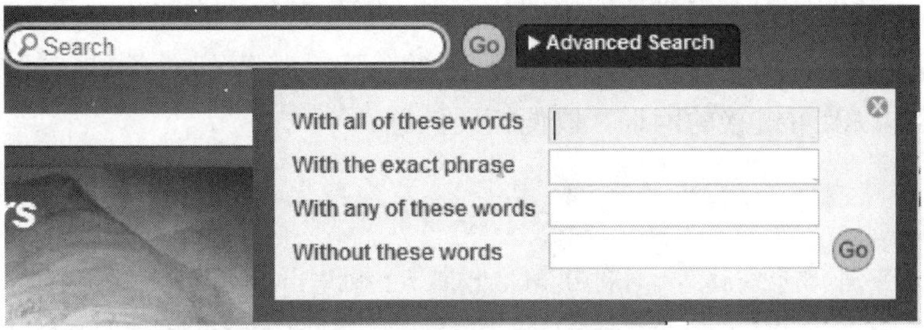

图 6-10 EB Online 高级检索界面

系统共提供 4 个检索输入框，分别对应“With all of these words”（检索词 A、B 同时出现在检索结果中，但位置不固定，相当于布尔逻辑“与”）、With the exact phrase（检索词 A、B 精确匹配，位置固定，相当于精确检索）、With any of these words（检索词 A、B 任意一个出现在检索结果中，相当于布尔逻辑"或"）、Without these words（检索结果中不能出现该检索词，相当于布尔逻辑"非"）。

（3）资源浏览（Browse）。点击 EB Online 首页上方的 Browse 链接或首页中部的资源浏览功能入口，系统提供传记（Biographies）、贡献（Contributors）、电子书及主要来源（Ebooks & Primary Sources）、杂志（Magazines）、影片（Media Collection）、引文（Quotations）、主题（Subjects）等不同的途径浏览百科全书的内容。

6.3.3　检索结果的显示

EB Online 检索结果显示页如图 6-11 所示，每一个条目中对相关主题的图片、图书、多媒体、地图、Internet 网站及其他索引条目都有超链接。

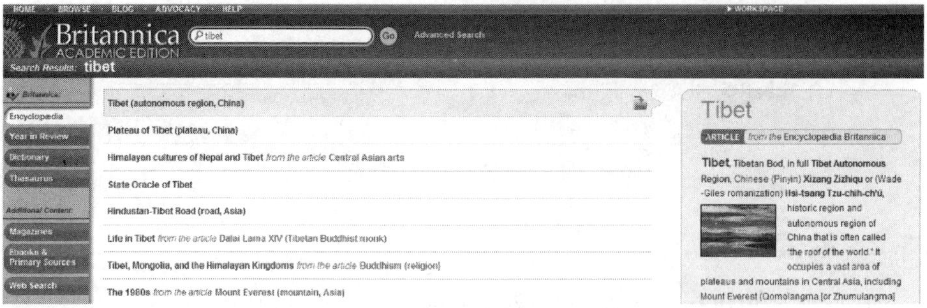

图 6-11　EB Online 检索结果显示页

（1）释文。即条目正文，一个条目的内容涉及其他条目并需由其他条目的释文补充的，采用"热链接"的方式，即单击正文内容中的蓝色字体，即可链接到相关的其他条目中去。（2）插图。提供与信息相关的图片资料、数据表格，以及行政地图、陆地地图、海洋地图等图片资料。（3）其他。在输出结果中提供与其相关的其他媒介（期刊、网络、图书）上的信息，检索到的条目包括文字、图表、多媒体以及可链接的网址，以便拓展信息。

参考文献

[1] 匡松，洪平洲. 信息资源检索与利用[M]. 北京：人民邮电出版社，2008.
[2] 毛一国，卓勇. 使用社会科学文献信息检索[M]. 浙江：浙江大学出版社，2006.
[3] 张久珍. 国外参考资源检索与利用[M]. 北京：北京大学出版社，2008.
[4] 杜伟. 信息检索[M]. 北京：科学出版社，2009.
[5] 严大香. 社会科学信息检索[M]. 南京：东南大学出版社，2006.

[6] 姚乐野,叶艳鸣.信息检索与利用[M].西安:世界图书出版公司,2009.
[7] 中文社会科学引文索引数据库(1998~2009)[EB/OL]. http://cssci. nju. edu. cn[2011-12-25].
[8] 武汉大学图书馆.Gale系列数据库[EB/OL]. http://www. lib. whu. edu. cn[2012-4-26].
[9] 黄如花.Gale数据库[EB/OL]. http://wenku. baidu. com/view/9a3373abd1f34693daef3eda. html[2012-5-3].
[10] Gale数据库.云南师范大学图书馆.电子资源指南[EB/OL]. http://www. lib. ynnu. edu. cn[2012-3-2].
[11] 飞资得信息技术有限公司.不列颠百科全书网上数据库[EB/OL]. http://lib. qtech. edu. cn/eng/eng. html[2012-4-22].
[12] 丁楠.中国社会科学引文索引(CSSCI)的检索与利用[EB/OL]. http://www. docin. com/p-235143460. html[2012-4-22].
[13] 秦铭汉.汤姆森集团简介[EB/OL]. http://166. 111. 120. 70:8000/portal/hyzl/calispeixunhui0605/10liym. pdf[2012-6-12].

第 7 章　自然科学、工程技术类学科专题数据库

7.1　工程索引（Ei Compendex）

7.1.1　概述

工程索引（Engineering Index，简称 Ei）创刊于 1884 年，由美国工程信息公司（Engineering Information，Inc.）编辑出版。1998 年，美国工程信息公司被荷兰爱思唯尔出版集团（Elsevier）收购。Ei Compendex 数据库是工程索引的网络版，是目前世界工程技术领域最全面的文摘索引数据库。Ei Compendex 收录了 6000 余种工程类期刊中的论文及会议论文集中的论文和技术报告，含记录 1100 多万条，学科涵盖核技术、生物工程、交通运输、化学和工艺工程（约占 15%）、照明和光学技术、农业工程和食品技术、计算机和数据处理（约占 12%）、应用物理（约占 11%）、电子和通信（约占 12%）、控制工程、土木工程（约占 6%）、机械工程（约占 6%）、材料工程、石油、宇航、汽车工程等领域。数据库 90%的文献语种为英文，每周更新，每年新增超过 65 万条记录。

图 7-1　Ei 首页即快速检索界面

Ei Compendex（以下简称 Ei）的检索平台为 2000 年推出的 Engineering Village 2（简称 EV2），访问网址为 http://www.engineeringvillage2.org，对机构用户采用 IP 地址控制访问权限。Ei 首页如图 7-1 所示，中部是检索区，下方是检索历史区。

7.1.2 检索技术

Ei 支持布尔、截词、精确和词位检索等检索技术，下面重点介绍词位检索。

（1）词位算符 NEAR。算符前后两词词序可以颠倒，可插入 0～9 个词。也可用 NEAR/n 限制前后两词之间插入 n 个词。如：wastewater NEAR treat、wastewater NEAR/5 treat。

（2）词位算符 ONEAR。算符前后两词词序不能颠倒，可插入 0～9 个词。也可用 ONEAR/n 限制前后两词之间插入 n 个词。如：wastewater ONEAR treat、wastewater ONEAR/3 treat。

注意：词位算符不可与截词算符同用，如 wastewater NEAR treat＊是错误的。

7.1.3 检索方式

Ei 提供 3 种检索方式：快速检索、专家检索和叙词检索，可通过检索区上方的检索方式标签进行切换。

1. 快速检索（Quick Search）

Ei 首页即快速检索界面，如图 7-1 所示。系统提供三个检索行，单击下方 Add search field 链接可增加检索行，检索行之间逻辑关系可用行间下拉菜单指定。检索行之间按自然顺序运算，即先执行前两个检索行中的检索，然后再与第三个检索行进行逻辑运算。每一检索行的检索字段用右侧的下拉菜单选择。检索框内的检索词可以是单词、词组或用检索算符连接的多个词（组）。

在检索区下方，系统提供 4 种检索范围限制选项（LIMIT TO）。

（1）文献类型（Document types）：指的是所检索的文献源自出版物的类型，包括全部文献类型（All document types，系统默认选项）、期刊论文（Journal article）、会议论文（Conference article）、会议论文集（Conference proceeding）、专题论文（Monograph chapter）、专题综述（Monograph review）、专题报告（Report chapter）、综述报告（Report review）、学位论文（Dissertation）、专利（Patents）和先行在线论文（Article in press）。限定文献类型后将检索不到 1985 年之前的文献。

（2）Ei 分类范畴（Treatment types）：指的是文献的研究方法及所探讨主题的类型，包括全部处理类型（All treatment types，系统默认选项）、应用（Application）、传记（Biographical）、经济（Economic）、实验（Experimental）、一

般性综述（General review）、历史（Historical）、文献综述（Literature review）、管理方面（Management aspects）、数值（Numerical）和理论（Theoretical）。一条记录可能有一种或几种处理类型，但是并不是每条记录都有处理类型。限定 Ei 分类范畴后将检索不到 1985 年之前的文献。

（3）语种（Language）：数据库中所有的摘要和索引均用英文编写，此处限定的是原文的语种，可选择的语种有全部语种（All Languages，系统默认选项）、英语（English）、汉语（Chinese）、法语（French）、德语（German）、意大利语（Italian）、日语（Japanese）、俄语（Russian）和西班牙语（Spanish）。

（4）时间范围：第一项限制文献的出版年；第二项限制最近 1～4 周数据库更新的内容。

检索结果排序（SORT BY）中提供 2 种排序方式，默认按相关度（Relevance）排序，也可选择按出版年（Publication year）排序。

系统提供自动截词功能，可以自动检索以输入词的词根为基础的所有派生词(作者字段中的检索词除外)。如输入 management，检索结果中会出现 managing、managed、manage、manager、managers 等。

☞ 重点提示：

（1）三个检索行之间按自然顺序运算，即先执行前两个检索行中的检索，然后再与第三个检索行进行逻辑运算。

（2）系统默认自动截词开启，勾选“关闭自动取词根”（Autostemming off）选项则关闭此功能。

2. 专家检索（Expert Search）

专家检索界面如图 7-2 所示。

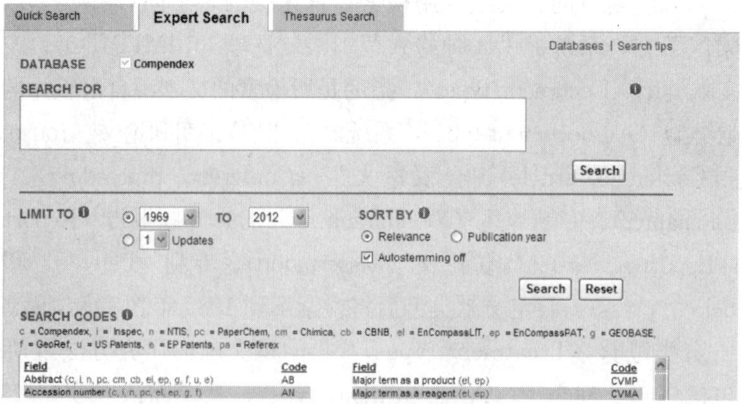

图 7-2　Ei 专家检索界面

系统提供一个检索窗口，需要输入一个用检索词、检索算符、字段代码构造的具有完整逻辑关系的复合检索式，其构造语法为：（检索词逻辑算符检索词）wn 检索字段代码。“wn”用于指定其前面的检索词在其后面的检索字段中检索；检索字段代码可以从检索区下方的字段代码表（Search Codes）中找到。系统默认自动截词关闭，即为精确检索。

3. 叙词检索（Thesaurus Search）

叙词检索用于检索某一主题的文献。叙词是经过规范化处理的主题词，它做到了词和概念的一一对应，可以提高查全率和查准率。叙词检索界面如图 7-3 所示，由叙词表和检索区上下两部分组成。系统提供了三种打开叙词表的方式：查找（Search）、准确词组（Exact Term）和浏览（Browse）。检索步骤为：在检索框中输入检索词，选择打开方式，单击 Submit，界面下方弹出叙词表及检索区。叙词表中提供与检索词相关的叙词，选择叙词后，叙词将被自动粘贴到检索区内的检索窗口（SEARCH BOX）中，单击 Search 即可检索。如果在叙词表中勾选了多个叙词，则这些叙词均将被自动粘贴到检索窗口，默认词间关系为逻辑“或”。

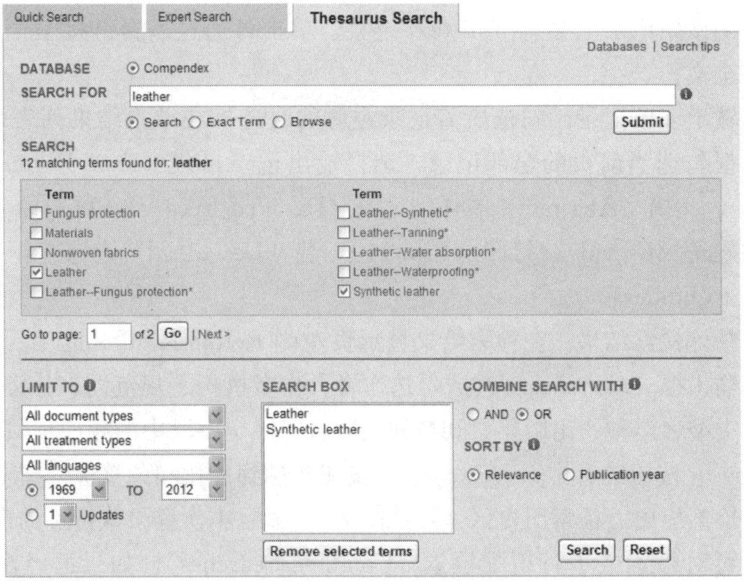

图 7-3　Ei 叙词检索界面

4. 检索结果的显示与处理

检索结果显示页如图 7-4 所示，首先显示命中记录总数和检索策略（包括检索数据库、时间跨度和检索式），左侧是精练检索结果区，右侧是检索结果列表，默认每页按相关度排序显示 25 条记录。

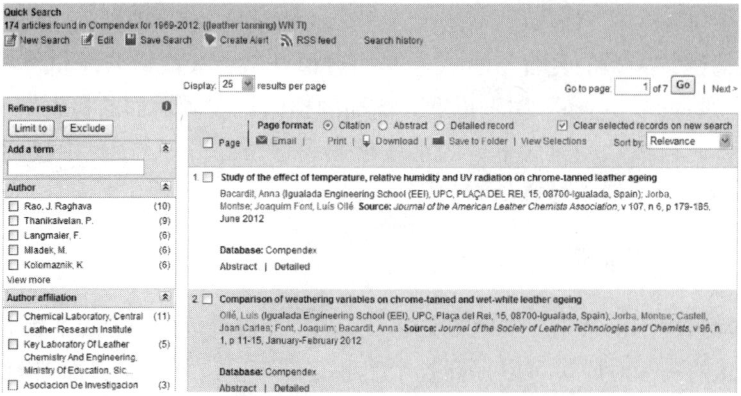

图 7-4　Ei 检索结果显示页

（1）查看单条记录。系统默认按题录格式列表显示检索结果，每条记录包括文献题名、作者及第一作者单位、文献来源、来源数据库等信息。单击记录的 Abstract 或 Detailed 链接，进入文摘或全记录显示格式页面。全记录中 Ei 存取号（Accession number）的前两位数字表示文献被 Ei 收录的年代，Ei 的收录时间一般滞后于文献的出版时间。如果用户所在机构订购的全文数据库恰好收录了某论文，则该条记录中会有 Full-text 链接，单击可通过后台链接至全文数据库获取论文全文。

（2）输出多条记录。勾选所需记录左侧的复选框或单击结果列表上方 Page 前的复选框勾选当前页的全部记录，选择输出记录格式（Page Format）：题录（Citation）、文摘（Abstract）或详细记录（Detailed Record），再选择输出方式：电子邮件发送（E-mail）、打印（Print）、下载（Download）或保存至个人文件夹（Save to Folder）。

（3）精炼检索结果。在检索结果显示页左侧 Refine Results 的工具栏，利用二次检索输入框（Add a term）或勾选作者、作者机构、规范词、分类类名、国家、文献类型、语种、出版年、刊名和出版者等限定字段中的相应项目，使用限制（Include）按钮或者排除（Exclude）按钮，达到优化和调整检索结果的目的。

（4）检索历史。检索历史区（参见图 7-1）显示本次登录执行过的最近 50 次检索式，可对检索式进行组配检索（Combine Searches）。如果已经注册登录，单击检索式右侧的 Add Email Alert 复选框可设置最新信息通报服务，单击 Save Search 复选框可以保存该检索式，无论何时登录数据库均可在检索历史中查看或进行检索。

5. 个性化服务功能

系统提供的个性化服务需要预先免费注册账号并登录才可使用。

（1）保存至个人文件夹（Save to Folder）。在检索结果显示页，标记所需要的记录，单击上方 Save to Folder 链接将其保存在 Ei 服务器的个人文件夹中。文件夹可自行创建，文件夹名须输入英文，若输入中文则不能正常显示。系统允许每个用户最多创建 3 个文件夹，每个文件夹中最多保存 50 条记录。

（2）已选记录（Selected Records）。记录了用户在题录页面、文摘页面及详细记录页面勾选的记录，以方便进行其他操作。

（3）RSS 服务。RSS（Really Simple Syndication）是一种以 XML（Extensible Markup Language）为格式的内容传送系统，是某一站点用来和其他站点之间共享内容的一种简易方式，也叫内容聚合。用户可以在客户端借助于支持 RSS 的新闻聚合工具软件（如 FeedDemon、RSSReader），在不打开网站页面的情况下阅读支持 RSS 输出的网站内容，包括标题、链接和全文。每个检索结果页面上方均有此链接。

（4）设置（Settings）。在设置中提供三项服务：①查看或修改保存的检索式和信息通报（View/Update Saved Searches & Alerts）；②管理个人帐户信息（Modify personal details）；③查看或修改个人文件夹（View/Update Folders）。

7.2 化学文摘（SciFinder Web）

7.2.1 概述

化学文摘社（Chemical Abstracts Service，CAS）成立于 1956 年，是美国化学会（ACS）的一个分支机构，负责整理并发行化学文摘及其相关产品。1995 年，CAS 推出一站式化学信息检索系统 SciFinder，1998 年推出专供学术研究使用的 SciFinder 学术版——SciFinder Scholar，2008 年推出基于网络浏览器的 SciFinder——SciFinder Web。

SciFinder 文献收录始于 1907 年，占世界化学化工类总文献量的 98%，是全球最大的二次文献数据库，最大的物质数据库，可以检索全球最全面的有关生物化学，化学，化学工程，医药等化学相关学科的信息。数据库每日更新。SciFinder Scholar 的特色在于不仅可以获得丰富实用的文献信息（标题、作者、来源、文摘等），还可以获得源自 CAS 不同数据库的物质信息（化学名称、CAS 登记号、分子式、结构图、序列信息、性质数据信息等）和反应信息（反应图，包括反应物、产物、试剂、催化剂、溶剂以及步骤注解等），实现真正的一站式检索。

相比 SciFinder 客户端，SciFinder Web 具备更多的特色功能：

（1）详尽的化学反应操作步骤，加快合成研究决策进程；

（2）物质相关度排序，可以查看最佳候选物质；

（3）物质靶点和生物活性，迅速洞察前期生物研发内容；

（4）Markush 检索，实现初步专利评估；

（5）SciPlanner^{TM}，自由组合及设计反应路线。

与 SciFinder 客户端不同，SciFinder Web 必须免费注册、登录之后才能使用，对机构用户均采用 IP 地址控制使用权限，并有并发用户数限制。SciFinder Web（以下简称 SciFinder）访问网址为 https：//scifinder. cas. org，登录后进入数据库首页，如图 7-5 所示。

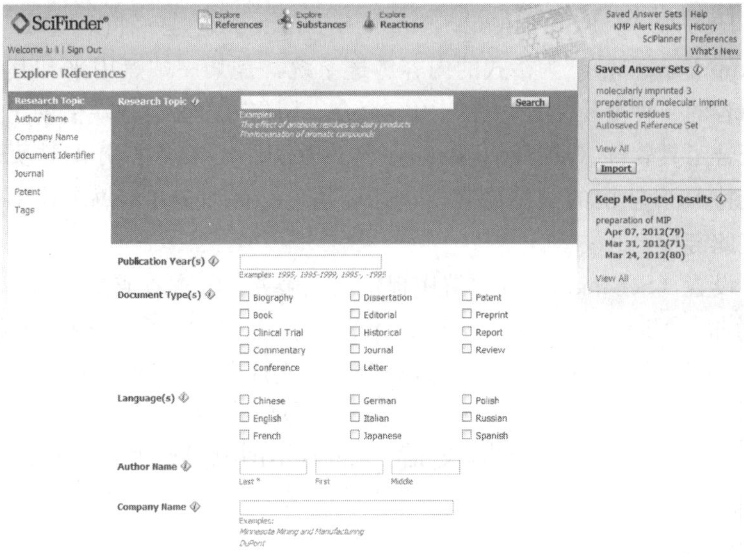

图 7-5　SciFinder 数据库首页

☞ 重点提示：

在进行注册时，应特别注意 SciFinder 对用户名和密码的设置要求。用户名必须是唯一的，且包含 5～15 个字符，必须包含字母，可以包含数字和/或以下特殊字符："-"（连字符）、"_"（下划线）、"."（句点）和"@"（表示"at"的符号）。

对密码设置的要求比较讲究，要求 7～15 个字符，其中至少有两个未在用户名中出现过，另外还需满足以下四个条件中的三个：一是必须包含字母；二是必须有大小写字母混合；三是必须包含数字；四是包含至少一个非字母数字的字符。

SciFinder 集成了以下 6 个子数据库，以跨库方式实现检索，不能单库检索。

（1）化学文摘数据库（CAplus）。美国化学文摘（Chemical Abstracts，CA）的网络版数据库，涵盖有机化学、无机化学、物理化学、应用化学、药物化学、生物化学、分析化学等学科，数据摘自 10000 多种期刊文献、61 个主要专利发行机构的专利文献、会议录文献、学位论文、技术报告、图书等，包含了 1907

年以来 CA 印刷版的所有内容，同时还收录了 1907 年以前的上万条记录，总计超过 3300 万条参考书目记录。数据库日更新 3000 多条记录。

（2）生物医学文摘数据库（MEDLINE）。世界上最权威的生物医学资料库，涵盖基础医学、临床医学、环境医学、营养卫生学、职业病学、卫生管理、卫生保健、信息科学等学科，收录了 1949 年以来 70 多个国家的 4780 多种期刊的生物医学信息，数据超过 1800 万条记录，每周更新 4 次。

（3）化合物信息数据库（CAS REGISTRY）。收录了 1957 年以来在 CAS 登记的全部化学物质，每种化学物质有唯一对应的 CAS 注册号，是世界上最大的物质数据库。目前已有超过 5700 万个有机无机物质和 6200 万条生物序列，每日新增 4000 多个化学物质或生物序列。该数据库是查找结构图示、CAS 化学物质登记号和特定化学物质名称的工具，可以用化学名称、CAS 化学物质登记号或结构式检索。

（4）化学反应数据库（CAS REACT）。收录了 1840 年以来 CA 收录的源自 84 万篇期刊文献及专利中的单步或多步有机化学反应资料，是世界上最大的反应数据库。目前已有 4600 多万个单步或多步反应以及合成制备记录，记录内容包括反应物和产物的结构图，反应物、产物、试剂、溶剂、催化剂的化学物质登记号，反应产率，反应说明等信息，每周新增 30000～50000 条记录。用户可以用结构式、CAS 化学物质登记号、化学名称（包括商品名、俗名等同义词）和分子式进行检索。

（5）化学品商业信息数据库（CHEMCATS）。收录了世界各国 4400 多万种化学物质提供商的联系信息，用于查询化学品提供商的联系信息、价格情况、运送方式，或了解物质的安全和操作注意事项等信息，记录内容还包括目录名称、定购号、化学名称和商品名、化学物质登记号、结构式、质量等级等。用户可以用结构式、CAS 化学物质登记号、化学名称（包括商品名、俗名等同义词）和分子式进行检索。

（6）管控化学品信息数据库（CHMLIST）。该数据库是查询全球重要市场被管控化学品信息的工具，可以查询物质的特征、详细目录、来源、许可信息等。目前收录来自 13 个国家和国际性组织从 1979 年至今的近 28 万种备案/被管控物质，每周新增约 50 条记录。用户可以用结构式、CAS 化学物质登记号、化学名称（包括商品名、俗名等同义词）和分子式进行检索。

7.2.2 检索方式

SciFinder 提供三种检索途径：文献检索、物质检索和反应检索，通过任何一个操作页面上方的功能导航栏就可进行切换。

1. 文献检索（Explore Reference）

文献检索主要用于检索书目数据库 CAplus 和 MEDLINE 中的期刊、专利、会议录、图书、技术报告、学位论文等多种出版类型的文献，是使用最广泛的检索方式，包括主题检索、作者姓名检索、机构名称检索、文献标识符检索、期刊检索和专利检索6种检索途径。

（1）主题检索（Research Topic）是登录后数据库默认的检索页面。在检索框中输入2~3个检索词（建议最多不超过5个），系统会自动考虑其同义词或近义词以及不同词尾的情况，不必使用任何截词符。各检索词之间不需要使用布尔逻辑算符，而是使用介词、冠词或者连词连接。执行检索后系统不是直接显示检索结果，而是对检索词（包括同义词或近义词，下同）自动执行精确匹配、逻辑“与”和逻辑“或”运算，返回多个备选检索结果供检索者根据需要取舍。在检索区下方，系统提供了多种检索范围限制选项，包括出版年、文献类型、出版语言、作者姓名、机构名称等。

☞ 重点提示：

主题检索用于分隔检索词的常用介词有of、with、in、on、as、beyond等，此处的介词、冠词或连词均没有实际含义，只起间隔作用。

如图7-6为SciFinder主题检索备选结果页（Research Topic Candidates），系统通过分析记录与检索式的匹配程度，给出匹配程度不同的多个备选结果列表，备选结果包含匹配状态及记录数。在根据需要选择其中一个或多个备选结果后，单击Get References按钮，就会得到满足要求的检索结果集合。

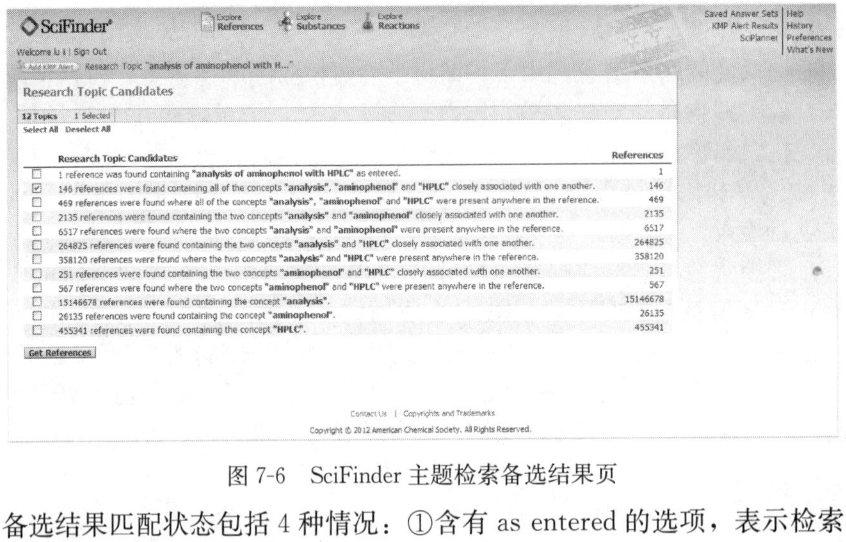

图7-6　SciFinder主题检索备选结果页

备选结果匹配状态包括4种情况：①含有as entered的选项，表示检索在文献中出现的情况与所输入的完全符合；②含有closely associated with one another的选项，表示输入的几个检索词同时出现在文献的同一个句子中；③含有present anywhere in the reference的选项，表示输入的几个检索词同时出现在文献的某一段话中；④含有containing the concept的选项，表示文献出现了某个检索词，其中“concept”表示做了同义词的扩展。

（2）作者姓名检索（Author Name）时，“姓”（Last Name）是不可或缺的。

对于复杂的人名不妨尝试各种可能的拼写形式，当不能区分中国作者的“姓”和“名”时，最好两种情况都做尝试。勾选 Look for alternative spelling of the last name，系统会给出备选检索结果，可以提高查全率。

（3）机构名称检索（Company Name）时，系统会自动检索一系列有关词条，包括单词缩写、首字母缩写以及同义词等。如输入 company 或 Co，university 或 univ 得到的结果是一样的。

（4）文献标识符检索（Document Identifier）可以通过任意可识别文献的号码查找某篇文献，如 CAS 入藏号（Accession Number）、文献号（Document Number）、专利号（Patent Number）、专利申请号（Patent Application Number）、专利优先申请号（Priority Application Number）、数字对象标识符（DOI）、PubMed ID 等。

（5）期刊检索（Journal）可以通过期刊的名称、卷/期/起始页码、题名、作者姓名来查找某篇文献。

（6）专利检索（Patent）可以通过专利号（Patent Number）、专利权人姓名（Assignee Name）和发明人姓名（Inventor Name）进行检索。

2. 物质检索（Explore Substances）

物质检索主要用于检索化合物数据库 CAS REGISTRY 中的化合物及相关信息。物质检索界面如图 7-7 所示，系统提供 4 种检索途径：化学结构检索、Markush 检索、分子式检索和物质识别号检索。

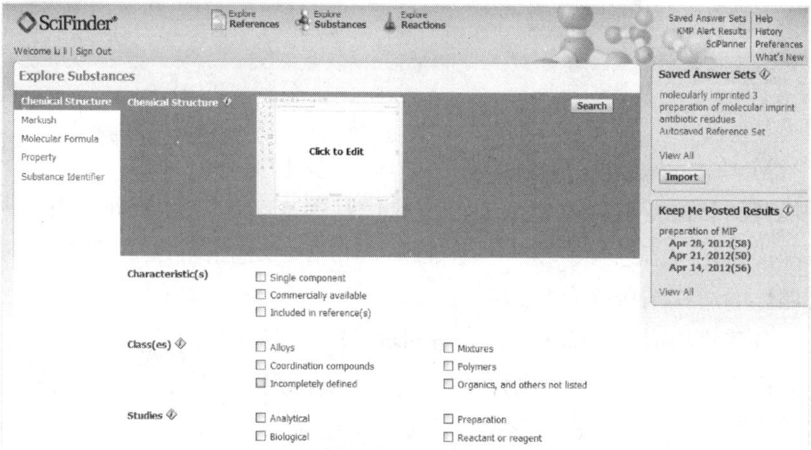

图 7-7 SciFinder 物质检索界面

（1）化学结构检索（Chemical Structure）。单击结构式画图面板缩略图，打开结构式编辑器，如图 7-8 所示。初次使用结构编辑器，需要按照提示下载 JAVA 插件。在编辑器的顶端、左侧和底端提供了绘制和修改化学结构的工具。右上角有结构式画图面板（Structure）、反应式面板（Reaction）和 Markush 检索面板的切换。右下角提供精确结构检索（Exact search）、亚结构检索（Substructure search）、相似结构检索（Similarity search）的选择项。精确结构检索可以得到物质的本身、同位素、盐、混合物及聚合物。亚结构检索可以得到特定母核结构的一类物质。相似结构检索可以得到与检索结构相似但不相同的物质。

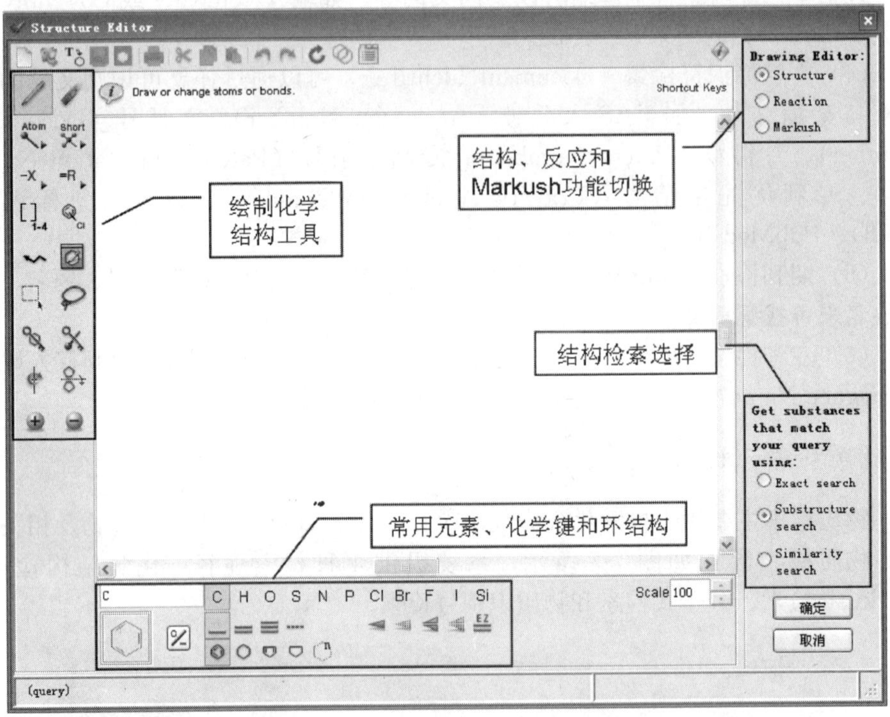

图 7-8　SciFinder 结构式编辑器

(2) Markush 检索（Markush）。Markush 结构又称马库西结构，由一个新颖的母体基团和可变取代基组成，可变取代基的复杂性使得 Markush 结构的检索和匹配成为化学信息学领域的一个难题。Markush 检索可以通过结构去查询包含与其匹配的通式结构的专利。

(3) 分子式检索（Molecular Formula）。输入分子式即可检索到相匹配的文献和物质信息。分子式书写规则：同一组分中的元素，必须有明确的分割符号，可以用数字和空格来分割；元素排序规则，含 C 物质，CH 写前面，其他元素一般按照字母顺序表从 A~Z 进行排序；区分英文大小写。

(4) 物质识别号检索（Substance Identifier）。使用化合物的名称或 CAS 登记号检索一个特定物质或一组物质。在物质检索结果集中，单击物质的 CAS 登记号和结构式可以显示物质的细节信息，包括物质的角色、计算性质、实验性质。单击下方的链接可以获取物质的商品来源信息、管制数据的详细信息、物质的相关反应信息、物质某方面的文献信息。结果集默认以 CAS 登记号排序，也可以选择按物质涉及的文献数目排序，相似结构检索默认以相似度排序。如果想获取一部分物质的文献、反应或商业品来源信息，可以在选中物质后分别单击页面上方的 Get References、Get Reactions where Substance is a 或 Get Commercial Sources。

3. 反应检索（Explore Reactions）

反应检索主要用于检索化学反应数据库 CAS REACT 中的化学反应及相关信息。

单击反应结构式画图面板缩略图，打开结构式编辑器（参见图 7-8），直接绘制或调用已保存的化学结构式，指定各化学结构的角色（反应物、产物、试剂等），获得在特定位点上发生变化的反应。单击结果集页面右上方 One Reaction Per Reference 可将重复的记录合并。每条记录下方的 Overview 和 Experimental Procedure 可以分别查看反应详情和实验过程。Analyze 工具帮助分析反应中的溶剂、催化剂、产率等信息，还可以获得存在实验过程信息的反应。

7.2.3 检索结果的显示与处理

SciFinder 主题检索结果显示页如图 7-9 所示，首先显示检索式和命中记录总数，下方左侧默认按文献收录号（Accession Number）排序，以题录格式列表显示检索结果；右侧是结果集分析、精炼检索结果、检索结果分类等功能区。

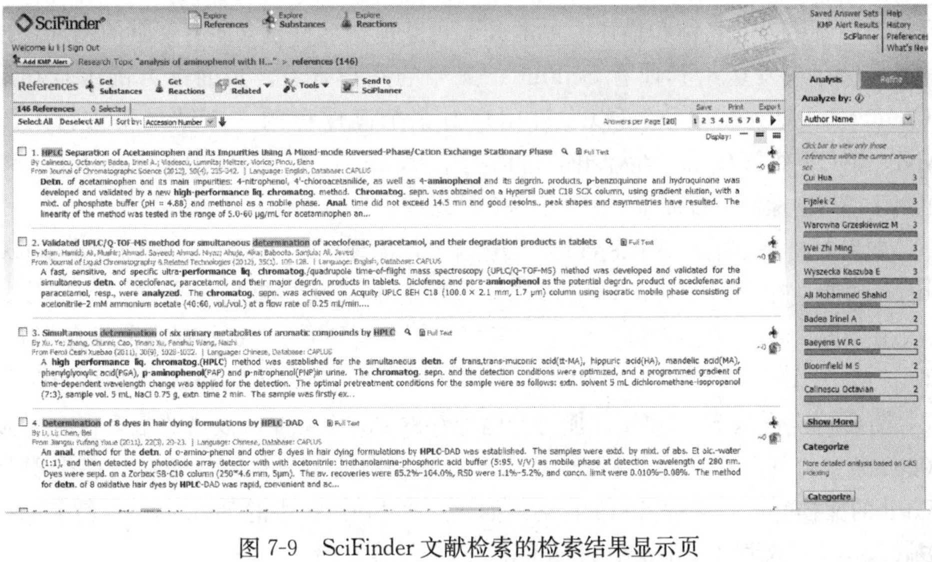

图 7-9 SciFinder 文献检索的检索结果显示页

1. 查看单条记录

由于 SciFinder 中的 CAplus 和 Medline 都是文摘数据库，如果想获取某篇文献的全文，只需要单击每篇文献题名右方的 Full Text。该功能是通过 Chemport 平台来链接全文，如果使用者所在机构已经定购了该篇文章所属的全文数据库或者网络免费资源，可以直接链接获得。除此之外的全文，Chemport 平台有时也会给出付费的途径，这个费用是在定购 Scifinder 使用年费之外的费用，需要另外单付。

文献结果集上方的 Get Related Substances 功能可以帮助用户获取文献中涉及的物质，这些物质是 CAS 在阅读完原文之后认为文章中比较重要的物质，也是每一篇文献物质索引中所包含的物质。Get Related Reactions 可以帮助用户获取反应数据库 CAS REACT 中收录的文献中包含的化学反应。Get Cited References 可以获取文献结果集或者选择的部分文献所引用的文献，即被引文献；Get Citing Reference 可以获取文献结果集或者选择的部分文献的施引文献。

2. 输出多条记录

SciFinder 的保存功能不是把检索结果保存到用户的个人电脑，而是把检索结果保存到 CAS 的服务器上，最多可以保存文献 20000 条。单击页面右上角的 Save，在弹出的对话框中选择是页面中所有的文献还是选中的部分文献，在 Title 中写下保存的结果名称，单击 OK 按钮。如果要查看已保存的结果，单击页面右上角的 Saved Answer Sets。如果之前没有进行特别设置，已保存的结果集中显示的就是该用户账号下保存的所有文献结果集。单击名称就可获取该名称所包含的所有文献，可以进行后处理如分析、限定、系统分类等操作。单击 Edit 可以编辑该结果的名称和描述。单击 link 可获取该名称包含所有文献的网址，该网址可保存或发送给其他有 SciFinder 账号的用户查看。页面上方的组合功能（Combine Answer Sets）可以允许用户对多个已保存的文献结果集进行 OR、AND、NOT 组配检索。在弹出的对话框中 Combine 相当于 OR 操作，Intersect 相当于 AND 操作，Exclude 相当于 NOT 操作。

如果要将检索的结果保存到个人电脑中，需要使用页面右上方的导出（Export）功能。在弹出的对话框中选择导出所有的文献结果集还是选中的部分文献。在 File Name 中输入自己设定的英文文件名，File Type 中有多种保存格式，常用的为 AKX、PDF、RTF 格式，选择之后单击 Export。AKX 为系统自带格式，需要再次进入 Scifinder 才能打开已保存的 AKX 文件，该格式最多保存文献 20000 条。打开已保存的 RTF 格式，不需要安装任何软件，打开后是一个类似 Word 的文档。RTF 格式和 PDF 格式如果选择 Format 中的 Summary，最多保存文献 500 条；选择 Format 中的 Detail，最多保存文献 100 条。

3. 结果集分析

检索结果显示页右侧默认为结果集分析界面，系统提供 12 种分析选项：作者姓名（Author Name）、CAS 登记号（CAS Registry Number）、学科名称（CA Section Title）、机构名称（Company-Organization）、所属数据库（Database）、文献类型（Document Type）、索引词（Index Term）、CA 概念术语（CA Concept Heading）、期刊名称（Journal Name）、出版语言（Language）、出版年代（Publication Year）、附加词（Supplementary Terms）。默认的是作者姓名的分析结果，以条状图显示。图 7-9 右侧列出了前 10 位作者姓名的分析条目，其中每个条目表示一个分析子结果，在条目右侧显示了文献的数量。要改变分析的类别，可以单击 Analyze by 下方的下拉菜单，选择要分析的选项，即会出现该项分析结果。如果要查看更多的分析条目，可以单击下方的 Show More。单击任一子条目会变成黄色，虽然检索文献的结果集没有改变，但可以显示该子条目的所有文献。此时以黄色的条目信息提示显现在文献结果集的上方。单击 Keep Analysis 可以查看选择的分析子条目的文献，单击 Clear Analysis 可以返回分析前的文献结果集。

4. 精炼检索结果

精炼检索结果（Refine）功能选项卡在结果集分析（Analysis）的右侧，单击即可切换。系统可将检索结果按主题词（Research Topic）、作者姓名（Author Name）、机构名称（Company Name）、文献类型（Document Type）、出版年代（Publication Year）、语言（Language）、数据库（Database）等限定字段组成不同的集合进行聚类显示。由于精炼检索结果功能中的各种途径囊括了输入关键词页面下方的限制条件，所以可以在最初检索时不进行限制，先获取一个最全面的结果，再利用分析或限定功能来进行二次检索。精炼检索结果功能中的 Research Topic 允许用户在下方的检索框中再次输入关键词来进行限制。在检索词的前面可加上 NOT，意味着获取不包括该检索词的文献。

☞ 重点提示：

(1) 限定功能和分析功能中的选项有部分重合。区别在于，后者先让使用者看到蓝色柱状图之后再进行选择，而前者让使用者直接输入限制条件。

(2) 通过再输入检索词来进行限定与最初在主题检索时输入检索词的差别是，在限定功能中输入某个检索词不能够控制该词与其他检索词的相关位置，也就是说不能够直接获取多个词出现在同一句话的文献（closely associated），只能够获取该词与其他词出现在题目、摘要、索引中任意的地方（anywhere in the reference）。

5. 检索结果分类

在文献检索结果显示页的右下角有 Categorize 功能按钮，该功能也是文献检索结果特有的一个后处理选项。单击 Categorize 按钮，弹出 Categorize 窗口，系统会把当前页面的文献结果（或者已选择的）分成几个学科类别罗列在 Category Heading 下面，如图 7-10 所示；单击某一个学科类别，系统会在 Category 下面罗列出该学科下属的子学科，选择感兴趣的子学科，Index Terms 栏中会出现该子学科下属的索引词或索引物质。选择某一个或某几个索引词（索引物质）后，单击右下方的 OK 按钮获取该索引词（索引物质）所涉及的文献。

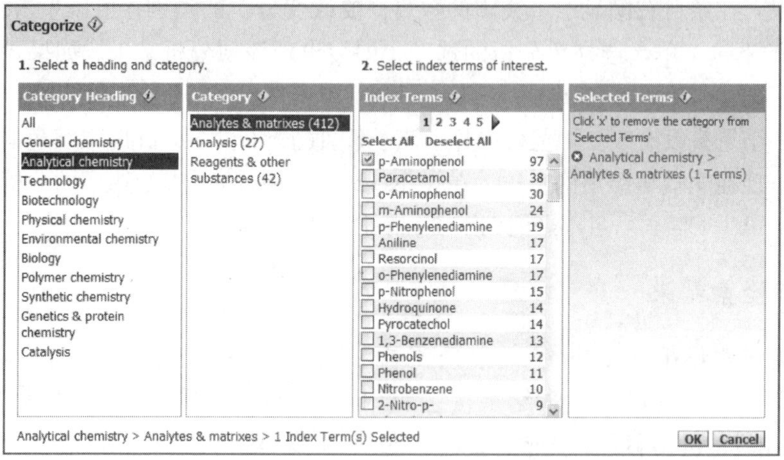

图 7-10　SciFinder 的 Categorize 功能窗口

6. 检索历史

SciFinder 的检索结果有时候会比较长，如果用户想要获取之前某一步的检索结果，不需要不断地单击网页浏览器上的后退工具，只需要在 SciFinder 页面中的导航条选择想要退回的那一步，就可以获取该步操作所有的文献。导航条中还简要写明了该步的基本操作以及所包含文献的数目。单击主页面右上角的 History，可下载获取最近 10 次的检索历程。

7.2.4　个性化服务功能

定题服务（Keep Me Posted）在设置好之后，系统会自动每周检索数据库中有无符合已设置检索条件的新文献出现。首先在文献结果显示页的左上角单击 Add KMP Alert 按钮，在 Title 下面的空白框输入创建定题提醒服务的文件名，必须为英文，也可输入该文件的描述（可选）。该服务的默认有效期是从创建服务即日起一年内。定题服务的功能系统可记住最初的检索式以及通过 Refine 功能设置的检索式，但分析 Analysis 和系统分类 Category 的二次检索获取的文献结果无法设置定题服务。单击任一页面右上角的 Keep Me Posted Results，可以查看已建立的定题服务文件及检索结果。

7.3 ACS Publications

7.3.1 概述

美国化学学会（American Chemical Society，ACS）成立于 1876 年，是世界上最大的科技协会之一，其成员数超过 16.3 万。ACS 一直致力于为全球化学研究机构、企业及个人提供高品质的文献资讯及服务，在科学、教育、政策等领域提供了多方位的专业支持，成为享誉全球的科技出版机构。ACS 的期刊被 ISI 的期刊引证报告（JCR）评为“化学领域中被引用次数最多的期刊”。ACS 出版的文献类型有图书、期刊、会议文献、新闻等，其中期刊有 50 种，最早可回溯到 1879 年，涵盖生化研究方法、药物化学、有机化学、普通化学、环境科学、材料学、植物学、毒物学、食品科学、物理化学、环境工程学、工程化学、应用化学、分子生物化学、分析化学、无机与原子能化学、资料系统计算机科学、学科应用、科学训练、燃料与能源、药理与制药学、微生物应用生物科技、聚合物和农业学这 24 个主要的化学研究领域。

ACS 的检索平台为 ACS Publications，（以下简称 ACS）访问网址为 http://pubs.acs.org，数据库首页如图 7-11 所示。

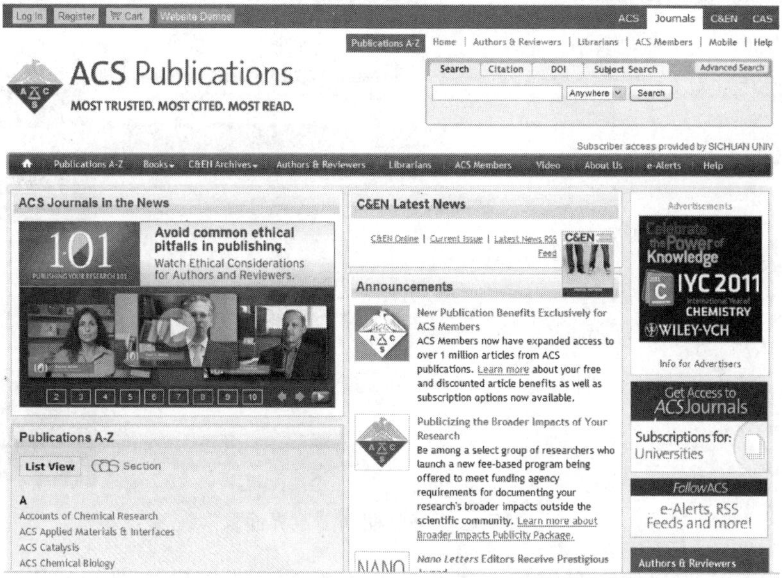

图 7-11 ACS 首页

ACS 的主要特色为，除具有一般的检索、浏览等功能外，还可在第一时间内查阅到被作者授权发布、尚未正式出版的最新文章（Articles ASAPsm）；回溯年代长；用户可定制 E-mail 通知服务以了解最新的文章收录情况；具有增强图形功能，含 3D 彩色分子结构图、动画、图表等；全文具有 HTML 和 PDF 格式可供选择。

任何用户均可访问并免费检索获取该数据库的文摘题录信息，正式用户方可下载全文，对于机构用户采用 IP 地址控制使用权限。

7.3.2　检索方式

ACS 提供期刊浏览、快速检索和高级检索三种检索方式。

1. 期刊浏览（Publications A-Z）

单击 ACS 首页上方导航条或左栏的 Publications A-Z 标签进入期刊浏览界面，如图 7-12 所示。系统提供按刊名首字母（List View）和按学科（CAS Section）两种期刊浏览途径。

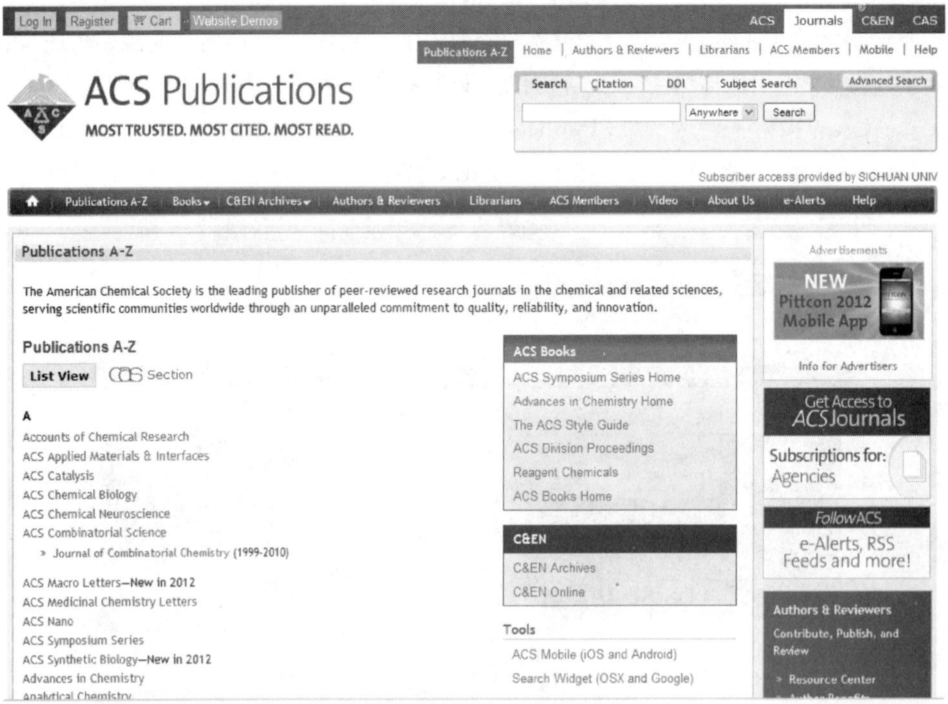

图 7-12　ACS 期刊浏览界面

单击某一期刊的刊名链接，进入该刊主页。系统提供该期刊的详细信息介绍，可获得该刊发表的所有论文的电子全文，还可以查看到先于印刷版发表的网络版文章（Articles ASAP）、最新一期印刷版期刊的目次（Current Issue）、被阅读最多的 20 篇文章（Most Read）、被引用最多的 20 篇文章（Most Cited）。通过右侧 Browse By Issue 栏中对卷期的限定可指定浏览某一期，单击 List of Issues 按钮可直接浏览该刊的其他卷期。

2. 快速检索

在 ACS 的任何一个操作界面，快速检索区始终会出现在页面的右上方，系统提供一个检索行。快速检索分为基本检索、引用检索、DOI 检索和主题检索 4 种途径。

（1）基本检索（Search）。系统提供的可检字段包括全文（Anywhere）、题名（Title）、作者（Author）和摘要（Abstract）。检索框内的检索词可以是单词、词组或用检索算符连接的多个词（组）。

（2）引用检索（Citation）。用于快速检索原文的引用信息。通过下拉菜单选择期刊名（缩写），再输入卷号和起始页码进行检索。

（3）DOI 检索（DOI）。数字对象标志符（Digital Objects Identifier，DOI）是一组由数字、字母或其他符号组成的字符串，包括前缀和后缀两部分，中间用一道斜线区分。前缀由识别符管理机构指定，后缀由出版机构自行分配。在 DOI 检索时，检索框中已显示前缀部分，用户只需输入后缀进行检索。

☞ 重点提示：

DOI 的主要作用是帮助用户拥有一个永久的资源标识符去获取全文。DOI 系统建立的主要原因，是在迅速变化的电子出版世界中，电子文档的位置变化频繁，需要提供一种技术，以保证虽然被链接的版权所有者的出版时间和地点有了变化，其标志符仍能保持一种持久性。ACS 对每一篇文章都提供了对应的 DOI 号。

（4）主题检索（Subject Search）。系统展开 ACS 的 5 个主要学科分类和 80 个研究主题的树状结构目录，单击研究主题，可以浏览该研究主题下的文献题录，亦可在该研究主题范围内进行检索。

3. 高级检索（Advanced Search）

单击快速检索区右侧的 Advanced Search 链接进入高级检索界面，如图 7-13 所示，左侧是检索区（Your Search），右侧是检索指南（Search Tips）。

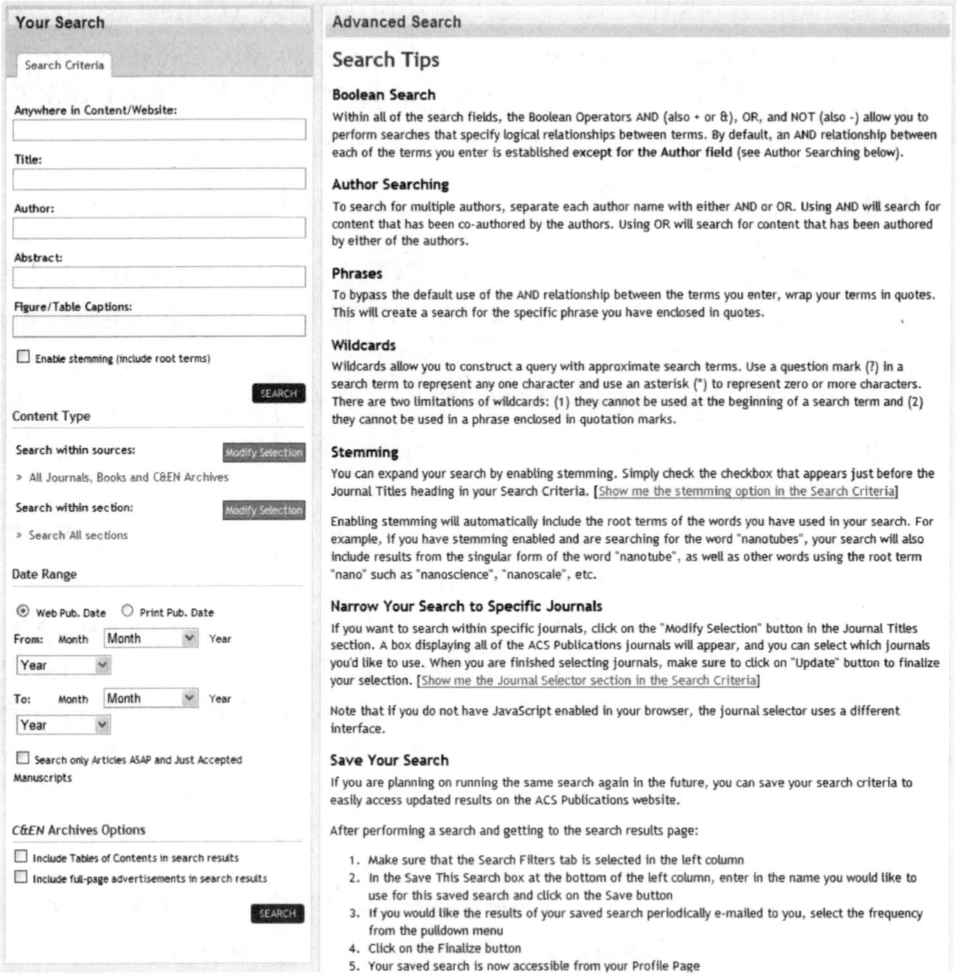

图 7-13　ACS 高级检索界面

系统提供 5 个检索行，分别对应全文、题名、作者、摘要和图标说明 5 个检索字段，检索行之间默认为逻辑“与”关系。检索框内的检索词可以是单词、词组或用检索算符连接的多个词（组）。进行作者检索时，可输入作者的名或姓或全名。

两个作者之间用逻辑“与”关系的检索只能检索到合作文献。用双引号“”可实现精确短语检索。系统默认支持词干和词根检索，勾选 Enable Stemming 选项则取消词干和词根检索功能。

检索区下方是检索范围限制选项，包括期刊范围（系统默认为全部 ACS 期刊）、学科主题（系统默认为全部 ACS 学科主题）和期刊出版时间等。

7.3.3 检索结果的显示与处理

1. 基本检索的检索结果

ACS 基本检索的检索结果显示页如图 7-14 所示，左侧为调整检索区，右侧为检索结果列表。检索结果列表中显示的记录数量细分为总计、研究论文数量、新闻与评论数量等标签页，可分别显示。默认的列表视图显示每条记录的题录信息，包括题名、作者、刊名、年/卷/期、页码、DOI 号，以及学科主题、摘要、HTML 格式全文、Hi-res PDF 格式全文（文献中的图片分辨率较高）、PDF w/links 格式全文（文献中参考文献提供超链接）的链接。用户可以利用下拉菜单选择检索结果排序方式：相关度（Relevance）、出版日期（Publication Date）、手稿类型（Manuscripts Type）、刊名（Publication Name）、第一作者的姓（First Author's Last Name）。

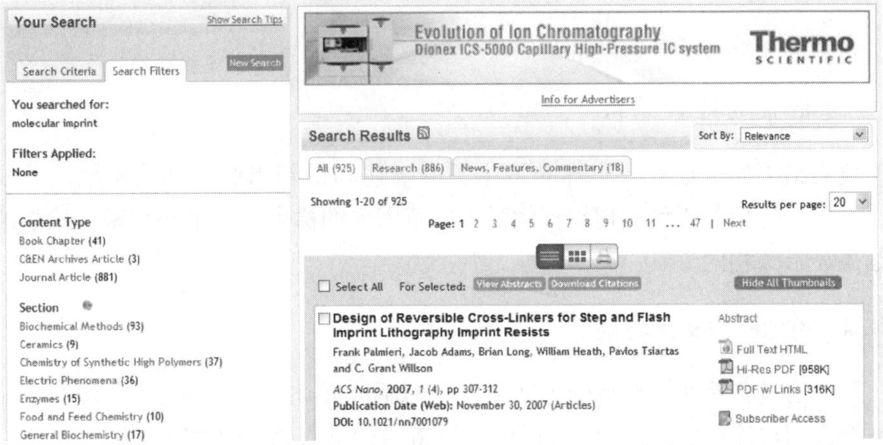

图 7-14 ACS 基本检索的检索结果显示页

（1）查看单条记录。单击结果列表中的记录题名链接，进入单条记录的文摘页面。除了题录信息与全文下载等链接，系统还提供各种链接工具（Tools）：将文献添加至收藏夹（Add to Favorites）、引文下载（Download Citation）、永久链接（Permalink）、引用通报（Citation Alert）等。与 SciFinder 的链接（SciFinder Link）：获得该文献的详细记录（Get Reference Detail）、参考文献（Get Cited）与施引文献（Get Citing），亦可在 SciFinder 中进行检索。该页最右侧提供了该文献的相关文献（Related Content）。

（2）输出多条记录。勾选检索结果列表中单条记录左侧的复选框，或者勾选列表上方 Select All 复选框选中所有记录之后，可以选择查看摘要（View Abstracts）或下载引文（Download Citations）两种方式输出已选记录。

（3）精炼检索结果。左侧调整检索区的检索过滤器（Search Filters）标签页中保留了检索条件，单击每个检索条件后面的“Remove”可删除该条检索限制并重新进行检索。下方可将检索结果按内容类型（Content Type）、主题（Section）、出版物（Publication）、文献类型（Manuscript Type）、作者（Authour）、时间范围（Date Range）等限定字段组成不同的集合进行聚类显示。底端 Save This Search 可进行保存检索式操作。单击与标签页平行的 New Search 可以开始一个新检索。单击检索区中检索条件（Search Criteria）标签页，返回高级检索页面，亦可开始新检索。

2. 引用检索的检索结果

如果输入的卷期页码准确，则显示单篇文献的文摘页；如果输入的页码不准确，则显示该刊指定卷的所有期，用户可进一步进行选择。

3. DOI 检索的检索结果

直接显示该篇文献的文摘页。

4. 主题检索的检索结果

检索结果显示页的上半部有该主题的描述和最新出版的几篇文献的题录信息；右上方的检索区可实现在该学科主题范围内的检索；下半部与基本检索的检索结果显示页相同。

7.3.4　个性化服务功能

用户通过免费注册获得个人账号并登录后，单击 ACS 任何一个操作页面左上方个人用户注册登录区的 Your Profile 链接即进入 ACS 个性化服务界面。

（1）会员权益（Member Benefits）：查看当前账户余额及使用记录。此项为个人付费会员账号登录及账号查询的功能。

（2）电子邮件提醒服务（E-mail Alerts）：用户可以设置期刊电子邮件通报或修改现有的通报，也可以查看或修改引用通报设置。

（3）保存检索式（Saved Search）：访问或管理用户已经保存在 ACS Publication 数据库中的检索式，可随时重新检索或删除已保存的检索式，亦可订阅 RSS。

（4）最喜爱的内容（Favorite Content）：用户可查看已设置的文章或书的章节列表。在单篇文献的文摘页，单击“链接工具”栏下的“添加至收藏夹”可将摘要或全文的 HTML 网页添加至此清单中。

（5）推荐服务（Recommended Content）：系统会根据用户在 ACS Publication 数据库中的阅读历史自动推荐相关论文。

(6) 登陆动态口令(Access Token):付费登陆动态口令激活。此项为个人付费会员账号登录及账号查询的功能。

(7) 编辑个人资料(Edit Profile):修改用户的注册信息。

7.4 IEEE/IET Electronic Library (IEL)

7.4.1 概述

IEEE/IET Electronic Library(简称 IEL)数据库收录了 IEEE 和 IET 两个机构所有出版物的电子全文,包含 260 多种期刊、8000 多种科技会议录和 2000 多种标准,总计超过 300 多万份全文文献,数据最早回溯至 1872 年,一般提供 1988 年以后的全文,部分期刊提供其预印本(Forthcoming Articles)全文。IEL 覆盖电气电子工程、通信工程、计算机科学、人工智能、机器人、空间技术、自动化控制、生物工程、遥感和核工业等多种学科领域,其中电气工程、通信工程、计算机科学的文献占当今世界的近三分之一。

美国电气电子工程师学会(Institute of Electrical & Electronic Engineers, IEEE)创立于 1963 年,拥有分布于 170 多个国家的 39 万多名会员,是航空系统、计算机科学、通信、生物医学工程、电力和消费电子等领域最权威的学会,也是世界上最大的非赢利性专业技术学会。IEEE 致力于推动技术进步,全球电气与电子工程、计算机科学领域 30%的文献,以及 900 多个现用行业标准都出自 IEEE。

国际工程和技术学会(Institution of Engineering & Technology, IET)由英国电气工程师学会(IEE)和英国应用工程师学会(IIE)于 2006 年合并组建而成,拥有分布于 127 个国家的 15 万多名会员,涉及科技领域广泛,覆盖 60 个专业和多个新型交叉学科。

IEEEXplore 是访问 IEL 数据库的在线平台,访问网址是 http://www.ieee.org/ieeexplore,首页如图 7-15 所示。

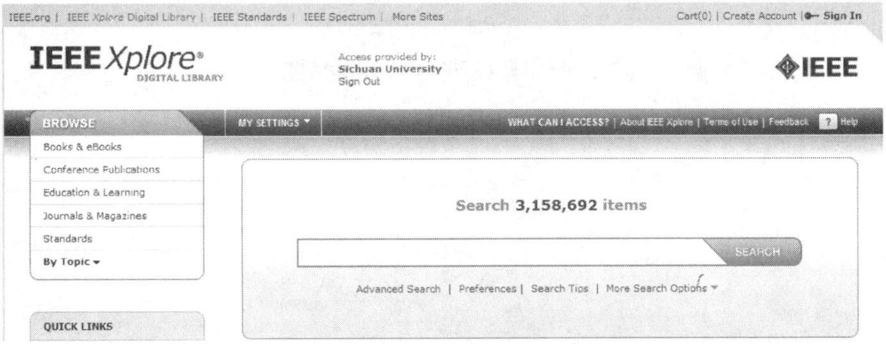

图 7-15 IEL 数据库首页

任何用户均可访问并免费检索获取该数据库的文摘题录信息，正式用户方可下载全文，对于机构用户采用 IP 地址控制使用权限。IEL 数据库从 2012 年 4 月 1 日起不再支持 IE6 及以下版本的访问。

7.4.2　检索方法

IEL 提供浏览、基本检索和高级检索三种检索方式。

1. 浏览（BROWSE）

IEL 首页左侧即浏览区，系统将文献分为 5 种类型提供浏览，分别是：图书（Books & eBook）、会议录（Conference Proceedings）、课程（Education & Learning）、期刊（Journal & Magazines）和标准（Standards）。

以期刊为例具体说明。单击 Journal & Magazines 链接进入期刊浏览页面，用户可按刊名（By Title）、主题（By Topic）进行浏览。刊名浏览又分为按字顺浏览（Browse Alphabetically）和关键词检索（Browse by Keywords）两种途径。

需要注意的是 IEEE Transactions 系列期刊的字顺浏览。例如，期刊 IEEE Transactions on Cable Television，在 IEL 数据库的字顺列表中被写为 Cable Television，IEEE Transactions on，因此该刊属于以字母 C 开头的期刊。

2. 基本检索（Search）

基本检索区出现在 IEL 任何一个操作页面的上方，系统提供一个检索行，默认为全部字段。检索框内的检索词可以是单词、词组或用检索算符连接的多个词（组）。

3. 高级检索（Advanced Search）

单击基本检索区下方的 Advanced Search 链接进入高级检索界面，如图 7-16 所示，分为以下三种检索途径。

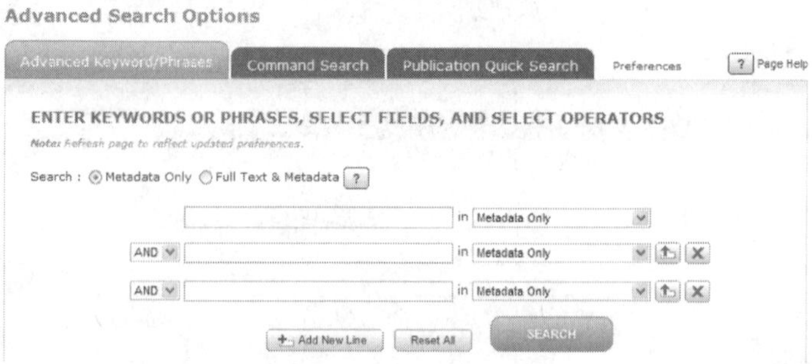

图 7-16　IEL 高级检索界面

(1) 高级检索 (Advanced Keyword/Phrases)：系统提供三个检索行，检索行之间逻辑关系用行间下拉菜单指定，每一检索行的检索字段用右侧的下拉菜单选择，可检字段包括主题 (Metadata Only)（在该数据库中指标题、摘要和索引词)、标题 (Document Title)、作者 (Authors)、出版物名称 (Publication Title)、摘要 (Abstract)、索引词 (Index Terms)、作者单位 (Affiliation)、存取号 (Accession Number)、文献号 (Article Number)、作者关键词 (Author Keywords)、主题 (Topic) 等。检索行上方有 Metadata Only 和 Full Text & Metadata 两个选项，选择任何一个均可完全控制检索字段。检索框内的检索词可以是单词、词组或用检索算符连接的多个词（组)。

(2) 命令检索 (Command Search)：相当于专业检索方式，系统提供一个检索窗口，需输入用检索词、检索算符、字段代码构造的具有完整逻辑关系的复合检索式。检索式的基本语法形式为："字段"：检索词。

(3) 出版物快速检索 (Publication Quick Search)：可以快速检索出版物的发行号、页码、日期等信息。

7.4.3 检索结果的显示与处理

IEL 检索结果显示页如图 7-17 所示，在检索结果 (SEARCH RESULTS) 区域，首先显示检索式和命中记录总数。在下方的记录列表中可查看每条记录的题名、作者、出处、文献 DOI 以及全记录与全文链接等信息。页面左侧为精炼检索结果区 (FILTER THESE RESULTS)，右侧为检索历史区 (SEARCH HISTORY)。

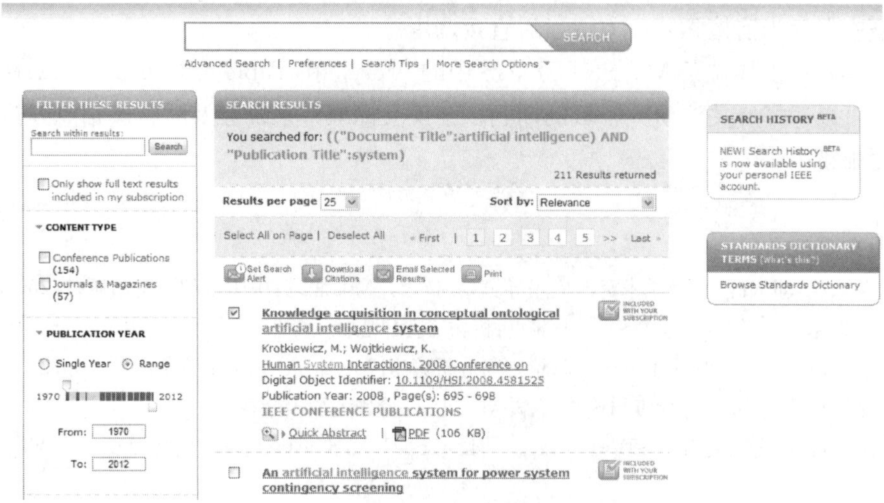

图 7-17 IEL 数据库检索结果显示页

（1）查看单条记录。单击检索结果列表中单条记录下方的 Quick Abstract 链接可以在展开区迅速查看该记录的文摘信息，单击展开区下方的 View full abstract 链接打开详细信息页面，可以查看完整题录、文摘信息、索引词、参考文献等信息。单击单条记录的 PDF 链接可下载该记录的 PDF 格式文献全文。

（2）输出多条记录。勾选单条记录左侧复选框，或单击检索结果列表上方 Select All on Page 链接选中该页所有记录后，可以选择保存引文信息（Download Citations）、发送邮件（Email Selected Results）、打印（Print）等方式输出记录。

（3）精炼检索结果。利用检索结果列表左侧 FILTER THESE RESULTS 工具栏可以进行二次检索（Search within results），还可以将检索结果按文献类型（CONTENT TYPE）、出版年（PUBLICATION YEAR）、作者（AUTHOR）、作者单位（AFFILIATION）、出版物名称（PUBLICATION TITLE）、出版商（PUBLISHER）、主题（TOPIC）、会议国家（CONFERENCE COUNTRY）、会议地点（CONFERENCE LOCATION）等限定字段组成不同的集合进行聚类显示。

7.4.4　个性化服务功能

在 IEL 免费注册个人账号并登录后，即可享受个性化服务。

（1）单击基本检索检索框下方的 PREFERENCES 链接，或者高级检索页面检索框上方的 PREFERENCES 链接，可以根据自己的检索喜好设置如检索选项、显示检索结果选项、下载选项、邮件设置选项等内容。

（2）单击检索结果显示页的 Set Search Alert 按钮，在 SAVED SEARCH 对话框中保存当前检索式，方便以后直接调用。

（3）点击导航条 MY SETTINGS 中的 Alert，在 Table of Contents Alerts 页面中可以选择所关注研究领域的期刊、会议及标准，系统会及时将新信息发送至预置邮箱中。

参考文献

[1] 关志英，郭依群. 网络学术资源应用导览(科技篇)[M]. 北京：中国水利水电出版社，2007.
[2] 王知津. 工程信息检索教程[M]. 北京：机械工业出版社，2008.
[3] 赵乃瑄，冯新. 化学化工电子文献检索与分析策略[M]. 北京：化学工业出版社，2007.
[4] 张振华等. 工程信息检索与论文写作[M]. 北京：清华大学出版社，2009.
[5] 维基百科. 化学文摘社[EB/OL]. http://zh.wikipedia.org/wiki/化学文摘社[2012-6-23].

第 8 章　生物医学类学科专题数据库

8.1　中国生物医学文献服务系统（SinoMed）

8.1.1　概述

中国生物医学文献服务系统（简称 SinoMed）由中国医学科学院医学信息研究所/图书馆开发研制。SinoMed 学科范围广泛，涵盖资源丰富，年代跨度大，在全面涵盖中国生物医学文献数据库（CBM）的基础上，整合了西文生物医学文献数据库（WBM）、日文生物医学文献数据库等 7 种资源。系统提供学位论文在线阅读、免费原文直接获取、非免费原文多渠道链接及在线索取等服务。

以下为 SinoMed 涵盖资源概况。

（1）中国生物医学文献数据库（CBM）。中国医学科学院医学信息研究所开发研制的综合性医学文献数据库。收录了 1978 以来 1600 多种中国生物医学期刊，以及汇编、会议论文的文献题录 530 余万篇，年增文献 40 余万篇，每月更新。学科覆盖基础医学、临床医学、预防医学、药学、中医学、中药学等生物医学的各个领域。中国生物医学文献数据库的全部题录均根据美国国立医学图书馆的《医学主题词表》（即 MeSH 词表），以及中国中医研究院图书情报研究所出版的《中医药学主题词表》进行了主题标引，并根据《中国图书馆分类法——医学专业分类表》进行了分类标引。

（2）中国医学科普文献数据库。收录了 2000 年以来国内出版的医学科普期刊近百种，重点突显养生保健、心理健康、生殖健康、运动健身、医学美容、婚姻家庭、食品营养等与医学健康有关的内容。双周更新。

（3）北京协和医学院博硕学位论文库。收录 1981 年以来北京协和医学院培养的博士、硕士研究生学位论文，学科范围涉及医学、药学各专业领域及其他相关专业。内容前沿、丰富，可在线浏览全文。每季更新。

（4）西文生物医学文献数据库（WBM）。收录 6500 余种世界各国出版的重要生物医学期刊、文献题录 2000 余万篇，其中馆藏期刊 4800 余种，OA 期刊 2400 余种。年代跨度大，部分期刊可回溯至创刊年。年增文献 60 余万篇，双周更新。

（5）日文生物医学文献数据库。收录了 1995 年以来日本出版的日文重要生物医学学术期刊 90 余种，部分期刊有少量回溯。每月更新。

(6) 俄文生物医学文献数据库。收录了 1995 年以来俄国出版的俄文重要生物医学学术期刊 30 余种，部分期刊有少量回溯。每月更新。

(7) 英文会议文摘数据库。收录了 2000 年以来世界各主要医学协会、出版机构出版的 60 余种生物医学学术会议文献，部分文献有少量回溯。每月更新。

(8) 英文文集汇编文摘数据库。收录馆藏生物医学文集、汇编及各种参考工具书 240 余种（册），报道内容以最新出版文献为主。每月更新。

SinoMed 公共网址为 http://sinomed.imicams.ac.cn，需要注册登陆才能使用。SinoMed 与机构用户合建的镜像站点采用 IP 地址控制使用权限。图 8-1 所示为 SinoMed 首页，界面上方为数据库选择区，下方为跨库检索区。

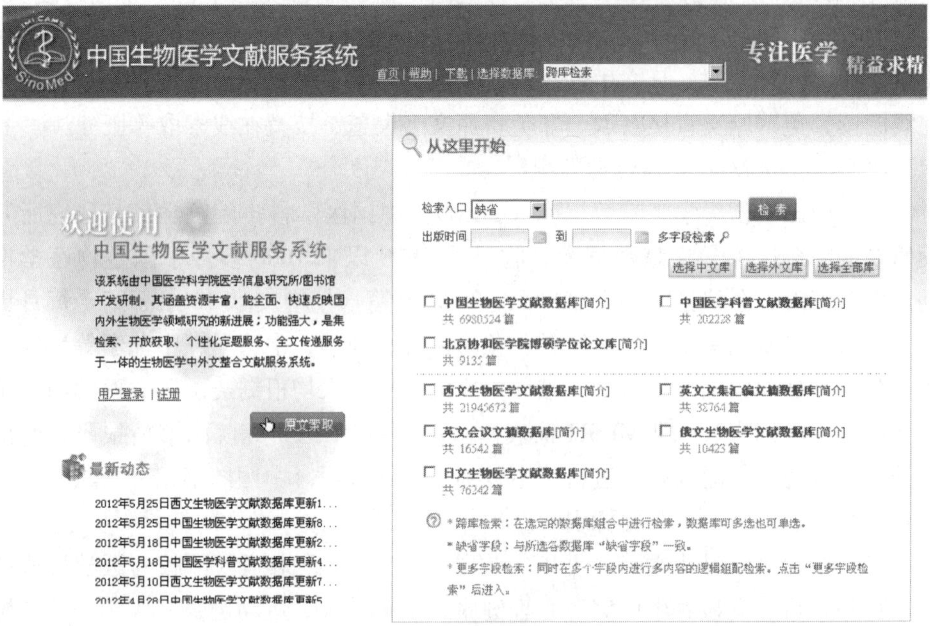

图 8-1　SinoMed 首页

8.1.2　检索方式

SinoMed 有跨库检索和单库检索两种检索模式。以下以中国生物医学文献数据库为例介绍单库检索的方法，跨库检索与之类似。在 SinoMed 首页上方的数据库选择区选择中国生物医学文献数据库，系统自动跳转至该库主检界面，如图 8-2 所示。SinoMed 提供基本检索、主题检索、分类检索、期刊检索、作者检索和检索历史 6 种检索方式，可以通过上方功能导航栏进行切换。

图 8-2　SinoMed 单库首页即基本检索界面

1. 基本检索

单库首页即基本检索界面，系统提供一个检索行，可检字段包括缺省、全部字段、中文标题、英文标题、中文摘要、关键词、主题词等 19 种。其中，“缺省”字段在中国生物医学文献数据库（CBM）中，是中文标题、摘要、作者、关键词、主题词和刊名内容的组合。检索行右侧的“智能检索”只用于“缺省”字段，可自动实现检索词、检索词对应主题词及该主题词所含下位词的同步检索。如在“缺省”字段输入“艾滋病”，勾选“智能检索”后，系统自动检出在缺省字段中含“艾滋病”和“获得性免疫缺陷综合征”的所有文献。当检索字段为关键词、主题词、特征词、分类号、作者、第一作者、刊名和期时，检索行右侧会出现“精确检索”选项，勾选可实现精确检索。检索区下方有时间跨度限定，单击“更多限定”可选择文献类型、年龄组、性别等限定条件。

如输入多个检索词，词与词用空格隔开，则检索词之间默认为逻辑“与”关系，也可以直接使用逻辑运算符 AND、OR 和 NOT 连接检索词。当检索词含有特殊符号“-”、“（”等时，用英文半角双引号标识检索词，如，“$Cu(OH)_2$”。如检索词不确定时可使用截词符“?”和“%”，“?”用于单字截词，“%”用于多字截词。

2. 主题检索

系统提供一个检索行，可检字段为中文主题词和英文主题词。主题检索可浏览主题词注释信息和树状结构来确定恰当的主题词。通过设置是否加权、是否扩展、选择合适的副主题词，使检索结果更符合检索需求，有利于提高查全率和查准率。加权检索指主要主题词检索，用加权检索检出的文献数量较少，但检出的文献与主题词相关度更高。扩展检索指对当前主题词及其所有下位主题词进行检索，非扩展检索则仅限于当前主题词检索。选择副主题词用于对主题词的某一特定方面加以限制，可选择一个或多个。副主题词列表中的“全部副主题词”表示检出包括所有的与当前主题词组配和不组配标引的文献；“无副主题词”表示检出当前主题词不与任何副主题词组配标引的文献；扩展副主题词指对该副主题词及其下位副主题词一起检索。

3. 分类检索

分类检索界面如图 8-3 所示。CBM 按照《中国图书馆分类法——医学专业分类表》将学科分类标引，可通过分类号和分类名进行检索。分类检索有两种实现途径：一种是通过检索行左侧的下拉菜单选择检索字段“类名”或“分类号”，在检索框输入相应内容检索；另一种是通过界面下方的“分类导航”选择合适的类名进入。分类检索单独使用或与其他检索方式组合使用，可发挥其族性检索的优势。

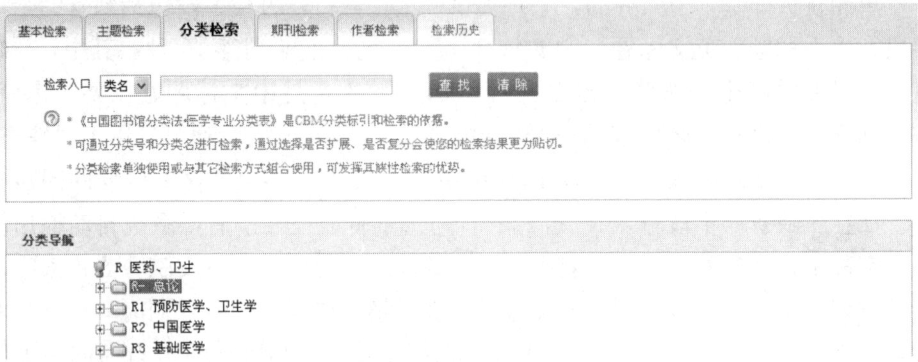

图 8-3　SinoMed 分类检索界面

4. 期刊检索

期刊检索界面如图 8-4 所示，系统提供三种检索途径。第一种是通过上方检索入口进行检索，可检字段包括刊名、出版单位、出版地、期刊主题词和 ISSN 号 5 种；第二种是通过界面左下方的“期刊分类导航”逐级浏览；第三种是通过界面右下方的“首字母导航”选择期刊首字母浏览相应期刊。

图 8-4　SinoMed 期刊检索界面

5. 作者检索

系统提供一个检索行，对应作者姓名字段，可输入完整的作者姓名或作者姓名片段，单击“下一步”，系统会显示包含检索词的作者信息列表，选择所需作者姓名查看作者在系统中的单位分布，根据具体需求选择作者单位，可多选，最终找出该作者发表的文献。勾选检索行右侧的“第一作者”选项可限定为第一作者查找。

6. 检索历史

检索历史界面上方是检索区，下方是检索历史显示区。检索历史显示区按照检索时间顺序从上到下依次显示检索式，可从中选择一个或多个检索式用逻辑算符 AND、OR 或 NOT 组配，同时在上方的检索框中显示组配式，单击检索框后方的“检索”即得结果。要删除某个检索式，只需选中其前方的复选框，然后单击“清除检索史”按钮。超时退出系统，检索历史仍然保留，如选择“退出”系统，检索历史清除。一次检索最多能够保存 1000 条策略，每页最多显示 100 条。

8.1.3 检索结果的显示与处理

图 8-5 为 SinoMed 检索结果界面，界面上方为检索区，下方为检索结果显示区，显示命中记录总数和检索结果列表。系统提供题录、文摘和详细三种结果显示格式，按作者、年代、期刊和相关度 4 种结果排序方式。

图 8-5 SinoMed 检索结果界面

（1）查看单条记录。单击单条记录题名链接可查看该记录的题录信息。系统提供两种原文索取的方式，一种是通过单击记录题名右侧的 PDF 标识获取；另一种是单击记录题名下方的“原文索取”图标，系统自动跳转至维普全文数据库界面，可在该数据库检索下载原文。

（2）输出多条记录。在检索结果显示页右侧选择输出范围，包括全部记录、标注记录、当前页记录和记录号区间，系统提供打印、保存和 Email 三种输出方式。

（3）二次检索。检索结果显示页上方的检索区有二次检索选项框，可勾选进行二次检索。

（4）结果分析。单击检索结果界面右下方的“结果分析”按钮，可从作者、出版时间、作者单位、来源期刊、加星主题词和文献类型 6 个方面对检索结果进行分析。

8.1.4　个性化服务功能

用户免费注册并登录后，可创建“我的数据库”，将感兴趣的文献添加到我的数据库中；可保存检索策略，用于定期跟踪某一课题的最新文献。

8.2　美国医学文摘（Medline）

8.2.1　概述

美国医学文摘（以下简称 MEDLINE）是美国国立医学图书馆（National Library of Medicine，NLM）生产的国际性综合生物医学信息书目数据库，是当前国际上最权威的生物医学文献数据库。内容包括美国《医学索引》（*Index Medicus*，*IM*）的全部内容和《牙科文献索引》（*Index to Dental Literature*）、《国际护理索引》（*International Nursing Index*）的部分内容，涉及基础医学、临床医学、环境医学、营养卫生、职业病学、卫生管理、医疗保健、微生物、药学、社会医学等学科领域。MEDLINE 收录了 1946 年以来 70 多个国家和地区出版的 5500 多种生物医学期刊的文献，总计超过 2100 万条记录，其中约 88%的记录来源于英文期刊，约 76%的文献有英文文摘。数据库每年新增 30 万至 35 万条记录。

目前有数个数据库检索平台获准对 MEDLINE 进行整合，包括 Ovid、ISI、EBSCO、OCLC 等。如今，MEDLINE 还可以通过由 NLM 所属的国家生物技术信息中心（NCBI）提供的一个免费数据库——PubMed 来进行检索。PubMed 比 MEDLINE 收录的文献更广、更新、速度更快，而且还提供部分免费的全文文献。

主题词表（Medical Subject Headings，MeSH）是 MEDLINE 数据库的最大特色，是由 NLM 创建并更新的，其将表达同一主题的各类名称归纳到唯一的主题词下，如癌症的各种英文名称有 cancer、neoplasms、tumor 等，MeSH 表规定将 neoplasms 作为主题词，凡讨论癌症的文章都采用 neoplasms 进行标引。MeSH 的年度纸质印刷版本已经于 2007 年停止出版，但通过互联网可以免费浏览和下载 MeSH。MeSH 是目前最权威、规范化、可扩充的动态性医学主题词表，也是用户利用 MEDLINE 和 PubMed 数据库检索文献的重要辅助工具。

本节将重点介绍 Ovid 平台下的 MEDLINE 和免费生物医学文献检索系统 PubMed 的检索方法。

8.2.2 MEDLINE（Ovid）

Ovid 数据库平台的公共网址为 http://gateway.ovid.com/autologin.html，正式用户可通过用户名、密码登陆使用，机构用户采用 IP 地址控制使用权限。图 8-6 为 Ovid 平台首页即数据库选择界面，在此页面单击 Ovid MEDLINE 数据库链接，进入单库检索模式；也可勾选多个数据库，单击 Selected Resource（s）按钮进入多库检索模式。单击数据库前方的标记可了解数据库的更多详情。Ovid 平台数据库选择界面共有 4 个 MEDLINE 数据库的选项。

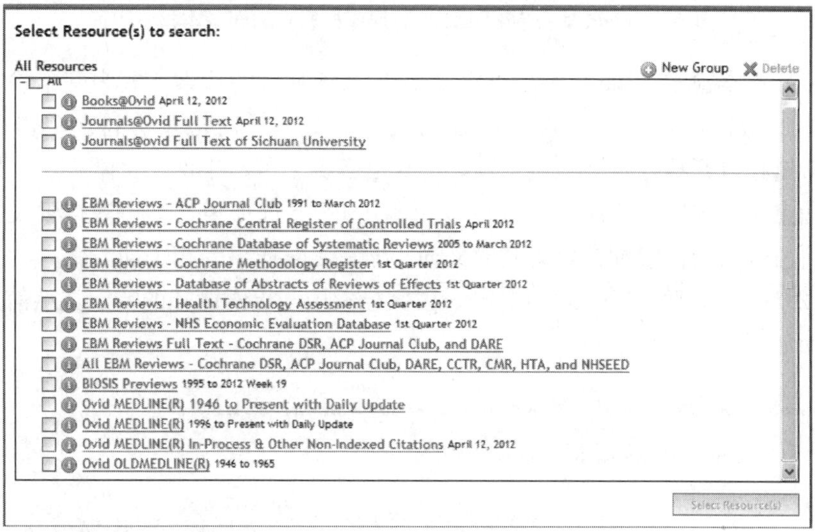

图 8-6　Ovid 平台首页即数据库选择页面

（1）Ovid MEDLINE（R）1946 to Present with Daily Update：1946 年至今的数据，每天更新。

（2）Ovid MEDLINE（R）1996 to Present with Daily Update：1996 年至今的数据，每天更新。

(3) Ovid MEDLINE (R) In-Process & Other Non-Indexed Citations：正在处理的和来自 NLM 的 PubMed 非 MEDLINE (PubMed-not-MEDLINE) 记录。

(4) Ovid OLDMEDLINE (R) 1946 to 1965：1946 年到 1965 年的数据。

后三个数据库实为 PubMed 所包含内容，详情可参见下一小节 PubMed 的内容。

1. 检索方式

以单库检索模式为例，图 8-7 为选择数据库进入后的检索界面。系统提供基本检索、引文检索、检索工具、字段检索、高级检索和多字段检索 6 种检索方式，通过页面上方的功能导航栏可进行切换。

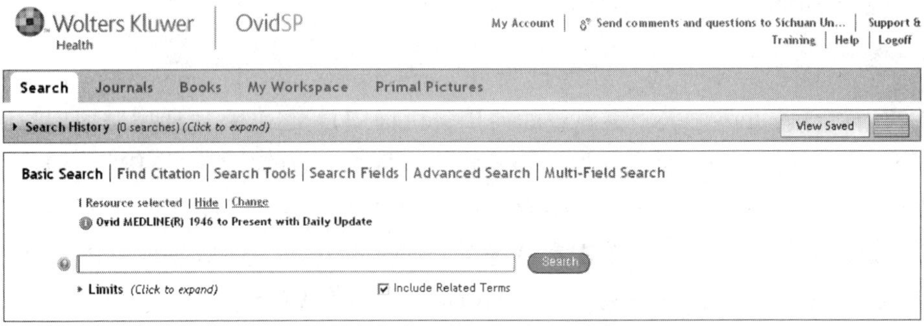

图 8-7　Ovid 平台 MEDLINE 数据库检索页面即基本检索界面

(1) 基本检索 (Basci Search)。登录后系统默认的检索方式为基本检索，系统提供一个检索行，可输入单词或词组，不支持任何检索算符。单击下方的 Limits 链接打开检索范围限制选项，可对语言、字段、年份、文献类型、期刊种类等信息进行限定。右侧的 Include Related Term 选项为自动扩展检索设置，系统会将所输入的检索词扩展为其同义词、缩写、异体字等相关词汇。

(2) 引文检索 (Find Citation)。引文检索用于检索已知的特定文献信息，检索页面如图 8-8 所示。

图 8-8　Ovid 平台 MEDLINE 数据库引文检索界面

系统提供 7 个检索行，分别对应篇名（Article Title）、刊名（Journal Name）、作者姓氏（Author Surname）、出版年、卷、期、首页码（Publication Year、Volume、Issue、Article First Page）、出版商（Publisher）、唯一标识符（Unique Identifier）和 DOI 号检索字段，检索行之间默认为逻辑“与”关系。其中刊名和作者姓氏字段可通过勾选检索框后方的 Truncate Name 实现自动截词检索功能。刊名必须输入全称，如拼写不全可输入刊名起首部分；作者输入必须姓全称在前，名首字母在后。

（3）检索工具（Search Tools）。检索工具用于了解规范化主题词的定义、注释、历史变更、适用范围、确定规范化主题词、副主题词和概念范围。系统提供一个检索行，输入检索词后，通过前方下拉菜单选择相应的词表进行检索。系统提供的词表有 6 种：①Map Term，匹配自由词的规范化主题词；②Tree，显示规范化主题词的树形结构图；③Permuted Index，显示检索词的替代索引；④Scope Note，显示主题词注释、参考资料；⑤Explode，主题词扩展下位词检索；⑥Subheadings，显示主题词的可选副主题词。

（4）字段检索（Search Fields）。字段检索界面如图 8-9 所示，系统提供一个检索行，下方列出常用的检索字段，包括全部字段（All Fields）、摘要字段（Abstract）、作者姓名字段（Author）、刊名字段（Journal Name）等。

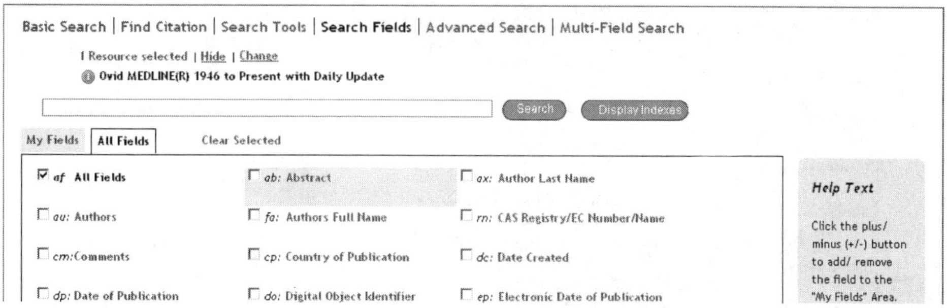

图 8-9 Ovid 平台 MEDLINE 数据库字段检索界面

（5）高级检索（Advanced Search）。高级检索界面如图 8-10 所示，系统提供一个检索行，检索框上方有 4 个可检字段选项，包括关键词（Keyword）、作者（Author）、篇名（Title）和刊名（Journal）。勾选下方的 Map Term to Subject Heading 选项，启用规范主题词表匹配检索。作者检索（Author）在检索框中输入作者姓名，姓全称在前，后空一格再输入名的首字母。或者只输入姓氏，单击 Search，系统会跳转至作者列表页面，列出人名的各种可能拼写方式，勾选作者姓名后，单击 Search Selected Terms 完成检索，也可在 Enter a new start term 中输入作者姓名重新检索，或者单击姓名首字母进行浏览选择。期刊检索（Journal）需输入完整刊名的前几个字母，不能使用缩写，单击“检索”系统会给出刊名列表，在此可进行三项操作：勾选刊名、重新输入刊名、点选刊名首字母进行浏览。

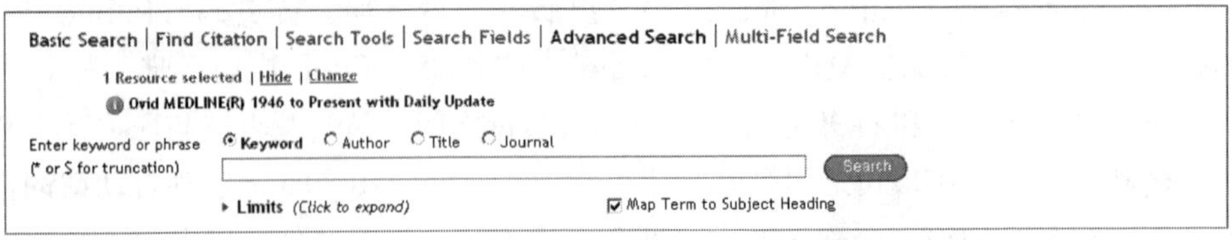

图 8-10 Ovid 平台 MEDLINE 数据库高级检索界面

（6）多字段检索（Multi-Field Search）。系统提供三个检索行，每一检索行的检索字段用右侧的下拉菜单选择，检索行之间逻辑关系用左侧下拉菜单指定，单击检索区下方的 Add New Row 链接可添加新的检索行。

2. 检索结果的显示与处理

图 8-11 为检索结果显示页，右侧为默认以引文格式显示的检索结果列表，可选择题名或摘要格式。左侧上半部是检索信息区，显示检索式和命中记录总数，还可选择排序方式。左侧下半部为精炼检索结果区（Filter By）.

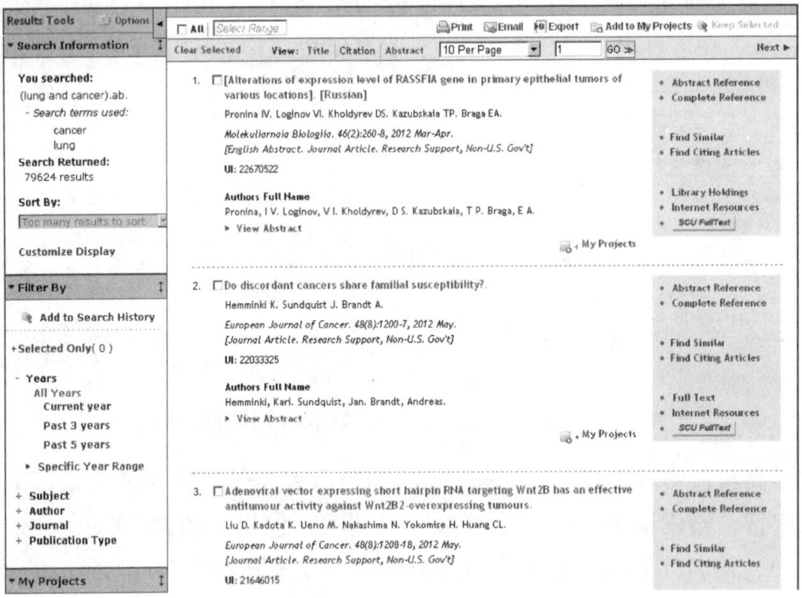

图 8-11 Ovid 平台 MEDLINE 数据库检索结果显示页

（1）查看单条记录。单击单条记录下方 View Abstract 按钮打开摘要显示浮动窗，单击记录题名链接记录详细信息页面。

（2）输出多条记录。勾选记录前方的选项框，可以选择 Print、E-mail、Export 等方式输出已选记录。

（3）精炼检索结果。系统将检索结果按年份（Years）、主题（Subject）、作者（Author）、期刊（Journal）、出版物类型（Publication Type）等限定字段组成不同的集合进行聚类显示。

3. 个性化服务功能

用户通过免费注册并登录后，可创建定题通告，方法为：单击检索区上方的 Search History 链接打开检索历史页面，如图 8-12 所示，勾选检索历史条目，通过 Save Selected→Auto Alert，或单击检索历史条目后方的 More→Auto Alert。创建定题报告可将与课题相关的最新文献以邮件方式发送或 RSS 自动推送给用户。

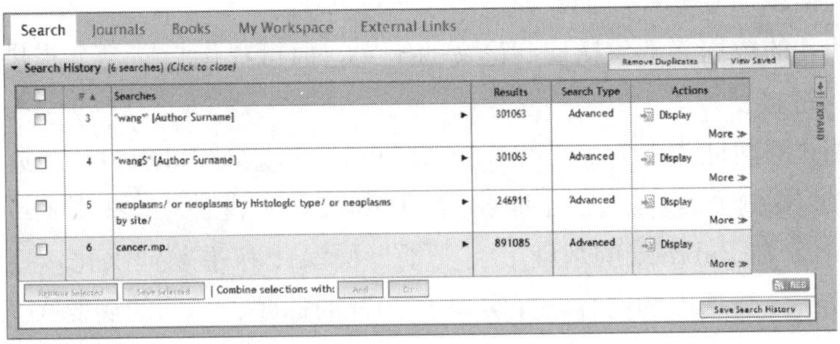

图 8-12 Ovid 平台 MEDLINE 检索历史页

8.2.3 PubMed

1. 概述

PubMed 是美国国立医学图书馆（NLM）下属的国家生物技术信息中心（National Center for Biotechnology Information，NCBI）于 1997 年开发的基于 Web 的生物医学文献检索系统，是当今世界上检索生物医学文献最常用的免费网站。PubMed 不单提供 MEDLINE 的所有内容，还包括生命科学期刊和在线图书，学科涵盖生命科学、行为科学、化学科学、生物工程等领域，总计超过 2100 万条记录，其数据主要来源有以下几个。

（1）MEDLINE：收录了 1946 年以来的包含医学、护理、兽医、健康保健系统及前临床科学的文献 2100 多万条书目数据，记录的标记为［PubMed-indexed for MEDLINE］。

（2）In Process Citations：1996 年 8 月开始，每天收录由 MEDLINE 的期刊出版商提供的尚未经过规范化处理的数据，该库中的记录只具有简单的书目信息和文摘，记录标记为［PubMed-in process］。当该库中数据被标引 MeSH 词、文献类型及其他数据时，每星期转入 MedLine 一次，而被处理前的数据会从该数据库中删除。

(3) OLDMEDLINE：包含 1946～1965 年期间发表的 200 万篇生物医学文献。OldMedline 的记录没有 MeSH 字段和摘要，记录的标记为［PubMed-OLDMEDLINE for Pre1966］。

(4) Publisher-Supplied Citations (Articles Not in MEDLINE or IN Process)：是由出版商提供的电子文献，每条记录标有［PubMed-as supplied by publisher］。这些文献包括两种来源：MEDLINE 收录范围的文献，每日被添加到 In Process Citation 中去，换上［PubMed-in process］的标记，并赋予一个 MEDLINE 的数据识别号 UI；不属于 MEDLINE 收录范围的文献则只有 PubMed 数据识别号 PMID 而没有 MEDLINE UI。

PubMed 的数据并不包括期刊论文的全文，但可提供指向全文提供者（付费或免费）的链接。

PubMed 的网址为 http://www.ncbi.nlm.nih.gov/pubmed，首页如图 8-13 所示。目前国内已经有公司推出了 Pubmed 汉化版（如丁香园创建的 pubmed.cn)，在 Pubmed 的基础上实现了界面汉化和主题词汉化，搜索结果完整调取 Pubmed 数据库的内容，并实现了 30%的标题、10%的摘要人工翻译，并同步支持全文传递。

图 8-13 PubMed 首页即基本检索界面

2. 检索方式

PubMed 提供基本检索、高级检索、单篇引文匹配器、批量引文匹配器、临床查询、医学主题词数据库、NCBI 期刊数据库 6 种检索方式。

(1) 基本检索。PubMed 首页默认的检索方式为基本检索，系统提供一个检索行，没有检索字段的限定，可输入自由词、主题词、著者、刊名等检索词（支持检索算符），系统自动在主题词表、期刊名表、短语表、著者索引中进行检索。

（2）高级检索（Advanced）。单击基本检索区下方的 Advanced 链接进入高级检索界面，如图 8-14 所示。高级检索区由上方的检索构建区（Builder）和下方的检索历史区（History）两部分组成。检索构建区又提供两种检索途径：①单击 Edit 链接打开检索窗口，输入一个用检索词、检索算符构造的具有完整逻辑关系的复合检索式。②Edit 下方系统提供两个检索行，每一检索行的检索字段用左侧的下拉菜单选择，检索行之间逻辑关系用行间下拉菜单指定；单击检索行后方的“+”、“−”可增加和减少检索行，检索框下方的 Add to history 链接可将填写好的检索式添加到检索历史区。检索历史区的作用是可将多次检索历史进行逻辑组配运算。例如：检索艾滋病治疗方面的文献，将 aids 和 treatment or therapy 限定在需要的字段，添加到检索历史中，如图 8-14History 所示，形成两条检索历史＃1 和＃2，单击检索历史条目中的 Add to builder，将两条记录添加到上方的检索框中，单击 Search 完成检索。

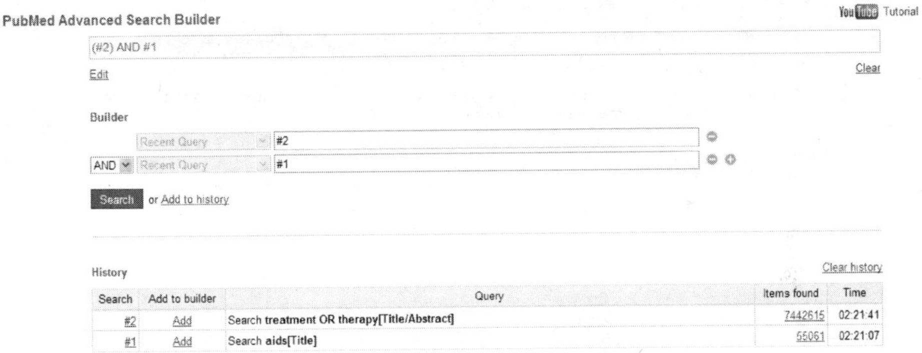

图 8-14 PubMed 高级检索界面

（3）单篇引文匹配器（Single Citation Matcher）。在 PubMed 首页 PubMed Tools 栏目中单击 Single Citation Matcher 链接，进入单篇引文匹配器界面，如图 8-15 所示。

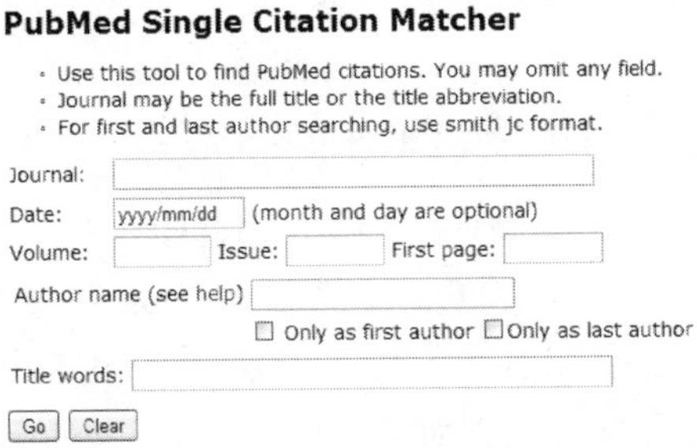

图 8-15 PubMed 单篇引文匹配器页面

可通过刊名（Journal）、出版日期（Date）、卷（volume）、期（Issue）、作者（Author name）、篇名（Title words）等字段检索已知的特定文献。

（4）批量引文匹配器（Batch Citation Matcher）。单击 PubMed Tools 中的 Batch Citation Matcher 链接进入批量引文匹配器界面，如图 8-16 所示。系统提供一个检索窗口，可输入多篇文献信息，系统将检索出这些文献的 MEDLINE 编号（即 PMID 号），用户根据 PMID 号可以检索到所需文献。文献信息的输入方式是：期刊名称｜年份｜卷｜首页码｜作者姓名｜用户核对文献标识｜（journal _ title｜year｜volume｜first _ page｜author _ name｜your _ key｜）。输入时每条记录一行，字段之间必须以“｜”隔开。期刊名称是必备信息，可以是全称也可以是 MEDLINE 缩写形式，其他字段可以根据需要选择。用户核对文献标识（your _ key）是一串用户自定义的数字，用作记录结束标识，将在结果中原样显示。检索窗口中允许输入最多 100 条记录，否则可在检索窗口上方的 Email 中填写电子邮箱，并通过 File 上传文件发送检索申请。

图 8-16　PubMed 批量引文匹配器界面

（5）临床查询（Clinical Queries）。单击 PubMed Tools 下方的 Clinical Queries 链接进入临床查询界面，如图 8-17 所示。系统提供一个检索行，下方设有临床查询的三个检索栏：①Clinical Study Categories，供查找疾病的病因、诊断、治疗、预后、临床预报指南 5 个方面的文献。②Systematic Reviews，供查找疾病的系统评价方面文献。③Medical Genetics，供查找医学遗传学方面的文献。

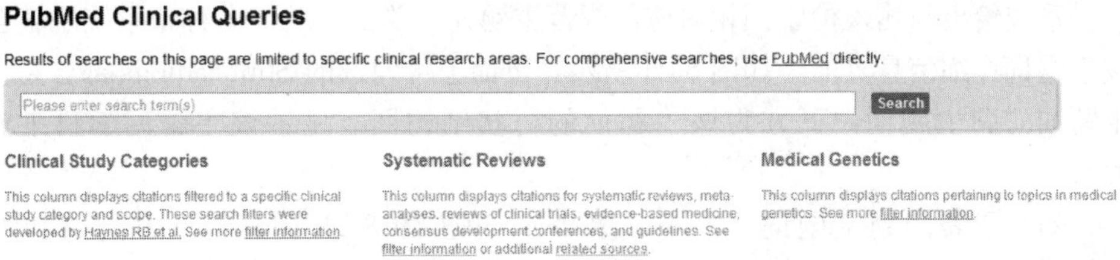

图 8-17 PubMed 临床查询界面

在检索框中输入检索词后，系统会自动在 3 个检索栏下方显示各自的命中记录数和检索结果列表，如图 8-18 所示。

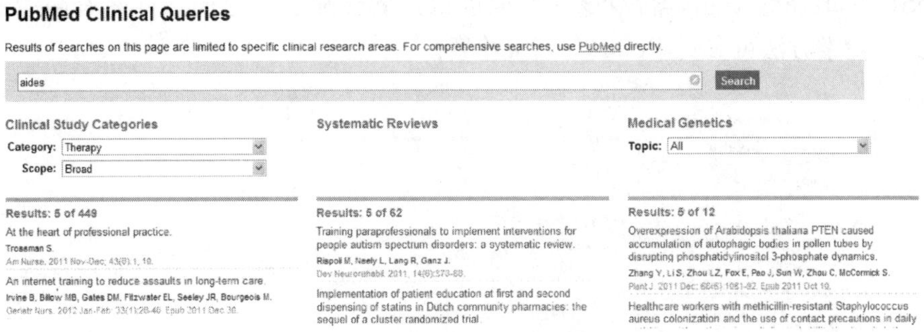

图 8-18 PubMed 临床查询结果界面

（6）医学主题词数据库（MeSH Database）。在 PubMed 首页 More Resources 栏目中单击 MeSH Database 链接，进入医学主题词数据库界面，如图 8-19 所示。其主要作用是：通过所输入的检索词找到相关主题词，直接用于检索；提供每个主题词的详细信息，并以树状结构（分级结构）显示，帮助用户选择主题词。

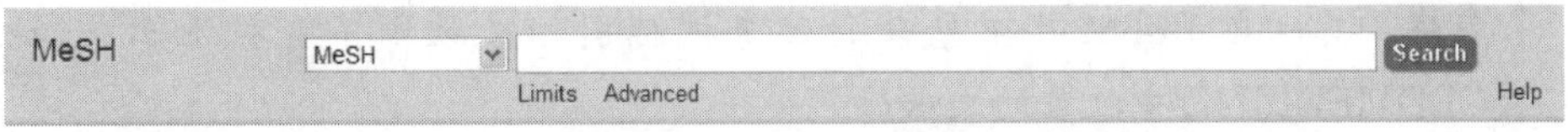

图 8-19 PubMed 医学主题词数据库检索界面

例如在 MeSH 状态下在检索框中输入 H1N1，单击检索，页面跳转至图 8-20。

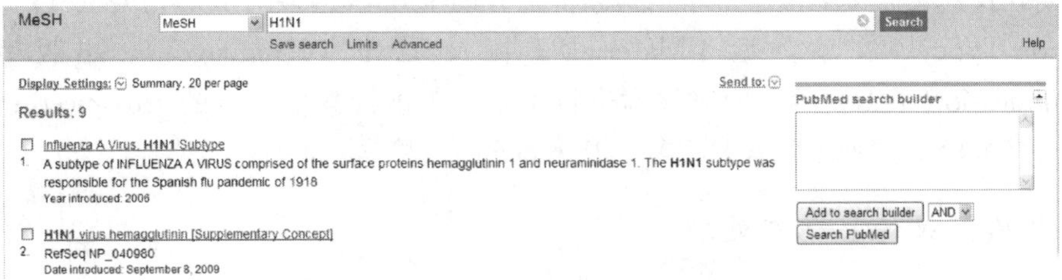

图 8-20 PubMed 医学主题词数据库主题词表页面

系统给出与输入检索词相对应的规范主题词，单击主题词名称，系统跳转至该主题词详细信息页面，如图 8-21 所示，页面上可勾选的 Subheadings 部分是该主题词的副主题词，下方为该主题词的树状结构图，显示该主题词学科隶属关系。

勾选所需的副主题词（一个或多个），单击图 8-21 页面右上方的 Add to search builder，即添加到上方检索框中，通过检索框右边的下拉菜单选择两词之间的逻辑组配关系，再单击 Search PubMed 即可得到结果。副主题词下方有两个选项可对检索词进行限定：Restrict to MeSH Major Topic 表示是否把检索结果限定在主要主题词；Do not include MeSH terms found below this term in the MeSH hierarchy 表示是否对该主题词进行扩展。医学主题词数据库有高级检索方式，检索方法可参见 Pubmed 高级检索。

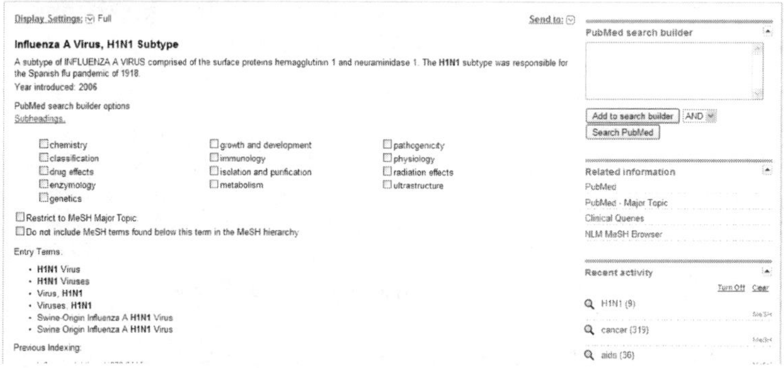

图 8-21　PubMed 医学主题词数据库主题词详细信息页面

> ☞ 重点提示：
>
> 医学主题词数据库检索只能检索到 MEDLINE 数据库中经过标引的数据，其他在 PubMed 中包含的但未被标引的文献则不会被检出，如 OLDMEDLINE 中收录的文献。

（7）NCBI 期刊数据库（Journals in NCBI Databases）。单击 More Resources 中的 Journals in NCBI Databases 链接进入 NCBI 期刊数据库检索界面。系统提供一个检索行，可输入期刊所属主题、刊名全称或缩写、ISSN 号来查找 NCBI 收录期刊及其相关文献信息。单击检索框上方的 Limits 链接可从期刊类型（Publication Type）、文献类型（Material Type）、语言（Languages）、出版年份（Publication Year）等方面对检索进行限定。单击检索框上方的 Advanced 链接进入高级检索界面，检索方法参见 Pubmed 高级检索。

3. 检索结果的显示与处理

如图 8-22 所示为 PubMed 基本检索和高级检索结果显示页。单击上方 Display Setting 链接可设置记录显示格式（Format）、每页显示记录条数（Items per page）和排序方式（Sort By）。系统默认为 Summary 格式（包括文献序号、作者、标题、出处、PMID 编号、来源数据库等信息），每页显示 20 条记录，按文献的更新时间顺序（Recently Added）排序。下方为检索结果的记录列表，左侧为精炼检索结果区，右侧为检索结果分析区。

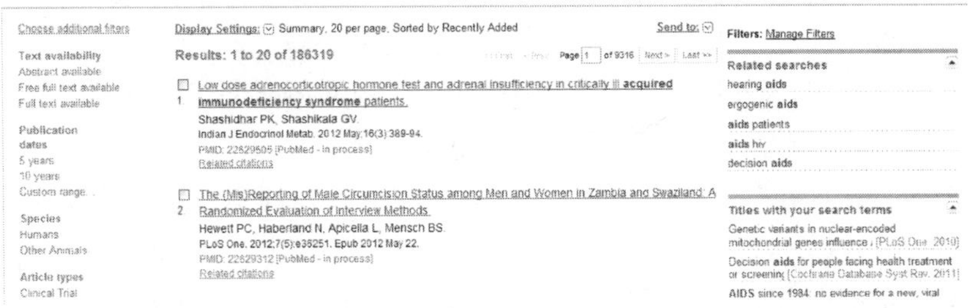

图 8-22 PubMed 检索结果显示页

（1）查看单条记录。单击记录题名链接可查看该篇文献的摘要、相关引用等详细信息。如果某条记录可以免费获得全文或者通过出版商提供的链接付费取得全文，在详细信息页面最下方会显示 LinkOut-More resources，单击即可查看。

（2）输出多条记录。勾选记录前方的复选框，可以通过 Send to 下拉菜单选择不同的方式输出已选检索结果。如果没有进行勾选，系统默认为所有记录。输出方式包括保存为文件（File）、保存到剪贴板（Clipboard）、发送到电子邮箱（E-mail）、保存到 My NCBI（Collection）、原文订购服务（Order）等。

（3）精炼检索结果。在左侧的精炼检索结果区，可将检索结果按文本可用性（Text availability）（有摘要、免费全文和全文三种）、出版年限（Publication dates）、语言（Languages）、文献类型（Article types）等限定字段组成不同的集合进行聚类显示。

4. 个性化服务

用户免费注册并登录后，可进行以下个性化操作。

（1）保存检索策略和检索结果：执行某项检索后，单击检索框下方的 Save Search 链接，可为该检索策略命名，并保存于 My NCBI 中，这样就可定期收到新增的相关检索结果。

（2）检索结果过滤筛选：检索结果显示页右侧的 Filter your results 部分可根据用户需求对检索结果进行筛选，单击下方的 Manage Filters 可以定制个性化的筛选要求。

8.3　生物学文摘（BP）

生物学文摘（BIOSIS Previews，BP）由美国生物科学信息服务社（Biosciences Information Service，BIOSIS）出版，是世界上最大的关于生命科学的文摘索引数据库。BP 对应的出版物包括《生物学文摘》（Biological Abstracts，BA）（1969 年至今），《生物学文摘——综述、报告、会议》（Biological Abstracts/RRM）（1980 年至今）以及《生物研究索引》（BioResearch Index）（1969～1979 年）。数据库学科覆盖范围广，从传统生物学领域（如植物学、动物学、微生物学），到与生物学相关的领域（如生物医学、农业、药理学、生态学等），再到交叉学科领域（如医学、生物化学、生物物理、生物工程、生物技术等），共收录了 1926 年以来的 1800 多万条记录，数据来源于 100 多个国家出版的 5500 多种期刊（其中 2100 种生物学和生命科学出版物是完全收录，另外 3000 种出版物由学科专家根据内容精选而收录），1650 多种会议录以及图书和专利说明书等出版物。数据库每周更新，每年新增记录约 60 万条。

目前 BP 数据库可在 ISI 和 Ovid 平台进行检索，相关检索方法可参见第 4 章第 2 节和本章第 8.2.2 节 MEDLINE（Ovid）的相关内容。

8.4　荷兰医学文摘（EMBASE）

荷兰《医学文摘》（Excerpta Medica，EM）于 1947 年创刊，由创立于 1946 年的一个国际性非营利机构医学文摘基金会（The Excerpta Medica Foundation）编辑出版。70 年代早期，Elsevier 收购了荷兰《医学文摘》，现由 Elsevier 科学出版社编辑出版，从属于爱思唯尔生物文献数据库（Elsevier Bibliographic Databases）。EMBASE（Excerpta Medica Database）被称为“荷兰医学文献数据库”，是荷兰《医学文摘》的光盘版，提供世界范围内的生物医学和药学文献。

EMBASE.com 是 Elsevier 公司 2003 年推出的一个新产品，是全球最大最具权威性的生物医学与药理学文献数据库，它将 EMBASE 与 MDELINE 相结合，并从 MEDLINE 中去掉重复记录。目前 EMBASE.com 包括 EMBASE 收录的 1974 年以来的 1100 多万条记录，和 MEDLINE 收录的 1966 年以来的 600 多万条记录，囊括了世界上 70 多个国家/地区出版的 7000 多种期刊，特别是涵盖大量的欧洲和亚洲的医学刊物。

EMTREE 是 EMBASE.com 特有的生命科学词典，是对生物医学文献进行主题分析、标引和检索时使用的权威性词表，包含了超过 5 万条药物与医学术语、1 万条代码和大约 20 万条同义词（完全集成了 MeSH 术语），配以 17 个核心的药物关联词、47 个投药途径关联词和 14 个疾病关联词，可在 EMBASE 和 MEDLINE 间同时检索，优化了学科检索的相关性和精确性。每年更新。

EMBASE. com 和 MEDLINE 基本信息比较见表 8-1。

表 8-1 EMBASE. com 和 MEDLINE 基本情况比较

数据库	EMBASE. com	MEDLINE
推出单位	爱思唯尔（Elsevier）	美国国家医学图书馆（NML）
回溯年份	1966 年	1946 年
记录条数	1800 多万条	2100 多万条
期刊种类	7000 多种	5500 多种
包含国家数量	70 个	70 个
文献信息	80%文献有作者摘要	76%的文献有作者摘要
学科侧重	疾病和药物信息，与药物有关的内容超过 40%	临床医学、护理、牙医学和兽医学等
主题词表	EMTREE 主词表	MeSH 主词表

EMBASE. com 的访问网址是 http://www. embase. com，机构用户采用 IP 地址控制使用权限。

EMBASE. com 提供快速检索（Quick Search）、高级检索（Advanced Search）、药物检索（Drug Search）、疾病检索（Disease Search）、文章检索（Article Search）、Emtree、期刊浏览（Journals）和作者检索（Authors）8 种检索方式，通过页面上方功能导航栏可进行切换。

参考文献

[1] 李秉严，喻志刚. 信息检索与利用 · 医学[M]. 成都：四川科技出版社，2008：90-136.

[2] 李勇文. 医学信息咨询于利用[M]. 成都：四川大学出版社，2010.

[3] 百度百科. PubMed[EB/OL]. baike. baidu. com/view/216295. htm[2012－01－01].

[4] 夏知平. EMBase 数据库检索[EB/OL]. http://202. 120. 76. 226/kejian/embase. pdf [2012－06－29].

[5] 台大图书馆参考服务部落格. MEDLINE 与 PubMed 差异比较[EB/OL]. http://tul. blog. ntu. edu. tw/archives/2923[2012－06－04].

[6] 福建医科大学图书馆. 中国生物医学文献服务系统 SinoMed[EB/OL]. http://lib. fjmu. edu. cn/Resourceshow. asp?ClassID=1&ID=118[2012－06－29].

[7] 复旦大学医学图书馆. 中国生物医学文献数据库(CBM)网络版[EB/OL]. http://202. 120. 76. 225/databases/cbmnet. htm[2012－06－27].

[8] 复旦大学. OVID 文摘与全文数据库[EB/OL]. 211. 82. 159. 51/zzjg/tushuguan/jiaoyanbu/kj/yxxxjs/05OvidSP. ppt[2012－06－26].

[9] 中国生物医学服务系统. 系统资源概况[EB/OL]. http://sinomed. imicams. ac. cn/help/[2012－06－25].

[10] 百度文库. MEDLINE 与 PubMed 的区别[EB/OL]. http://wenku. baidu. com/view/e119e54ac850ad02de8041bc. html[2012－06－06].

[11] 百度文库. 荷兰《医学文摘》简介[EB/OL]. http://www. jcimjournal. com/homepagefiles/databasefiles/2007117419288074. pdf[2012－06－04].

第 9 章　电子图书数据库

9.1　电子图书概述

9.1.1　概念

电子图书又称为 electronic book、digital book、e-book。简单地说，所谓的电子图书是必须借助特殊的阅读软件（Reader），以电子文件的形式，通过网络链接下载至一般常见的平台，例如个人计算机（PC）、笔记本型计算机（Note-book），甚至是个人数字助理（PDA）、WAP 手机，或是任何可大量储存数字阅读数据（Digital Reading Material）的阅读器上阅读的书籍，是一种传统纸质图书的替代品。

9.1.2　发展历程

电子图书的概念最早出现在一本 1940 年出版的科幻小说上，小说中描述幻想用某种特制的电子设备阅读图书。30 年后出现了最早的网络型电子图书系统——著名的古腾堡计划（Project Gutenberg），它是由 Michael Hart 于 1971 年提出的，其所收录的图书全部选自出版年代比较早的已超出版权保护期限的作品，既有经典名著，也包含学术专著、字典、词典、年鉴、百科全书等参考工具书。1998 年诞生了真正意义上的电子图书，美国诺瓦梅地亚公司推出的手持式阅读器——火箭书（Rocket book），火箭阅读器的问世，标志着电子图书进入了高速发展的阶段，在此之前，电子书只能通过计算机阅读。

电子阅览器得到迅速发展是约 10 年以后，2007 年 11 月，全球最大网络书城亚马逊（Amazon）推出应用 E-Ink 的电泳式 EPD（电子纸张）显示屏的电子书阅读器 Kindle。Kindle 一经推出就瞬间热卖，5.5 个小时之内，屏幕 6 英寸大的 Kindle 销售一空。2009 年，第二代产品 Kindle2 问世两个月就销售了近 30 万部。2010 年 4 月，苹果公司发布 iPad，其电子书商城 iBookstore 同时上线。iPad 刚问世时，全美 6 大出版社就有 5 家和苹果签订了合作协议，在 iPad 上提供各自出版的电子图书。

我国最早的电子图书系统是 1998 年 7 月超星公司推出的超星电子图书系统，在随后的几年时间里，超星电子图书系统迅速成为我国电子资源建设的热点之一。2000 年以后又相继出现了超星数字图书馆、方正 Apabi 数字图书馆、书生之家数字图书馆、盛大云中书城、博库中文网等电子图书系统。

9.1.3 特点

(1) 无纸化，节约资源。电子图书不采用传统的纸质载体，而以磁性储存介质取而代之，大大节约了木材的消耗，同时无需印刷，节省油墨和水资源。

(2) 信息容量大、易携带、易存储。1GB 硬盘可存储 2 万本左右的电子书，这极大地方便了书籍的保存，同时也节约了空间。电子书还可通过移动设备存储保存，易于携带。

(3) 发行快速、利于共享。电子图书可以通过现有的图书、音像发行渠道和传统图书一起送到读者手中，也可以通过网络将电子图书直接传递到读者手中。计算机网络的发展，不但使人们在图书馆各自的终端前可以互不干涉，同时查阅同一册电子图书，而且也可以使几千里外的读者方便地加入到检索同一册电子图书的行列。

(4) 检索极其方便，并且生动直观。读者可以从单一词汇和相关词汇等多种检索途径进行检索，几秒钟内就可以查出所需要的主题资料。而且，电子图书可把文字、图片和声音结合在一起，因此，它比传统的图书更生动直观。

9.1.4 类型

1. 按载体材料划分

电子图书按制作的载体材料划分可分为电子图书阅读器、网络电子图书和光盘电子图书三种类型。

(1) 电子图书阅读器，也叫手持电子图书阅读器或便携式电子图书阅读器。目前国外的主流电子图书阅读器有：全球最大网络书城亚马逊（Amazon）推出的电子书阅读器 Kindle，苹果公司推出的 iPad，日本索尼公司推出的 Sony Reader 和荷兰 iRex 科技公司推出的 iRex iLiad。国内电子图书阅读器在 2000 年后也开始迅速发展，目前主要有：汉王科技推出的汉王电子书，盛大网络集团推出的 Bambook 锦书，广州文石信息推出的 ONYX BOOX 电子书，天津津科推出的翰林电子书和福昕软件推出的福昕电子书（Foxit Eslick）。

(2) 网络电子图书，即以互联网为媒介，以电子文档方式发行、传播和阅读的电子图书。网络电子图书可以跨越时空和国界，为全球读者提供全天候服务。主要有免费和收费两种类型。免费的电子图书网站大体可分为公益网站、商业网站和个人网站，其中较具代表性的有中国青少年新世纪读书网（http://www.cnread.net）、黄金书屋（http://wenxue.lycos.com.cn）和 E 书时空（http://www.eshunet.com）。需付费的网络电子图书网站的代表有中国数字图书馆网上读书专栏、超星数字图书馆、书生之家中华读书网和北大方正 Apabi 数字图书馆。

(3) 光盘电子图书是以 CD-ROM 为存储介质，只能在计算机上单机阅读的图书。

2. 按学科内容划分

电子图书的内容非常广泛，涉及各个学科，如社会科学、数、理、化、生物、工程技术等。但总体而言，目前电子图书内容涉及最多的是工具书、文学艺术类图书和计算机类图书等。

3. 按存储格式划分

电子图书的存储格式形式多样，常见的有 PDF、WDL、CHM、HLP、TXT、EXE、HTML 格式，归纳起来主要有三类，即图像格式、文本格式和图像与文本格式。

（1）图像格式，就是把传统的印刷型图书内容扫描到计算机中，以图像格式存储。这种格式的图书制作起来较为简单，适合于古籍图书以及以图片为主的技术类书籍的制作，但这种图书显示速度较慢，检索功能不强，图像不太清晰，阅读效果不够理想。

（2）文本格式，通常是将书的内容制作为文本，并有相应的应用程序。应用程序能提供华丽的界面、基于内容或主题的检索方式、方便的跳转、书签功能、语音信息、在线辞典等功能。这种类型的电子图书数量很多，前面提到的 CHM、HLP 等均属此类格式。

（3）图像与文本格式，其典型代表是 PDF 格式，它是 ADOBE 公司的便携文档格式。PDF 格式的文件无论在何种机器、何种操作系统上都能以制作者所希望的形式显示和打印出来，表现出跨平台的一致性。PDF 文件中可包含图形、声音等多媒体信息，还可建立主题间的跳转、注释，且 PDF 文件的信息是内含的，甚至可以把字体“嵌入”文件中。可见，PDF 格式的电子图书是具有图像和文本格式双重特点的电子读物。

9.2 超星数字图书馆

9.2.1 概述

北京世纪超星信息技术发展有限责任公司成立于 1993 年，长期致力于纸张图文资料数字化技术及相关应用与推广。1997 年提出并研发成功基于互联网的数字图书馆技术，同年 12 月开通国内首家互联网数字图书馆——瑞得超星数字图书馆。1999 年，正式创立超星数字图书馆。2000 年，超星数字图书馆以技术优势列入“863 计划中国数字图书馆示范工程”。超星数字图书馆目前是全国最大的数字图书馆，是全球最大的中文数字图书库。

超星数字图书馆数字资源包括：数字图书、论文文献、古代文献、报纸、CD 等各种载体的文献；资深院士图书馆、考古期刊、人民画报五十年等特色资源；超星视频数据库，邀请国内众多知名专家学者、学术权威，将他们多年的学术研究成果制作成视频，内容涉及文学、艺术、历史、考古、哲学、语言等，提供字幕检索、字幕下载等多种学习手段。

超星公司开发了拥有自主知识产权的图书阅读器——超星阅读器（SSReader），该阅读器是专门针对数字图书的阅览、下载、打印、版权保护和下载计费而研究开发的。经过多年不断改进，SSReader 现已发展到 4.1 版本，是国内外用户数量最多的专用图书阅读器之一。用户安装阅读器后，可免费在线阅读数 10 万种正规出版物电子书。2012 年 4 月，超星公司推出了超星阅读器 ipad 版。

超星数字图书馆公共网址为 http://book.chaoxing.com，24 小时在线向互联网用户提供数十万种中文电子书的阅读、下载、打印等服务（部分免费）。超星数字图书馆为机构用户建立的镜像站点网址为 http://www.sslibrary.com，采用 IP 地址控制使用权限。

本节将以超星数字图书馆公共站点为例介绍其检索方法。图 9-1 为超星数字图书馆主页，页面上方为检索区和导航栏，下方为各专区板块，包括注册登录、新书推荐、排行榜、限时免费下载等。

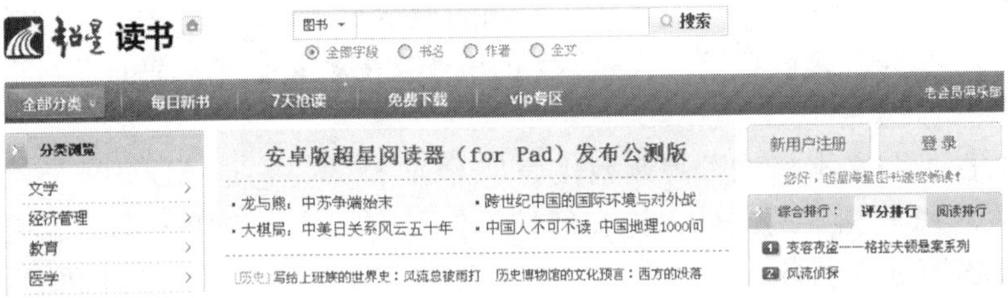

图 9-1　超星数字图书馆主页

☞ 重点提示：

只有在超星阅览器以个人用户名登录后下载的图书才支持拷贝到其他机器上阅读。

9.2.2　检索方式

超星数字图书馆有简单检索和分类浏览两种检索方式。

(1) 简单检索。超星数字图书馆主页导航栏上方为简单检索方式，系统提供一个检索行，下方可供选择的检索字段有全字段、书名、作者和全文。

(2) 分类浏览。超星数字图书按学科将图书分为 15 大类，如图 9-1 左侧所示。可单击图书总分类，逐级打开所需检索的类目，同时页面右侧显示该分类下图书的详细信息。

9.2.3　检索结果的显示与处理

检索结果页如图 9-2 所示，右侧为检索结果显示区，显示命中记录总数及检索结果列表，左侧将检索结果按学科分类组成不同的集合进行聚类显示。

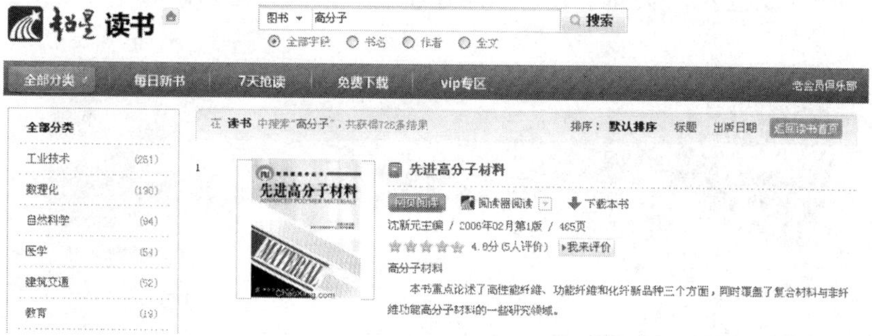

图 9-2 超星数字图书馆检索结果页

（1）单本书阅读。超星数字图书提供的单本书阅读方式有网页阅读和阅读器阅读两种。单击检索结果图书列表中的网页阅读，页面自动跳转至图书阅读界面。单击“阅读器阅读”，系统自动调用超星读览器打开图书。

（2）下载。单击图书列表中的“下载本书”，系统自动通过超星阅读器下载图书。除免费下载的图书外，其他图书需付费下载。

9.2.4 个性化服务功能

用户免费注册并登录后可进行收藏感兴趣的图书、将图书添加到学习计划里和购买图书等操作。

9.3 方正 Apabi 数字图书馆

9.3.1 概述

方正 Apabi 数字图书馆是由北京方正阿帕比技术有限公司于 2001 年 9 月推出的数字图书馆，目前在销电子图书达 50 万种，其中 2006 年后出版的新书占到了 70%，涵盖了社科、人文、经管、文学、科技等多个学科。方正 Apabi 自主研发的 DRM 数字版权保护技术，能够有效地控制非法传播，解决了之前困扰电子书发展的版权问题。

阅读、下载 Apabi 电子图书前，需下载安装 Apabi 阅读器——Apabi Reader，它是一款国产的免费电子书及电子文档阅读软件，是 CEBX、CEB 文档的唯一阅读器。目前的最新版本是 Apabi Reader v4.4.2。

方正 Apabi 数字图书馆（以下简称 Apabi）的公共网址为 http://ref.lib.apabi.com，任何用户均可免费检索并查看题录和目录信息。Apabi 与机构用户合建的镜像站点采用 IP 地址控制使用权限。本节将以 Apabi 公共站点为例介绍其检索方法。

图 9-3 为 Apabi 首页，页面有简体中文、繁体中文和英文三种显示方式，系统默认简体中文显示。页面上方为功能导航栏，中部为检索区。

图 9-3 Apabi 首页

9.3.2 检索方式

Apabi 提供跨库检索和单库检索两种检索模式，其中跨库检索有快速检索和高级检索两种检索方式，单库检索有快速检索、高级检索和分类浏览三种检索方式。以下以“精品电子书库”单库检索为例进行介绍。单击 Apabi 数字图书馆主页“数字资源”栏目下的“精品电子书库”链接进入单库首页，如图 9-4 所示。

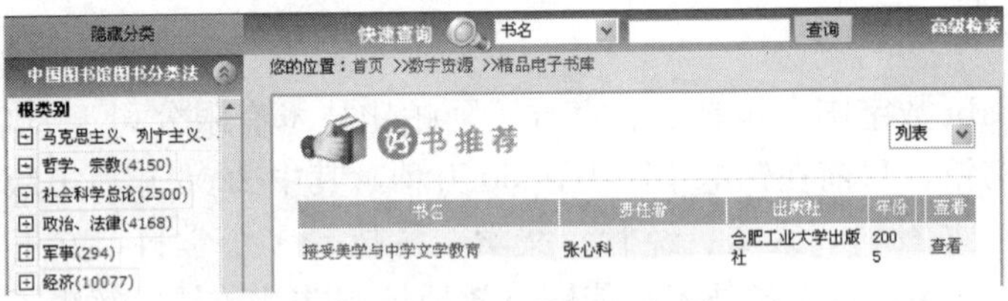

图 9-4 Apabi 单库首页即快速检索界面

（1）快速检索。单库首页即快速检索界面，系统提供一个检索行，检索字段用左侧的下拉菜单选择，可检字段包括书名、责任者、主题/关键词、摘要、出版社、年份、全面检索和全文 8 种。

（2）高级检索。单击快速检索框右侧的“高级检索”链接进入高级检索界面，如图 9-5 所示。高级检索方式又分为本库查询和跨库查询两种。本库查询有三个检索行，检索字段用左侧的下拉菜单选择，检索框下方可选择行间逻辑关系。可检字段包括书名、责任者、主题/关键词、摘要、出版社、出版日期等 31

种。跨库查询有 4 个检索行，可检字段有题名、作者、关键词、摘要、出版社 5 种。下方可自行设定数据库范围选项，包括所有、精品电子书库、高校教参电子书库和奥运专题库 4 种。

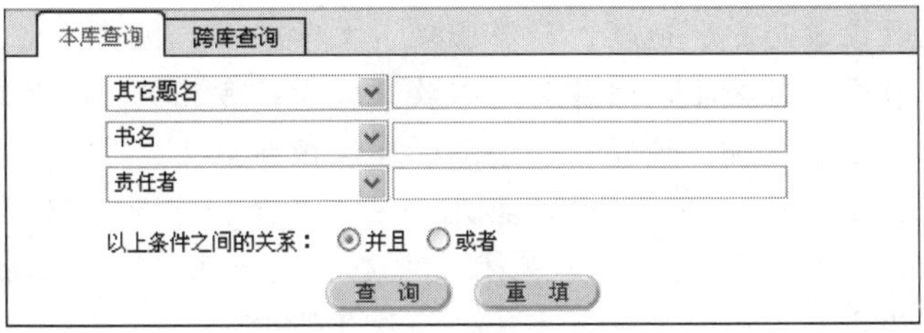

图 9-5　Apabi 高级检索界面

（3）分类检索。Apabi 首页左侧为分类检索方式。系统按中国图书馆图书分类法将图书分成 23 个大类，单击分类名称可逐级进入子目录，同时页面右边显示该子目录下的馆藏书籍列表。

9.3.3　检索结果的显示与处理

如图 9-6 所示为检索结果显示页，系统提供图文、列表和缩略图三种查看方式，默认的是列表显示。单击“书名”或“查看”进入单本图书详细信息页面，页面显示书名、出版年份、责任者、ISBN 号、出版社等信息。注册用户可通过 Apabi Reader 阅读、下载全文。

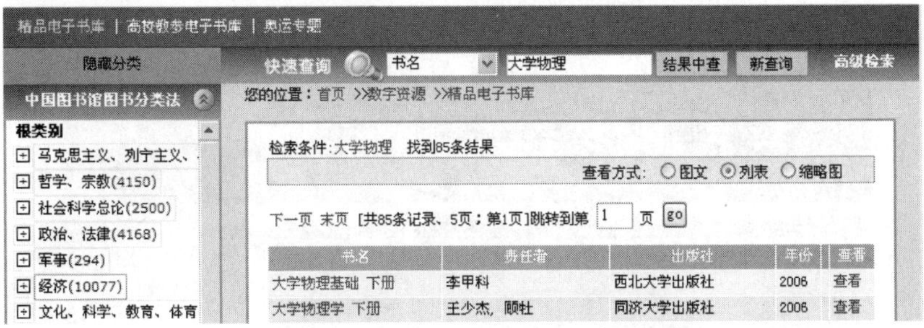

图 9-6　Apabi 检索结果显示页

9.4　书生之家数字图书馆

9.4.1　概述

书生之家数字图书馆是由北京书生数字技术有限公司于 2000 年正式推出的中文图书、报刊网上开架交易平台，是建立在中国信息资源平台基础之上，集数据库应用平台、信息资源电子商务平台与资源数字化加工服务平台三位一体的综合性数字图书馆。书生之家数字图书馆集成了图书、期刊、报纸、论文、CD 等各种载体的资源，其中大部分为近几年出版的新书，侧重教材教参与考试类、文学艺术类、经济金融与工商管理类图书。

☞ 重点提示：国内三大电子图书数据库收录范围比较

超星收录以历史、地理、经济管理、文学艺术、医药卫生、政治、语言文学、哲学宗教为主，法律类图书收录较少；方正 Apabi 收录主要为文学艺术、中小学教辅、计算机、经济管理、医药卫生、生活休闲、教材教辅、英语、法律等，自然科学的书几乎没有收录；书生之家收录以教材、教参及考试、经济管理、文学艺术、农业、教育工业、计算机、语言文学、建筑为主，中小学教辅及生活休闲收录较少。

书生之家数字图书馆下设中华图书网、中华期刊网、中华报纸网、中华资讯网、中华 CD 网等子网，资源内容分为书（篇）目、提要、全文三个层次，提供全文、标题、主题词等 10 种数据库检索功能以及 CN-MARC 格式数据套录功能，提供印刷版书报刊、光盘数据库以及其他数据库的网上订购功能，还为会员单位提供定制化的资源数字化加工服务。

阅读、下载书生之家电子图书全文之前需安装书生阅读器，目前最新的阅读器是 7.2 版，Win98 系统用户需安装 6.3 版本，并升级补丁。书生之家数字图书馆（以下简称书生之家）的公共网址为 http://edu.21dmedia.com，只有注册用户才能使用。多数机构使用的是与书生之家合建的镜像站点，采用 IP 地址控制使用权限。本节以书生之家镜像站点为例介绍其检索方法。

如图 9-7 为书生之家首页，页面上方为功能导航栏，下方为检索区。

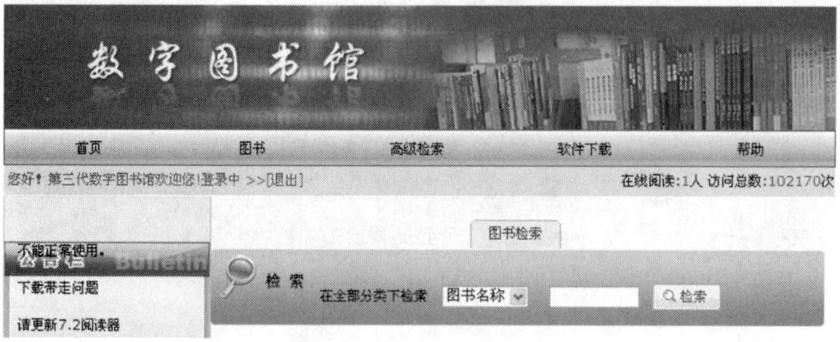

图 9-7　书生之家首页

9.4.2　检索方式

书生之家首页提供的检索方式是默认在全部分类下检索，以下以图书分类的检索方式进行介绍。单击书生之家首页上方的“图书”即可进入图书分类首页，如图 9-8 所示。系统提供快速检索、图书全文检索、组合检索、高级全文检索和图书分类浏览 5 种检索方式，通过上方导航栏可进行切换。

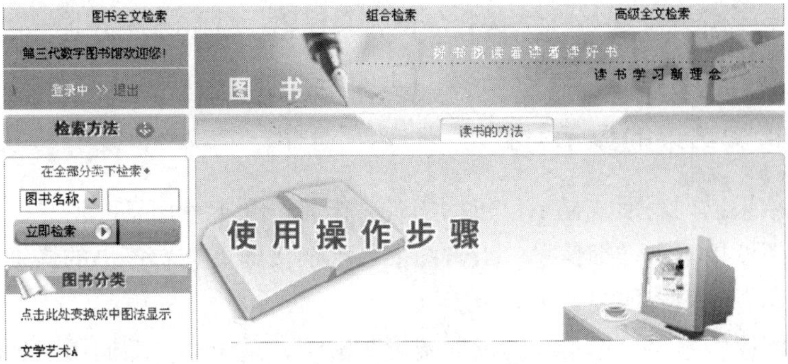

图 9-8 书生之家图书分类首页

（1）快速检索。图书分类首页左侧为快速检索区，系统提供一个检索行，检索字段用左侧的下拉菜单选择，可检字段包括图书名称、作者、丛书名称、主题和提要 5 个。

（2）图书全文检索。系统提供两个检索行，可分别输入图书内容和图书目录进行检索。检索行右侧的下拉菜单用于限定学科类别。

（3）组合检索。系统提供 4 个检索行，每一检索行的检索字段用左侧的下拉菜单选择，检索行之间逻辑关系用右侧下拉菜单指定。可检字段包括名称、作者、丛书名称、主题和提要 5 种。

（4）高级全文检索。高级全文检索界面如图 9-9 所示。高级全文检索又有单词检索、多词检索、位置检索和范围检索 4 种检索途径可供选择，检索区上方可限定学科分类、检索字段，下方有转换主题词中字母和数字的格式设置。

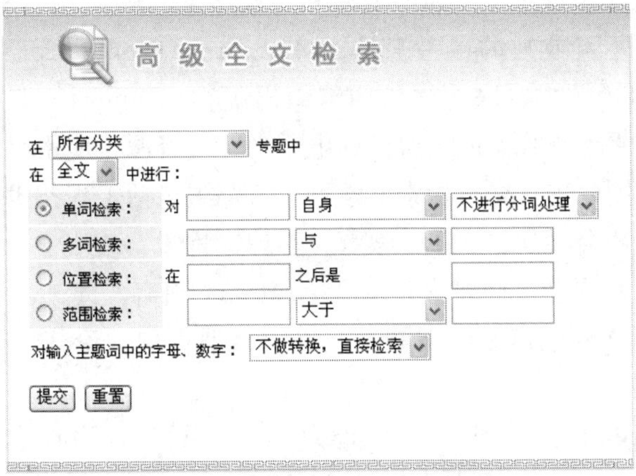

图 9-9 书生之家高级全文检索界面

（5）图书分类浏览。书生之家首页快速检索区下方为图书分类浏览界面。系统将全部电子图书分为31个大类，单击大类标题，页面跳转至下一级分类，同时在页面右侧显示图书明细列表。

9.4.3　检索结果的显示与处理

检索结果以列表形式显示，包括书名、作者、开本等信息。

(1) 阅读单本书详细信息。点击图书名称链接即可查看该书的详细信息，包括书名、作者、内容摘要、书评等。

(2) 阅读整本书。单击“阅读器阅读”链接，系统会自动调用书生阅读器打开全文。

(3) 下载。单击“借阅”，系统会自动调用“书生e书”下载图书，下载后的图书可通过书生阅读器中的“视图”→“图书管理”→“借阅图书”打开。

9.5　MyiLibrary电子书数据库

9.5.1　概述

MyiLibrary最初由Coutts创建于2004年，2006年12月被世界上最大的图书产品提供商之一英格拉姆图书产业集团收购。MyiLibrary与世界优秀出版商和学术出版社紧密结合，目前收录来自世界上超过400个学术和专业出版商出版的各学科电子图书19万多种，其中80%以上为2000年后出版，90%以上为1996年以后出版，每周增加约2000个新的图书品种。

MyiLibrary主要服务于学术研究者和高校学生，是大学图书馆、科研院所及一些研究型公司不可或缺的参考工具。MyiLibrary收录了Springer全部电子图书、CRC全部电子图书、联合国机构组织出版物、Wiley全部STM电子书等，实现了通过一个平台查找不同出版社的电子书全文资源，使用者能够在不同的资源间和更大的范围内进行交叉检索。学科覆盖范围包括工程技术、自然科学、生命科学、医药、社会科学、法律、教育、心理、哲学、政治学、文学、语言、音乐等几乎所有重要领域，许多内容为MyiLibrary独有。此外，MyiLibrary还具有建立和管理自己特色馆藏的功能，允许上载课程包、论文、技术型文献和报告等。

MyiLibrary电子书数据库访问网址为http://lib.myilibrary.com，机构用户采用IP地址控制使用权限。图9-10为MyiLibrary首页，界面上方为导航栏，下方为检索区，其中Get an Account可进行用户注册登录，Demo部分可单击获取平台演示视频。

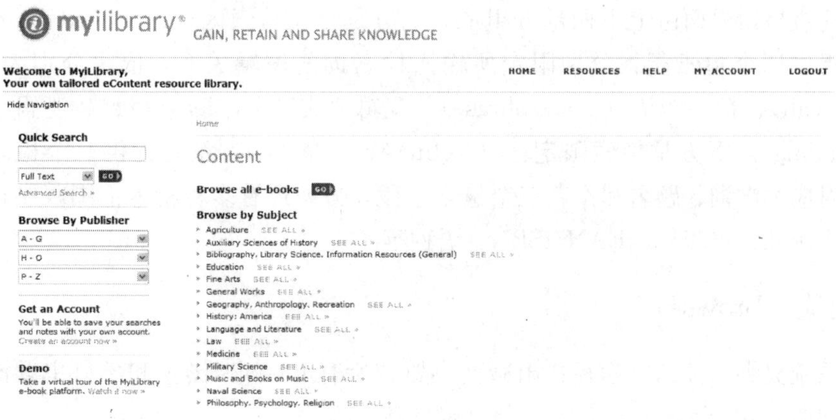

图 9-10 MyiLibrary 首页

9.5.2 检索方式

MyiLibrary 提供三种检索方式：快速检索、高级检索和浏览。

1. 快速检索（Quick Search）

MyiLibrary 首页左上方为快速检索区，系统提供一个检索行，检索字段用下方的下拉菜单选择，可检字段包括全文（Full Text）、关键词（Keywords）、书名（Title）、EAN/ISBN、作者（Author）、出版社（Publisher）等。检索框内的检索词可以是单词、词组或用检索算符连接的多个词（组）。

2. 高级检索（Advanced Search）

单击快速检索区下方的 Advanced Search 链接进入高级检索界面，如图 9-11 所示。

图 9-11 MyiLibrary 高级检索界面

高级检索界面由上下两部分组成。上方是全文检索区（Full-Text Search），系统提供四个检索行，分别限定所输入检索词的逻辑关系，依次分别为逻辑"与"（all）、精确短语（exact phrase）、逻辑"或"（at least one）、逻辑"非"（excluding）。下方是检索限定区（Refine this search），系统提供三个检索行，分别对应关键词、题名和作者三个检索字段，另外还有多种检索范围限制选项，包括出版社、出版年、EAN/ISBN、语种等。

3. 浏览（Browse）

系统提供三种浏览途径：出版商浏览、所有 e-books 浏览和学科主题浏览，界面如图 9-10 所示。

（1）出版商浏览（Browse by Publisher）：系统根据出版商名称首字母分为三个字母区间，通过下拉菜单选择出版商后，系统会自动跳转至该出版商出版的所有电子图书界面。

（2）所有 e-books 浏览（Browse all e-books）：系统按电子图书题名首字母排序浏览。

（3）学科主题浏览（Browse by Subject）：单击主题名称，进入下一级子目录；单击主题后方的 see all 链接查看该主题下所有电子书。

9.5.3　检索结果的显示与处理

检索结果显示页如图 9-12 所示，右侧为检索结果区，首先显示检索式和命中记录总数，下方默认以简略格式（Brief）列表显示检索结果，包括题名、作者、出版社、出版时间、摘要等题录信息。页面左侧可以保存检索式（Save this search）或选择检索结果排序方式（Sort these results），下方为精炼检索结果区（Refine this search）。

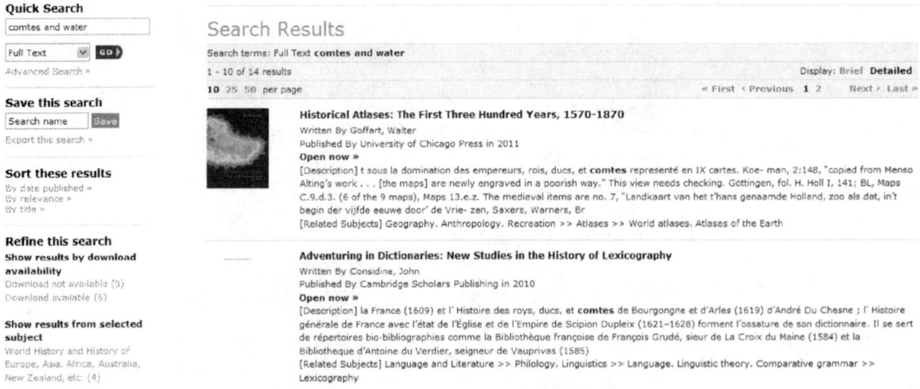

图 9-12　MyiLibrary 检索结果显示页

（1）精炼检索结果。可以根据可否下载全文（Download availability）、主题范畴（Subject）、出版机构（Publisher）、电子书题名首字母（Start with the selected letter）等限定条件组成不同的集合进行聚类显示。

（2）阅读全文。单击单条记录的 Open now 链接打开全文阅读界面，可以利用上方的跳转标签（Go To Page）或左侧的目录标签（TOC）菜单定位起始页或章节。

（3）查看详细信息。单击单条记录的题名链接进入电子图书详细信息页面，上方显示该电子图书的出版信息，下方系统提供三个功能标签。附加书目数据（Additional Metadata）可查看其他数据信息；目录（Table of Contents）可查看目录信息；引用（Citation）可查看引用文献。

（4）下载。在电子图书详细信息页面可通过左侧 Export to Refworks 和 Export to EndNote 将电子书导出，还可进入个人账号（需要免费注册并登录），剪切、复制、粘贴电子书的文字内容。

☞ 重点提示：

MyiLibrary 电子书不能整本下载，但可在阅读窗口多页保存或打印，每本书根据出版商的要求限制可打印和保存的页数。

参考文献

[1] 2007年中国电子图书发展趋势报告[R]. 中国. 2007.

[2] 兰天. 电子图书发展趋势及三大主流电子图书馆比较分析[J]. 科技信息，2009，(02)：601.

[3] 贺令辉，曹东凤等. 超星和方正 Apabi 两种数字图书馆的特点分析[J]. 科技情报开发与经济，2007，33：40-41.

[4] 李慧卿. 电子图书——图书业发展的必然趋势. 现代情报[J]，2003，12：80-81.

[5] 岳鸿，王碧剑. 浅谈电子图书的现状及发展趋势[J]. 网络财富，2009，(05)：147.

[6] 肖沪卫，潘洁毅. 电子图书对图书馆的影响及对策[J]，2003，29：47-51.

[7] 复旦大学图书馆. MyiLibrary 电子图书使用说明[EB/OL]. http://www.library.fudan.edu.cn/eresources/help/myilibrary.htm[2012－05－06].

[8] 维基百科. 电子图书[EB/OL]. http://zh.wikipedia.org/wiki/電子書[2012－06－24].

[9] 百度新闻. 电子书发展大记事[EB/OL]. http://www.bzjx.com.cn/articleshow.asp?id=218530[2012－01－21].

[10] 华东政法大学图书馆. Myilibrary 平台使用指南[EB/OL]. www.tsg.ecupl.edu.cn/download/myilibrary%20sm.ppt[2012－6－25].

第 10 章　特种文献资源

10.1 专　　利

10.1.1 概述

专利是世界上最大的技术信息源，据世界知识产权组织（World Intellectual Property Organization，WIPO）统计，世界上每年诞生的新技术中有 90%～95%记载于专利文献中。专利文献是获取世界上最新技术信息的重要源泉，而且许多发明创造仅仅通过专利文献公开，其他科技文献中不能获得。

1. 基本概念

专利（Patent）是专利权的简称，他是指一项发明创造，由申请人向国家专利主管部门提出申请，依法审查合格后向专利申请人授予在规定的时间内对该项发明创造享有的专有权。

专利属于工业产权的一种，而工业产权与版权以及包括制止不正当竞争、集成电路布图、植物新品种等权利一起均属于知识产权的范畴。所谓知识产权，是指对特定的智力成果或商业标识的支配权，它是一种具有交换价值和实用价值的非物质性财富。

☞ 重点提示：区分专利和专利申请的概念。

专利是指申请人提交的专利申请通过审查员审查后获得的专利，该专利具有公告号和专利号；而专利申请是指其还没有通过审查，能不能获得批准成为专利还不确定。市面上某些产品或其包装上如果标明是申请号，则表示该件产品并非真正意义上的专利产品。中国专利号与申请号的关系是：专利号＝ZL＋申请号。

2. 专利制度

专利制度是一个国家为保障发明创造的创造、运用、保护和管理的总体运作体系。专利制度的作用在中国专利法第一条中有所描述，即促进科学技术的进步与创新、鼓励技术的开发和利用、促进技术转移和为吸引外资创造法律政策环境等。

中国专利制度的发展历程如下。

1944 年，国民党政府颁布《专利法》。

1950 年，中华人民共和国政务院颁布《保障发明权与专利权暂行条例》。

1979 年，起草专利法。

1980 年，成立专利局并加入 WIPO。

1984 年 3 月 12 日，全国人大常委会通过并颁布《中华人民共和国专利法》。

1985 年 4 月 1 日，《中华人民共和国专利法》正式实施。

1992 年、2000 年和 2008 年，对专利法分别进行了三次修订。

3. 类型

我国专利法将专利分为三种类型，即发明专利、实用新型专利和外观设计专利。

（1）发明专利，是指对产品、方法或其改进所提出的新技术方案。其保护期是自申请日起 20 年。发明专利在申请号和专利号中的类型代码分别为 1 和 8。发明专利包括产品发明和方法发明两大类。①产品发明是指用发明人所提供的解决特定问题的技术方案直接生产的产品，如电灯、电话、机器、设备、仪器仪表、新的合金物质等发明。没有经过人力的加工、属于自然状态的物质不是产品发明，如天然宝石、矿物质等。产品发明取得专利权后，称为产品专利，产品专利只保护产品本身，不保护该产品的制造方法。②方法发明是指为制造产品或者解决某个技术问题而创造的操作方法和技术过程。此处的“方法”，可以是化学方法、机械方法、通讯方法以及工艺规定的顺序所描述的方法。比如造纸方法、炼钢方法、印刷方法、通讯方法等。方法发明取得专利权后，称为方法专利。我国专利法规定，方法专利的保护延及到进口或者在我国境内使用或者销售的用该方法直接获得的产品。这意味着未经方法发明专利权人的许可，任何单位或者个人不得使用其专利方法以及使用、销售依照该专利方法直接获得的产品。

（2）实用新型专利，是指对产品的形状、构造或者其结合所提出的适于实用的新的技术方案。其保护期是自申请日起 10 年。实用新型专利在申请号和专利号中的类型代码分别为 2 和 9。

（3）外观设计专利，是指对产品的形状、图案、色彩或者其结合作出的具有美感的并适用于工业上应用的新设计。其保护期是自申请日起 10 年。外观设计专利在专利号中的类型代码为 3。

4. 特点

（1）专有性：也称独占性、排他性，是指专利权人对其发明创造享有的独占性的制造、使用、销售、许诺销售和进出口的权利。

（2）地域性：专利权的地域性特点，是指一个国家依照其本国专利法授予的专利权，仅在该国法律管辖的范围内有效，对其他国家没有任何约束力，外国对其专利权不承担保护的义务。

（3）时间性：专利权人对其发明创造所拥有的法律赋予的专有权只在法律规定的时间内有效，期限届满后，专利权人对其发明创造就不再享有制造、使用、销售、许诺销售和进口的专有权。

10.1.2　专利申请

1. 基本条件

（1）发明和实用新型专利申请需要满足的基本条件。我国专利法规定授予专利权的发明和实用新型，应当具备新颖性、创造性和实用性：①新颖性，是指该发明或者实用新型不属于现有技术，也没有任何单位或者个人就同样的发明或者实用新型在申请日以前向国务院专利行政部门提出过申请，并记载在申请日以后公布的专利申请文件或者公告的专利文件中；②创造性，是指与现有技术相比，该发明具有突出的实质性特点和显著的进步，该实用新型具有实质性特点和进步；③实用性，是指该发明或者实用新型能够制造或者使用，并且能够产生积极效果；其中现有技术，是指申请日以前在国内外为公众所知的技术。

（2）外观设计专利申请需要满足的基本条件。我国专利法规定授予专利权的外观设计，应当不属于现有设计，也没有任何单位或者个人就同样的外观设计在申请日以前向国务院专利行政部门提出过申请，并记载在申请日以后公告的专利文件中。授予专利权的外观设计与现有设计或者现有设计特征的组合相比，应当具有明显区别。授予专利权的外观设计不得与他人在申请日以前已经取得的合法权利相冲突。其中现有设计，是指申请日以前在国内外为公众所知的设计。

2. 途径和程序

申请人可以向中国申请专利，也可以通过巴黎公约途径或通过专利合作条约（Patent Coorperation Treaty，PCT）途径向国外地区或组织申请专利。

1）向中国申请专利

申请发明或者实用新型专利的，应当提交请求书、说明书及其摘要、权利要求书等文件。申请外观设计专利的，应当提交请求书、该外观设计的图片或者照片、对该外观设计的简要说明等文件。国务院专利行政部门收到专利申请文件之日为申请日。如果申请文件是邮寄的，以寄出的邮戳日为申请日。申请文件可以向国家知识产权局专利局受理处直接提交，也可以向国家知识产权局专利局在各省市、自治区、直辖市设的代办处提交。

关于优先权。优先权原则源自 1883 年签订的《保护工业产权巴黎公约》，目的是为了便于缔约国国民在其本国提出专利或者商标申请后向其他缔约国提出申请。专利优先权是指专利申请人就其发明创造第一次在某国提出专利申请后，在法定期限内又就相同主题的发明创造提出专利申请的，根据有关法律规定，其在后申请以第一次专利申请的日期作为其申请日，专利申请人依法享有的这种权利就是优先权。优先权分为外国优先权和本国优先权。申请人在提交申请时可以请求外国优先权，即申请人自发明或者实用新型在外国第一次提出专利申请之日起 12 个月内，或者自外观设计在外国第一次提出专利申请之日起 6 个月内，又在中国就相同主题提出专利申请的，依照该外国同中国签订的协议或者共同参加的国际条约，或者依照相互承认优先权的原则，可以享有优先权。申请人在提交申请时也可以请求本国优先权，申请人自发明或者实用新型在中国第一次提出专利申请之日起 12 个月内，又向国务院专利行政部门就相同主题提出专利申请的，可以享有优先权。

关于中国专利的申请和审批。中国专利的申请和审批程序可以参见图 10-1。

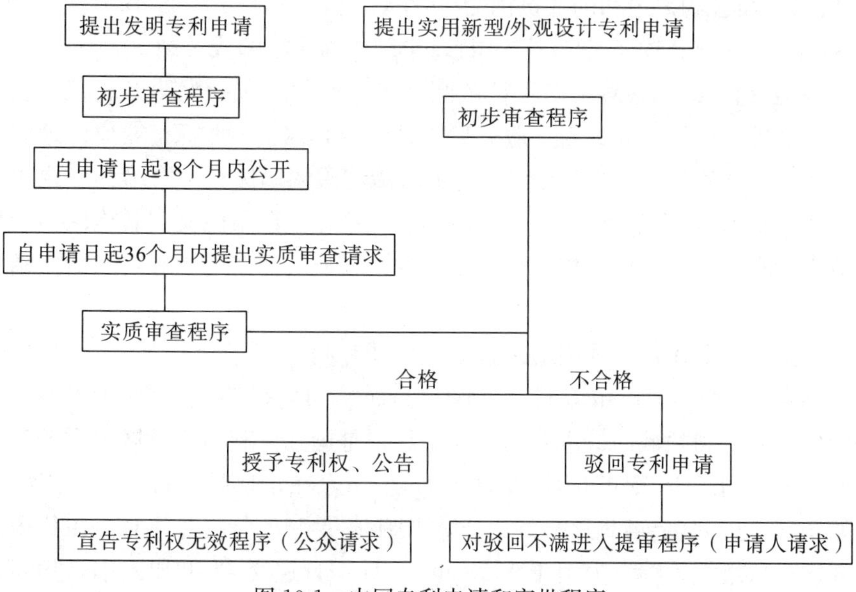

图 10-1　中国专利申请和审批程序

其中，公布是指发明专利申请经初步审查合格后，自申请日（或优先权日）起 18 个月期满时的公布或根据申请人的请求提前进行的公布。公告是指对发明专利申请经实质审查没有发现驳回理由，授予发明专利权时的授权公告；对实用新型或外观设计专利申请经初步审查没有发现驳回理由，授予实用新型专利权或外观设计专利权时的授权公告；对发明、实用新型和外观设计专利权部分无效宣告的公告。发明专利实行早期公开、延迟审查制度，即发明专利申请提出后，经初步审查合格，自申请日起满 18 个月即行公布，自申请日起 3 年内，专利局可根据申请人随时提出的请求，对其申请进行实质审查。发明专利申请经实审合格即可授予专利权。实用新型专利和外观设计专利实行初步审查制度，即专利申请提出后，经初步审查合格后即可授予专利权。

☞ 重点提示：

申请人可以在被授予专利权之前随时撤回其专利申请，在发明专利申请程序中，可以要求提前公布，一般可在自申请日起的 6 个月时公布而不必等到 18 个月，而且在审查程序中，申请人也同样可以要求加快审查，但均需要交纳加快费。一件发明专利申请从受理到授权最快也需要大约一年时间。

2）通过《巴黎公约》途径向外国地区或组织申请专利

《保护工业产权巴黎公约》（Paris Convention on the Protection of Industrial Property）简称《巴黎公约》，于 1883 年 3 月 20 日在巴黎签订，1884 年 7 月 7 日生效。《巴黎公约》最初的成员国为 11 个，到 2012 年 2 月 17 日为止，缔约方总数为 174 个国家。1985 年 3 月 19 日，中国成为该公约成员国。

《巴黎公约》的调整对象即保护范围是工业产权，包括发明专利权、实用新型、工业品外观设计、商标权、服务标记、厂商名称、产地标记或原产地名称以及制止不正当竞争等。《巴黎公约》规定，缔约国的国民在一个缔约国提出发明专利、实用新型、外观设计注册等的申请后，在一定期限内又到其他国申请保护的，应当享有优先权，优先权期间内发生的公布或公开使用不影响在后申请的新颖性或创造性。

3）通过 PCT 途径向外国地区或组织申请专利

专利合作条约（Patent Coorperation Treaty，PCT）是继《保护工业产权巴黎公约》之后专利领域的最重要的国际条约，是国际专利制度发展史上的又一个里程碑。该条约于 1970 年 6 月 19 日由 35 个国家在华盛顿签订，1978 年 6 月 1 日开始实施，到 2012 年 5 月 5 日为止，共有成员 145 个，由总部设在日内瓦的世界知识产权组织管辖。中国于 1993 年 10 月 1 日递交 PCT 加入书，1994 年 1 月 1 日正式生效。国家知识产权局专利局成为受理局、国际检索单位和国际初步审查单位。1997 年 7 月 1 日起 PCT 适用于中国香港特别行政区，目前 PCT 暂不适用于中国澳门特别行政区。

PCT 申请的模式：使用一种语言、向一个专利局（受理局）提交一份申请（国际申请）；该申请自国际申请日起在所指定的国家中具有正规国家申请的效力；由一个局（受理局）完成形式审查；由一个局（国际检索单位）进行检索；由国际局完成国际公布；如果申请人要求，由一个局（国际初步审查单位）进行国际初步审查（关于专利性的初步审查）；审查和授权：分别由指定国的国家局完成。

PCT 允许申请人根据该条约提交一份专利申请，即可同时在该条约所有成员国中要求对其发明进行保护，它为发明人和产业界提供一条获得国际专利保护的、简便的、具有成本效益的途径。只要依 PCT 提交一份“国际”专利申请，即可同时在 140 多个国家中的每一个国家要求对发明进行保护。PCT 成员国的申请人和专利局不仅可受益于其对发明的相关技术现状及其可否授予专利权所做的早期评估（即国际检索单位的 PCT 审查员做出的国际检索报告和书面意见），而且还可受益于集中的国际公布和简化的形式要求。这种早期评估可以让申请人更容易做出是否向各指定的专利局进行国家专利批准程序的决定，同时也有利于这些专利局作出是否授予专利权的决定。

☞ 重点提示：

国际公布只能由 WIPO 完成并给予国际公开号，国际公开号只表示通过 PCT 途径申请完成了国际公布，并非国际专利号，也没有国际专利这种概念。所有通过 PCT 途径的专利申请其公开号前的国别代码均为 WO。在中国境内完成的发明创造如果想在外国获得专利保护，必须要经过中国国家知识产权局的保密审查或者先向中国国家知识产权局提出国内申请。

10.1.3　专利文献

1. 基本概念

世界知识产权组织 1988 年编写的《知识产权教程》阐述了现代专利文献的概念，即“专利文献是包含已经申请或被确认为发现、发明、实用新型和工业品外观设计的研究、设计、开发和实验成果的有关资料，以及保护发明人、专利所有人及工业品外观设计和实用新型注册证书持有人权利的有关资料的已出版或未出版的文件（或其摘要）的总称。”

专利文献能够传播技术信息，为公众提供技术参考，启迪创新思路，避免重复研究；能够传播法律信息，用于警示竞争对手，防止侵权纠纷；能够提供竞争情报，用于了解竞争对手，分析市场动态，提供决策依据。

目前，有 90 多个国家、地区及组织以 30 多种文字出版专利文献，每年以 150 万件左右的数量递增，约占世界图书期刊年出版总量的 1/4。

我国出版的专利文献主要包括以下类型：①《中国专利公报》，这是国家知识产权局编辑出版的官方出版物，分为《发明专利公报》、《实用新型专利公报》

和《外观设计专利公报》三种；②《发明专利申请公开说明书》、《发明专利说明书》；③《实用新型专利说明书》。

2. 特点

与其他科技文献相比，专利文献具有以下特点。

（1）专利文献中包含有法律、技术、经济等情报。

（2）专利文献传播最新技术信息。

（3）专利文献的格式统一规范，高度标准化，并且具有统一的分类体系，便于检索、阅读和实现信息化。

（4）专利文献对发明创造的揭示完整而详尽。

（5）专利文献重复性大；文辞冗长，文字晦涩，给检索、查阅带来一定的困难。

3. 类型

（1）一次专利文献。一次专利文献泛指各种类型的专利说明书原文，包括授予的发明专利、发明人证书、医药专利、植物专利、工业品外观设计专利、实用证书、实用新型专利、补充专利或补充发明人证书、补充保护证书、补充实用证书的授权说明书及其相应的申请说明书。

（2）二次专利文献。二次专利文献一般是指各工业产权局出版的专利公报、专利文摘出版物和专利索引。专利公报具有通报近期专利申请和授权的最新情况、进行专利文献的追溯检索等作用，它收录专利申请的审查和授权情况，包括：有关申请报道，有关授权报道，有关地区、国际性专利组织在该国的申请及授权报道，与所公布的申请和授权有关的各种法律状态变更信息等。如《中国专利文摘库》、《德温特世界专利创新索引》（Derwent Innovations Index，DII）等。

4. 专利分类资料

专利分类资料是按专利文献的技术内容或主题进行分类、用于检索专利文献的工具，包括专利分类表、分类表索引、工业品外观设计分类表等。

1）国际专利分类

国际专利分类（International Patent Classification，IPC）是根据 1971 年签订的《国际专利分类的斯特拉斯堡协定》编制的，是目前唯一国际通用的专利文献分类和检索工具，覆盖了世界所有专利文献的 95%。IPC 的作用是：建立有利于检索的专利申请文档；将专利申请分配给相应的审查部门；按照 IPC 分类号编排专利申请，系统地向公众公布或公告。

中国 1985 年开始使用 IPC 进行分类，1996 年递交《斯特拉斯堡协定》加入书，1997 年生效，正式成为成员国。IPC 的官方语言为英语和法语，目前使用的是《国际专利分类表（IPC）》第 8 版，该版于 2006 年 1 月 1 日起实施，其后不再整表出版，而是不定期地部分修订。中文最新版 IPC 分类表及各次修订内容可从国家知识产权局（简称 SIPO）网站下载，从世界知识产权组织（简称 WIPO）网站可下载英文、法文版。

IPC 将专利申请文件中的技术内容按照部（分部）、大类、小类、大组、小组逐级分类，并在该 IPC 号码后用括号注明版本号。

IPC 共有 8 个部，部的类号用大写字母 A 到 H 来表示，其中 A 部为人类生活必需（农、轻、医），B 部为作业、运输，C 部为化学、冶金，D 部为纺织、造纸，E 部为固定建筑物（建筑、采矿），F 部为机械工程，G 部为物理，H 部为电学。

IPC 的等级结构示例：

部	B	作业，运输
大类	B64	飞行器，航空，宇宙航行
小类	B64C	飞机，直升飞机
大组	B64C25/00	起落架
一点小组	B64C25/02	· 飞机起落架
二点小组	B64C25/08	·· 非固定的，例如可抛投的
三点小组	B64C25/10	··· 可收缩可折叠或可做类似动作
四点小组	B64C25/18	···· 操作机构
五点小组	B64C25/26	····· 其所用的操作或锁定系统
六点小组	B64C25/30	······ 应急动作的

其中分类号至少要写到大组才表示一个完整的分类号，例如 B64C25/00；一个部下面可有若干个大类，每个大类下面还有若干个小类，以此类推。分类号解读：例如四点组分类号 B64C25/18 表示所要分类的技术内容属于作业运输的飞机的可收缩（可折叠或可做类似动作）的非固定形式的起落架的操作机构。

☞ 重点提示：

IPC 分类号是专业专利检索的一种重要的检索入口，将其与检索词结合进行检索是专利审查员在检索对比文件时常用且必用的方法。

2）美国专利分类

美国专利分类（United States Patent Classification，USPC）建立于 1837 年，随着科学技术的发展已多次修改与扩充，只适用于美国专利文献或具有美国同族的专利文献的检索。与 IPC 不同的是，USPC 分类号并非严格按照领域进行划分，而是以功能导向为原则，而自 1969 年起，美国专利文献上亦同时列出 USPC 以及其相对应之 IPC 的分类符号。

USPC 每个主题分为大类（Class）和小类（Subclass），如“2/456”表示第 2 大类的第 456 小类。USPC 目前包含了 450 个大类以及超过 15 万个小类。

3）欧洲专利分类

欧洲专利分类（European Classification，ECLA）是欧洲专利局（European Patent Office，EPO）内部用于检索的分类系统，属于 EPO 在 IPC 内的补充分类项目。ECLA 的 8 个部与 IPC 一样，ECLA 的类名、类号、参见、附注、分类规则、分类方法等都与 IPC 相同。ECLA 中也有不使用的 IPC。

ECLA 的内部小组即是对 IPC 分类号的细分。比如 IPC 小组分类号 A01B17/00，在 ECLA 中也有该分类号，但在该小组下面 ECLA 还对其进行了细分，即还分有 A01B17/00BD、A01B17/00D 等 ECLA 分类号，而 A01B17/00D 下面还分有 A01B17/00D1、A01B17/00D1A 等 ECLA 分类号。

4）日本专利分类

日本于 1977 年加入国际专利分类《斯特拉斯堡协定》后，即开始采用日本专利分类（Japen Patent Classification，JPC），然而日本专利局（Japan Patent Office，JPO）基于日本特有的技术经验，以 IPC 为基础，同时采用 FI/F-Term 分类，一件专利文献可能会具有数种的 F-Term 符号。使用 FI/F-Term 的目的是为了降低各个分类项所包含的专利文献件数。

FI（File Index）分类是基于 IPC 分类的细分类，在某些技术领域对 IPC 分类进行了扩展，它是以第六版 IPC 分类表为基础编制的，但其中一部分内容也参照了第四和第五版 IPC 分类表。虽然都是对 IPC 的细分，但是 FI 与 ECLA 在内容上有很大的差别，FI 完全是根据日本专利申请的特点，为日本专利文献量身定制的。

F-Term（File Forming Term）是日本专利局为提高专利检索的精确性与效率而建立的多面分类体系。它从多个技术角度，如应用、功能、结构、材料、生产过程等，在国际专利分类表（IPC）和日本国内分类系统（FI）的基础上进行再分类或细分类。F-Term 仅涉及日本专利文献和具有日本同族的其他专利文献。

一个 F-Term 分类号是由 5 位字符主题码（Theme Code）+2 位字母观点符（Viewpoint）+2 位数字位符（Figure）构成。其中 5 位字符主题码表征技术领域，2 位字母观点符表征发明的材料、方法、结构等，最后的 2 位数字位符是对观点符表征的技术特征的进一步细化，例如：5K067/AA34（主题码+观点符+位符）。

5. 种类与代码

各国工业产权局、国际性专利组织参照 WIPO ST. 16，即《用于标识不同种类专利文献的推荐标准代码》，对其各自出版的专利文献的不同种类进行标识，以便专利文献的公开、存储、识别与检索。

1）中国专利文献的种类与代码

根据专利文献种类标识代码标准（ZC 0008-2004），专利文献种类是指国家知识产权局按照相关法律法规对发明、实用新型、外观设计专利申请在法定程序中予以公布或公告，由此产生的各种专利文献。专利文献种类标识代码是指国家知识产权局为标识不同种类的专利文献而规定使用的字母代码，或者字母与数字的组合代码。

（1）申请号和专利号。专利申请受理之后给予申请号，该申请经审查符合授权条件后给予专利号。申请号构成为：申请年号＋专利申请种类代码＋申请流水号＋校验码。中国专利号构成为：ZL. ＋申请号。表 10-1 为中国专利申请号和专利号的构成，其中，专利种类代码 1 表示发明专利申请，2 表示实用新型申请，3 表示外观设计申请，8 表示发明专利 PCT 进入中国国家阶段申请，9 表示实用新型专利 PCT 进入中国国家阶段申请。

表 10-1　中国专利申请号和专利号的构成

申请号/专利号构成		申请年号	专利种类代码	流水号	校验码	申请号举例	专利号举例
2003 年 10 月 1 日以前	发明	02 98	1 8	5 位	无规律	02135621. 3 98801245. 3	ZL. 02135621. 3 ZL. 98801245. 3
	实用新型	01 96	2 9	5 位	无规律	01235455. 5 96912356. 4	ZL. 01235455. 5 ZL. 96912356. 4
	外观设计	00	3	5 位	无规律	00365458. 9	ZL. 00365458. 9
2003 年 10 月 1 日以后（含 10 月 1 日）	发明	2004 2007	1 8	7 位	无规律	200410035678. 9 200780132568. 4	ZL. 200410035678. 9 ZL. 200780132568. 4
	实用新型	2006 2009	2 9	7 位	无规律	200620064888. 0 200990056478. 3	ZL. 200620064888. 0 ZL. 200990056478. 3
	外观设计	2005	3	7 位	无规律	200530124586. 6	ZL. 200530124586. 6

☞ 重点提示：

通过中国专利号（申请号）中申请年号后面的专利种类代码（即 1、2、3、8、9）可以轻易地判断出该专利（专利申请）的类型属于发明、实用新型还是外观设计。

（2）公开号和公告号。公开号是指发明专利申请经初步审查合格后予以公布时给予该公布的专利申请的号码；公告号是指发明专利申请、实用新型专利申请和外观设计申请符合授权条件时应当对上述专利申请予以公告，公告时给予该公告专利的号码。为了完整、准确地标识不同种类的专利文献，中国专利申请或专利的公开、公告号的构成为：中国国家代码 CN+种类代码+专利文献号+专利文献种类标识代码。专利公开、公告号的构成如表 10-2 所示，其中，文献号码是无规律的流水号，位数不确定，是专利申请公布或公告的自然顺序号。

表 10-2　中国专利文献公开号和公告号的构成

公开号、公告号构成	国别代码	专利种类代码	文献号码	公开号种类代码	公告号种类代码	公开号举例	公告号举例
发明	CN	1	流水号	A	B、C	CN1904694A CN101037434A	CN1173593C CN101033226B
实用新型	CN	2	流水号	无	U、Y	无	CN2321151Y CN2105040U
外观设计	CN	3	流水号	无	S、D	无	CN3006726S CN3214516D

2）外国国家或地区组织公布的专利文献的国别代码

表 10-3 为外国国家或地区组织公布的专利文献的国别代码，供检索或阅读专利文献时参考。

表 10-3　其他国家或地区组织公布的专利文献的国别代码

国别代码	国家/地区组织	国别代码	国家/地区组织	国别代码	国家/地区组织
WO	世界知识产权组织	FR	法国	SE	瑞典
OA	非洲知识产权组织	GB	英国	RO	罗马尼亚
EP	欧洲专利组织	JP	日本	IT	意大利
GC	海湾阿拉伯国家合作委员会专利局	HK	中国香港特别行政区	MO	中国澳门特别行政区
AU	澳大利亚	DE	德国	ES	西班牙
CA	加拿大	KR	韩国	CH	瑞士
US	美国	TW	中国台湾	RU	俄罗斯联邦

10.1.4　中国专利

中国专利的检索渠道较多，一般包括专利文献手工检索、光盘检索和网络检索三种途径。网络检索又分为商业性专利数据库和免费的专利网络信息资源，前者如中国知网的中国专利数据库、万方数据知识服务平台的专利数据库等，后者如国家知识产权局专利数据库、中国专利信息网等。

1. 中国知网（CNKI）的中国专利全文数据库

中国专利全文数据库（知网版）包含发明专利、实用新型专利、外观设计专利三个子库，能准确反映中国最新的专利发明。专利相关的文献、成果等信息来源于CNKI各大数据库。与通常的专利数据库相比，中国专利全文数据库（知网版）每条专利记录集成了与该专利相关的最新文献、科技成果、标准等信息，可以完整地展现该专利产生的背景、最新发展动态和相关领域的发展趋势，也可以浏览发明人与发明机构更多的论述以及在各种出版物上发表的文献。数据库收录了从1985年至今的中国专利，可一次性下载专利说明书全文，数据来源于国家知识产权局知识产权出版社，双周更新。

在CNKI新平台首页（http://www.cnki.net），单击“中国专利”链接进入中国专利检索界面，如图10-2所示。系统默认是发明专利、实用新型专利、外观设计专利三个子库的跨库检索状态，也可选择单库检索。系统提供初级检索、高级检索和专业检索三种检索方式，以及专利名称、关键词、摘要、全文、申请人、发明人、申请号、公开号、优先权等16个检索字段。在检索区下方可以对专利类别、申请日，公开日和更新时间进行限定。

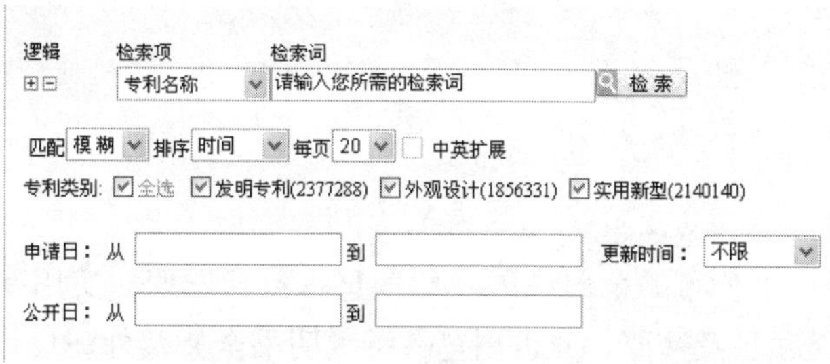

图10-2　CNKI的中国专利数据库首页即初级检索界面

2. 万方数据知识服务平台的专利数据库

万方数据知识服务平台（http://g.wanfangdata.com.cn）的专利数据库收录了国内外发明、实用新型及外观设计等专利3000多万项，内容涉及自然科学各个学科领域。大多数专利可下载专利说明书全文。

系统提供基本检索、高级检索、经典检索和专业检索4种检索方式。在万方数据知识服务平台首页的检索输入框上方单击“专利”选项，即可实现专利数据库的基本检索。单击检索框右侧的“高级检索”链接，进入高级检索界面，如图10-3所示。系统提供专利名称、摘要、全文、申请（专利）号、申请日期、公开号、公开日期、主分类号、分类号、申请人、发明人11个检索字段，可以对国家/组织、排序方式、每页显示记录数进行设置。经典检索提供标题、发明人、申请人、公开号和主权项共 5 个常用字段。专业检索需在检索框内输入使用［CQL 检索语言］的检索表达式，含有空格或其他特殊字符的单个检索词用引号（“”）括起来，多个检索词之间根据逻辑关系使用 AND 或 OR 连接。

图 10-3 万方数据知识服务平台专利数据库的高级检索界面

3. 中国国家知识产权局

1）概述

国家知识产权局（www.sipo.gov.cn）专利数据库于 2001 年 11 月开通，可检索 1985 年 9 月以来公布的全部中国专利信息，包括发明、实用新型和外观设计三种专利的著录项目及摘要，并可浏览各种说明书全文及外观设计图形，是国内为公众提供免费专利说明书的网站之一。数据库所提供的说明书为 TIF 格式文件，在线浏览说明书必须安装本网站提供的专用浏览器，建议 IE 升级到 6.0 以上。

2）检索方式

国家知识产权局专利数据库提供简单检索、高级检索和 IPC 检索三种检索方式，支持布尔检索和模糊检索方式。检索字段包括申请（专利）号、名称、摘要、发明人、申请人、地址、分类号等。

(1) 简单检索。在国家知识产权局主页右下方有简单检索界面，系统提供一个检索输入框，可选择专利号、名称、摘要等检索字段。

(2) 高级检索。单击简单检索区下方的“高级检索”按钮进入高级检索界面，如图 10-4 所示。系统提供 16 个检索输入框，分别对应申请（专利）号、名称、摘要、申请日、申请（专利权）人、发明（设计）人等 16 个字段。检索框之间系统默认为逻辑“与”关系。

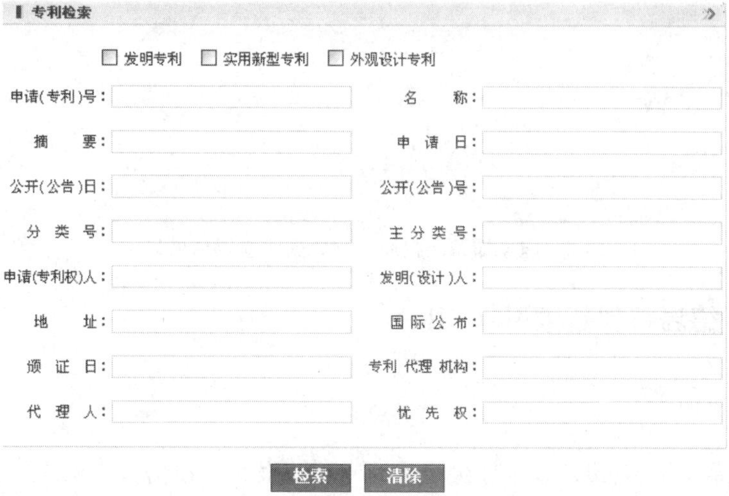

图 10-4 国家知识产权局专利数据库高级检索界面

(3) IPC 分类检索。单击高级检索界面右侧的“IPC 分类检索”按钮进入 IPC 分类检索界面，如图 10-5 所示。根据国际专利分类表（IPC），可以检索某一类产品的专利发明情况。IPC 检索界面分为两个部分，左边为按国际专利分类表排列的 8 大学科类别，可以逐级点开下一级分类，在右侧的分类号检索框内，系统会自动加入相应的分类号。找到需要的类别后，单击“检索”，即可获得该类别下所有相关专利。右侧是文本检索区，在相应字段的检索框内输入检索词，与 IPC 分类号联合检索，可以提高检索的查准率。

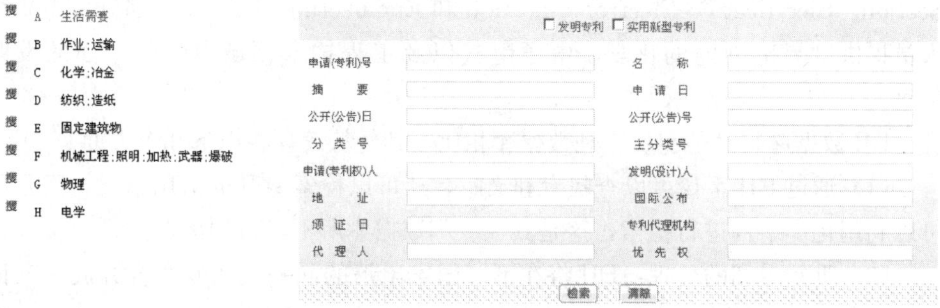

图 10-5 国家知识产权局专利数据库 IPC 分类检索界面

3）检索结果的显示与处理

检索结果显示页如图 10-6 所示，上方列出结果中发明专利、实用新型专利和外观设计专利的数量，下方检索结果列表默认按相关度排序。单击列表中专利申请号或专利名称链接打开该条专利的详细信息页，可查看专利摘要等信息，单击“申请公开说明书”或“审定授权说明书”链接可查看或下载说明书原文。

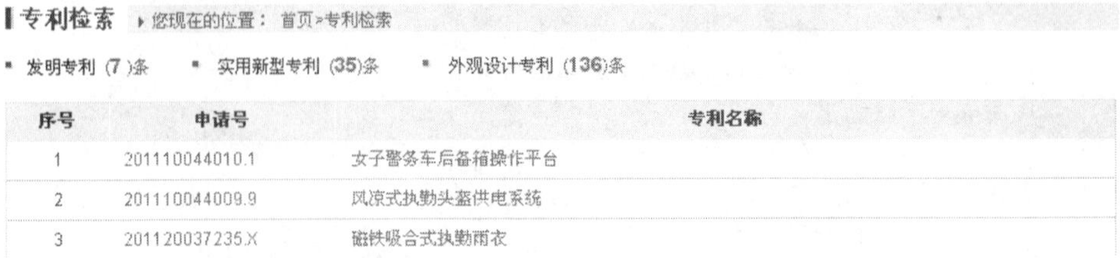
▌专利检索　▸您现在的位置：首页»专利检索

▪ 发明专利（7）条　▪ 实用新型专利（35）条　▪ 外观设计专利（136）条

序号	申请号	专利名称
1	201110044010.1	女子警务车后备箱操作平台
2	201110044009.9	风凉式执勤头盔供电系统
3	201120037235.X	磁铁吸合式执勤雨衣

图 10-6　国家知识产权局专利数据库检索结果显示页

10.1.5　德温特创新索引（DII）

1. 概述

德温特（Derwent）是全球最权威的专利情报和科技情报机构之一，1948 年由化学家 Monty Hyams 在英国创建，现在隶属于全球最大的专业信息集团——汤姆森科技信息集团（Thomson Scientific）。德温特创新索引（Derwent Innovations Index，DII）是基于 ISI Web of Knowledge 平台的世界上最大的专利信息数据库，它整合了德温特世界专利索引（Derwent World Patent Index，DWPI）和专利引文索引（Patents Citation Index，PCI）。DII 收录来自全球 40 多个专利机构，涵盖 100 多个国家的超过 2000 多万项基本发明专利的信息，4000 多万条专利信息，每周新增 2.5 万多条专利，资料回溯至 1963 年。每条记录除了包含相关的同族专利信息，还包括由各个行业的技术专家进行重新编写的专利信息，如描述性的标题和摘要、新颖性、技术关键、优点等。DII 数据库分为 Chemical Section、Electrical & Electronic Section 和 Engineering Section 三部分，为研究人员提供世界范围内的化学、电子电气以及工程技术领域内综合全面的发明信息。

DII 数据库与其他免费专利数据库相比，其优势表现在以下几个方面。

（1）通过 DII 不仅可以查找专利文献，还可以检索专利的引用情况，而且还可以利用化学结构进行检索，这是其他专利数据库所不具备的优点。

（2）重复专利的处理：DII 将在不同国家申请的同一发明专利合并成一条记录，避免研究人员检索专利后重复阅读同一技术发明，节省时间。

（3）标题与摘要反应全文信息：DII 对收录的专利文献，根据全文信息重新对其标题和摘要信息进行整理，重新改写的标题和文摘详细反映了专利的内容、应用、新颖性等信息，用户可以观其标题和摘要了解全文主要概述内容，帮助研究人员快速、准确和有效地查全、查准专利技术。

（4）语种优势：专利文献以几十种不同语种公开，造成以单一语种检索时的大量漏检，以及后续阅读困难；DII 通过高附加值的标引，统一将几十种不同语种转变为统一易读的英语，避免漏检与阅读困难。

（5）分析功能：DII 强大的分析功能允许用户按照多种途径对多达 10 万条记录进行分析，从不同角度分析技术发展的趋势、专利的分布、专利技术细节的分布等。

（6）引文信息：提供全球收录的专利引文信息。

2. 检索方式

在 ISI 平台首页，系统默认的是平台下所有数据库的跨库检索界面，在导航栏“选择一个数据库”选项页，单击 Derwent Innovations Index 链接进入 DII 检索界面，如图 10-7 所示。DII 有基本检索和被引专利检索、化合物检索、高级检索 4 种检索方式。

图 10-7　DII 数据库首页即基本检索界面

（1）基本检索。DII 数据库首页即基本检索界面，系统提供三个检索输入框，检索框之间可限定布尔逻辑关系，默认为逻辑“与”，可用检索字段包括主题、发明人、专利号、专利权属机构、国际专利分类号、德温特分类代码、德温特人工号码、德温特入藏号等。在检索区下方可对时间范围、引文数据库种类以及检索结果设置进行调整。

（2）被引专利检索。被引专利检索是为了查找引用了某项或多项专利的专利。其检索界面如图 10-8 所示。系统提供的检索字段包括被引专利号、被引专利权人、被引发明人、被引的德温特入藏号等。通过被引专利检索，可以检索到与此相关的一类专利文献，达到扩展检索的目的。

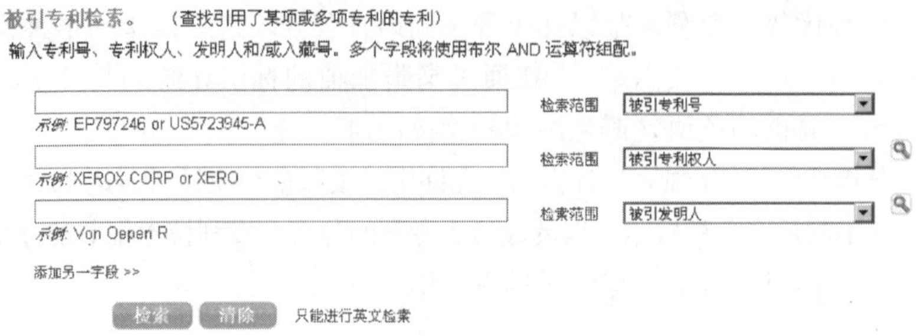

图 10-8　DII 数据库被引专利检索界面

（3）化合物检索。检索界面分成上下两部分，上方是化学结构检索区，在“化学结构详细信息”框中可创建化学结构，使用化学式检索（需要安装 MDL Chime 插件）；下方是文本字段检索区，可在文本字段中输入检索式进行检索，系统提供化合物名称、物质说明、结构说明、标准分子式、分子式、分子量和 Derwent 化学资源号 7 个检索字段。文本字段检索与化学结构检索可进行组配运算，系统默认为逻辑“与”关系。

（4）高级检索。DII 高级检索方式与 SCIE 基本相同，可参见第 4 章第 2 节。

10.1.6　美国专利

1. 概述

美国是世界上最早实行专利制度的国家之一，其第一部《美国专利法》颁布于 1790 年，美国现代的《专利法》于 1952 年制定。美国专利局于 1802 年成立，当时为国务院直属部门，承担专利相关事务。19 世纪初，商标事务亦纳入专利局的辖权范围。1975 年，经国会批准，美国专利局更名为美国专利与商标局（United States Patent and Trademark Office，USPTO），其网址为 http://www.uspto.gov。该网站向公众提供全方位的专利信息服务，其中除了提供专利数据库检索服务外，还提供丰富的其他相关信息，如专利概述、专利申请、文献公布程序、US 专利分类体系等。USPTO 专利数据库每周更新。

美国专利类型包括：实用专利（Utility Patent）、外观设计专利（Design Patent）、植物专利（Plant Patent）、再公告专利（Reissued Patent）、防卫性公告（Defensive Publication）和法定发明登记（SIR）。

美国专利的特点如下。

（1）采用“发明原则”，即不同当事人就同一内容的发明申请专利时，发明在先者有权获得专利。

（2）采用“发明人”制度来确认专利申请的人资格。即提交专利申请的人必须是发明人本人。即使是雇员发明，也由雇员发明人申请专利权，专利权取得以后，再转让于雇主。

(3) 采取"即时审查制"和"不公开审查制"，即由专利局独立进行发明专利性的审查，专利局对发明申请既进行形式审查又进行实质审查，审查过程排斥第三者参加。审查材料和申请文件处于保密状态，只有颁布专利权以后，才公开专利申请文件。

(4) 建立职责分明的保护专利司法机构。在美国，一般专利诉讼案件由联邦地区法院受理，巡回上诉法院负责上诉审。对外国人提起的专利诉讼案件由哥伦比亚特区的联邦区法院受理。

2. 检索方式

美国专利检索入口为 http://patft.uspto.gov，如图 10-9 所示。左侧为授权专利数据库（PatFT：Patents），可检索 1790 年以来已授权的美国专利，全部免费提供说明书全文，其中 1976 年前的专利只提供图像格式（TIFF 格式，需安装软件才能查看）专利说明书，1976 年后还提供 HTML 格式专利全文。右侧为公开专利数据库（AppFT：Applications），可检索 2001 年 3 月以来公开的专利申请，全部免费提供图像格式和 HTML 格式全文。两个专利数据库都有快速检索（Quick Search）、高级检索（Advanced Search）和专利号检索/出版号检索（Patent Number Search）三种检索方式，但 1790 年至 1975 年的授权专利只给出了专利号和美国专利分类号两种检索方式。

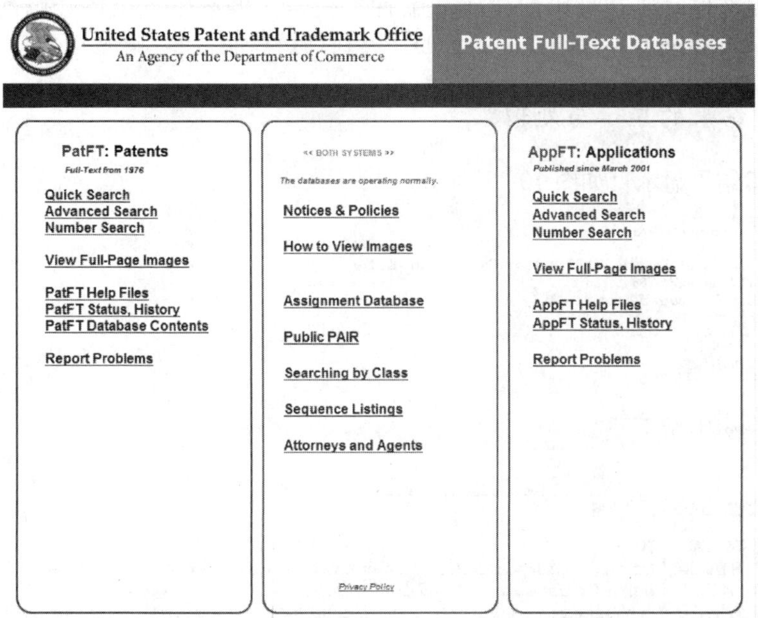

图 10-9　USPTO 专利数据库检索入口

（1）快速检索。快速检索界面如图 10-10 所示，系统提供两个检索输入框，检索框之间默认逻辑“与”的关系，可用检索字段包括全部字段（All Fields）、名称（Title）、摘要（Abstract）、专利号（patent number）、专利人权（Assigenee Name）等 29 个。检索框下方可对时间范围进行限定。

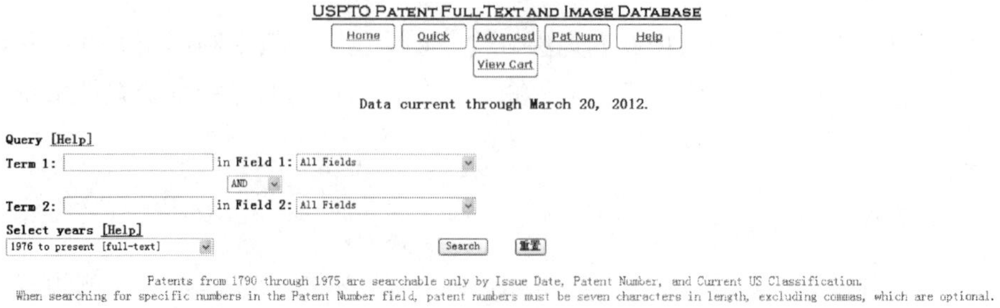

图 10-10　USPTO 专利数据库快速检索界面

（2）高级检索。系统提供一个检索窗口，需要输入一个用检索词、检索算符、字段代码（Field Code）构造的具有完整逻辑关系的复合检索式。

（3）专利号检索。专利号检索只有一个检索框，一次可输入多个专利号进行检索，中间用逗号加以分隔。输入专利号时，除工业实用专利外，其他专利如外观设计专利、植物专利、再公告专利、再审查专利、防卫性公告专利等必须在号码之前输入代表专利类型的前缀 U、D、PP、RE、T、H。专利号必须以 7 位输入，不足 7 位时要在号码前注明文献种类代号，再不足 7 位在号码前加“0”。1790～1976 年的专利只能从出版日期、专利号和分类号进行检索。

3. 检索结果的显示与处理

检索结果显示页如图 10-11 所示。

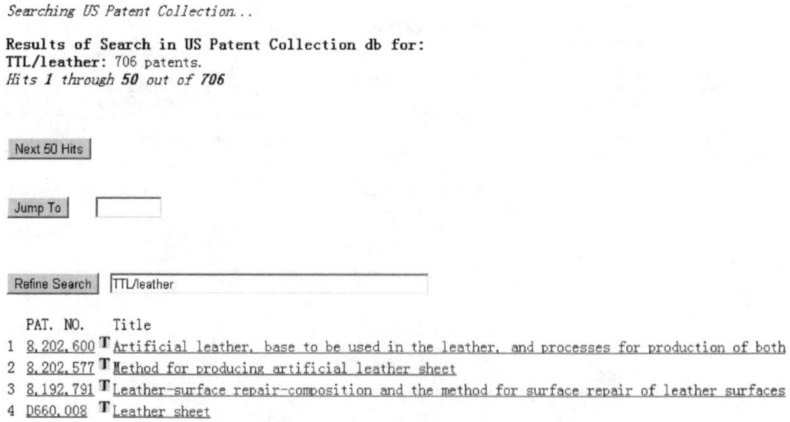

图 10-11　USPTO 专利数据库检索结果界面

从上到下依次显示所检索的数据库、检索式、检索结果数量及记录列表。在记录列表上方有二次检索输入框，可输入检索词进行精炼检索（Refine Search）。单击单条记录的专利号（申请号）或专利名称链接可打开该条专利的文本格式专利说明书全文页，单击全文页上方 Images 按钮可查看图像格式专利说明书。

10.1.7　欧洲专利

1. 概述

欧洲专利局（European Patent Office，EPO）是根据欧洲专利公约（European Patent Convention，EPC）于 1977 年 11 月 1 日成立的，总部设在慕尼黑，是世界上实力最强、最现代化的专利局之一，拥有世界上最完整的专利文献资源，先进的专利信息检索系统和丰富的专利审查、申诉及法律研究方面的经验。目前，欧洲专利组织有 38 个成员国，一项欧洲专利可以在其中任何一个成员国享有本国专利的同等效力。欧洲专利采用英、法、德三种语言，对申请人有较大的选择使用语言的自由。专利权有效期为自申请日起 20 年。

1998 年，欧洲专利局创建了 esp@cenet 专利数据检索系统，其目的是使用户便捷、有效地获取免费的专利信息资源，提高整个国际社会获取专利信息的意识。esp@cenet 网址为 http://worldwide.espacenet.com，任何用户均可免费检索 90 多个国家和地区的超过 6000 万件专利文献，可以查看著录项目、说明书全文、同族专利、法律状态等信息。

esp@cenet 包含以下三个数据库。

（1）WIPO- esp@cenet 专利数据库：收录最近 24 个月 WIPO 公布的专利文献。

（2）EP-esp@cenet 专利数据库：收录最近 24 个月 EPO 公布的专利文献。

（3）Worldwide 专利数据库：收录 90 多个国家和地区公布的超过 6000 万件专利文献（以 PCT 最低文献量为基础）。

2. 检索方式

esp@cenet 提供智能检索（SmartSearch）、快速检索（Quick Search）、高级检索（Advanced Search）、号码检索（Number Search）和分类检索（Classfication search）5 种检索方式。

（1）智能检索。esp@cenet 首页即智能检索界面，如图 10-12 所示，系统只提供一个检索输入框，没有检索字段的限定设置。在检索框中可一次最多输入 20 个检索词，可以用或不用检索字段代码，系统根据检索词间的空格或算符进行自动识别。

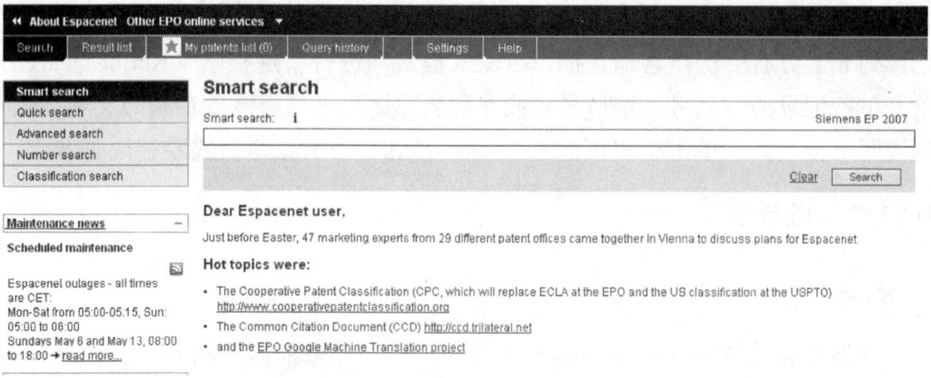

图 10-12　esp@cenet 首页即智能检索界面

(2) 快速检索。快速检索界面如图 10-13 所示，从上到下分成三个部分。第一部分为数据库选择设置（Database），可以选择 esp@cenet 所包含的 worldwide、EP-esp@cenet、WIPO-esp@cenet 三个数据库中的任意一个，系统默认为 worldwide。第二部分为检索类型设置（Type of search），系统默认是专利名称或摘要字段，也可以选择人名或机构字段。第三部分为检索条件（Search terms），在系统提供的一个检索输入框中输入检索词即可执行检索。

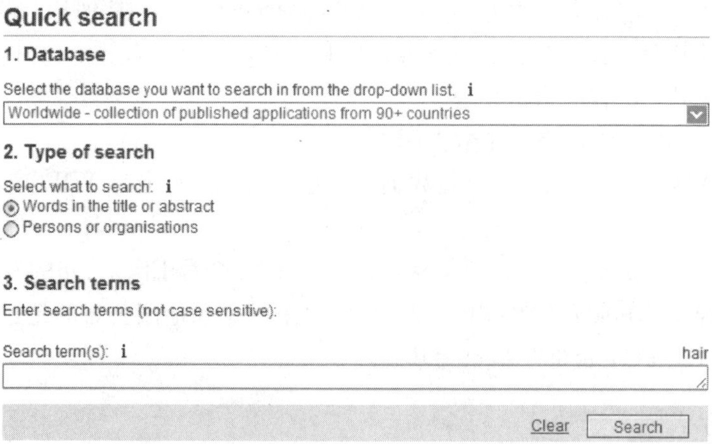

图 10-13　esp@cenet 快速检索界面

(3) 高级检索。在检索条件部分，系统提供 10 个检索输入框，分别对应专利名称、专利名称或摘要、公开号、申请号等 10 个检索字段，各检索框之间默认为逻辑“与”的关系。

(4) 号码检索。系统提供一个号码检索输入框，可输入申请号、公布号和优先权号进行检索，可以带或不带国家代码前缀。

(5) 分类检索。分类检索如图 10-14 所示，上方是两个检索输入框，可输入

检索项进行分类检索；下方列出了 IPC 分类的 8 个部，可以浏览检索欧洲专利分

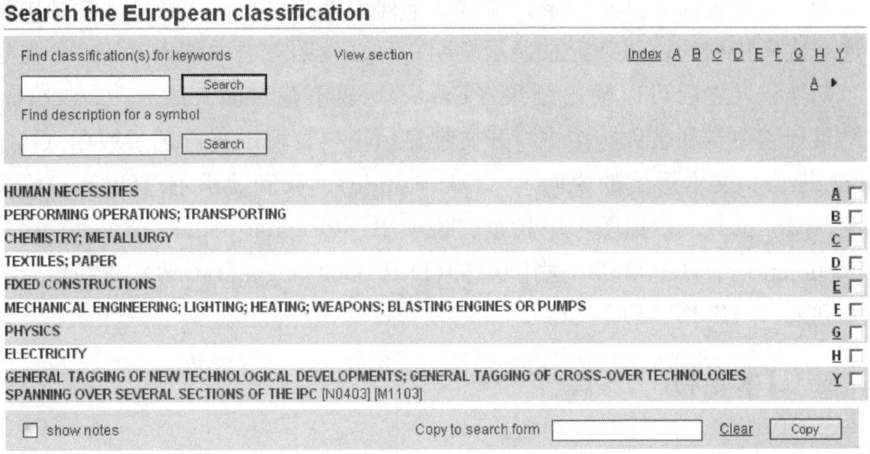

图 10-14　esp@cenet 分类号检索界面

类（European Classification，ECLA）。两种分类检索方式分别为：①输入关键词查找相应的分类号（Find classification（s）for keywords），在检索框中输入关键词，可查出专利名称和摘要中出现此关键词的大组或小组的分类，选择进入某一个大组或小组，即可查看该组的具体描述（即类名）；②对某个分类号进行文字描述（Find description for a symbol），在检索框中输入分类号（既可以是小类，也可以是小组或其他），即可查到该分类号的描述或定义。

3. 检索结果的显示与处理

检索结果显示页如图 10-15 所示。

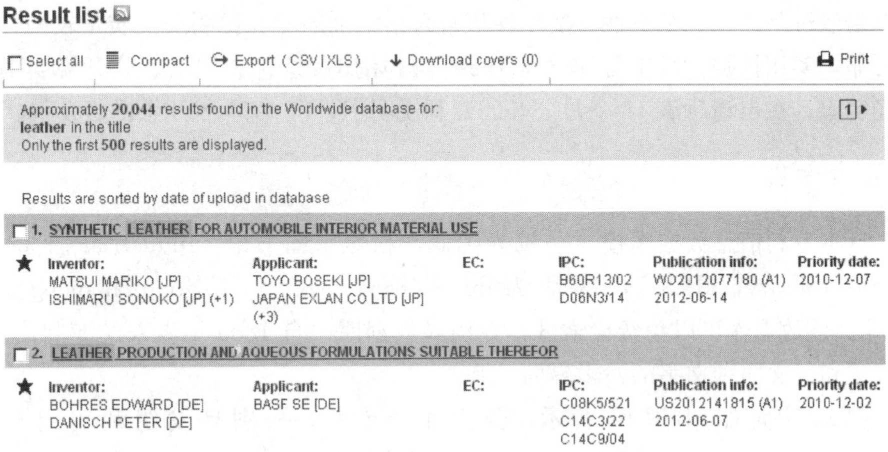

图 10-15　esp@cenet 检索结果显示页

上方显示所使用的数据库及与检索式相匹配的检索结果记录数，下方是检索结果列表，能查看前 500 条记录。检索结果列表是按照专利文献号（包括国别代码）递减次序排列的；每条记录显示发明名称、发明人、申请人、IPC 分类号等信息。勾选记录之后可以输出结果（Export）或下载封面（Download covers）。单击结果列表中专利名称链接将打开文献显示窗口，可以查看题录数据（Bibliographic data）、文本形式的说明书（Description）、权利要求书（Claims）、说明书附图（Mosaics）、扫描图像原始全文说明书（Original document）、引文（Citing documents）、INPADOC 法律状态（INPADOC legal status）、查找该专利的同族专利入口（INPADOC patent family）等。

10.1.8　日本专利

1. 概述

日本政府在研究欧美各国的工业产权制度后，于 19 世纪 80 年代颁布《商标条例》、《专卖特许条例》、《外观设计条例》和《实用新型法》，建立了日本工业产权制度。日本专利局（Japan Patent Office，JPO）的前身是 1885 年设立的"专卖特许所"，同年经元老院通过并颁布实施《专卖专利条例》，是日本最初的一部专利法。日本于 1899 年加入《保护工业产权巴黎公约》，1978 年加入《专利合作条约》。日本专利局网址为 http://www.jpo.go.jp。

日本专利分"特许"、"实用新案"和"意匠"三种，类似于我国的"发明专利"、"实用新型专利"和"外观设计专利"。日本专利说明书的类型有专利说明书、公告说明书和公开说明书三种。专利说明书（特许发明明细书）指申请人向专利局递交的申请案经专利局审查批准后，按专利号顺序公布的说明书。公告说明书是经过新颖性、创造性、实用性审查合格批准的专利说明书，质量较高，成熟可靠，实用性强。日本特许厅从 1950 年开始出版这种说明书。公开说明书指未经实审，在申请后满 18 个月公开的专利说明书，自 1971 年开始出版发行。

2. 检索方法

日本专利信息数据库检索系统为工业产权数字图书馆（Industrial Property Digital Library，IPDL），网址为 http://www.ipdl.inpit.go.jp/homepg_e.ipdl。该数据库可以免费检索日本专利局数据库中自 1885 年以来的专利信息，有日文和英文两种文字的检索界面。

IPDL 界面如图 10-16 所示，分为 4 个专栏，分别是发明和实用新型（Patent&Utility Model）、商标（Trademark）、外观设计公报（Design）和数据库收录范围（Database Contents）。其中发明和实用新型专栏包括专利和实用新型公报数据库（Patent & Utility Model Gazette DB）、专利和实用新型索引数据库（Patent & Utility Model Concordance）、FI/F-TERM 分类数据库（FI/F-term Search）、日本专利英文文摘数据库（PAJ）、专利分类对照表（Patent Map Guidance）。

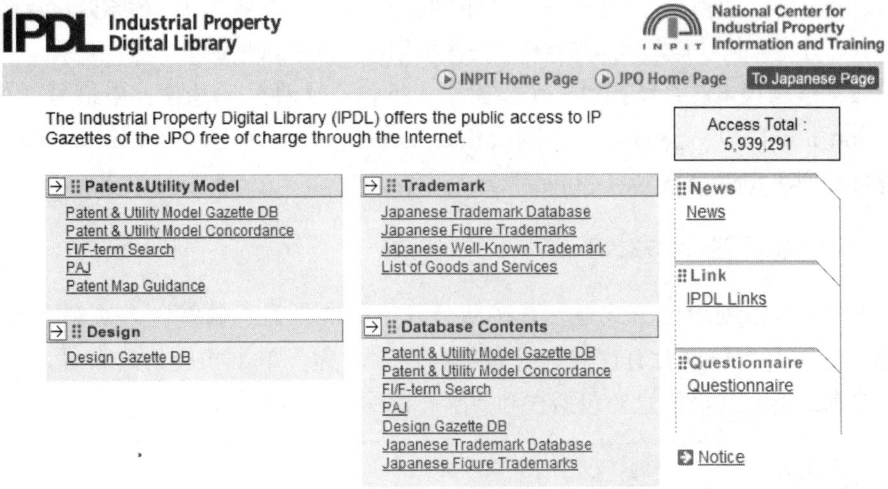

图 10-16　IPDL 首页

日本专利英文文摘数据库（Patent Abstracts of Japan，PAJ）可免费检索从 1976 年 10 月至今所有公开的日本专利说明书（包括专利和实用新型）全文，其中 1976～1992 年的专利说明书为扫描文件格式；1993 年至今的专利说明书为文本格式。而 IPDL 日文界面可检索从 1921 年以来的发明专利说明书全文、1971 年以来的公开特许公报、公开实用新案公报等。下面重点介绍 PAJ 的检索方法。

PAJ 检索界面如图 10-17 所示，系统默认为文本检索（Text Search），点击右侧的号码检索（Number Search）切换至号码检索页面。

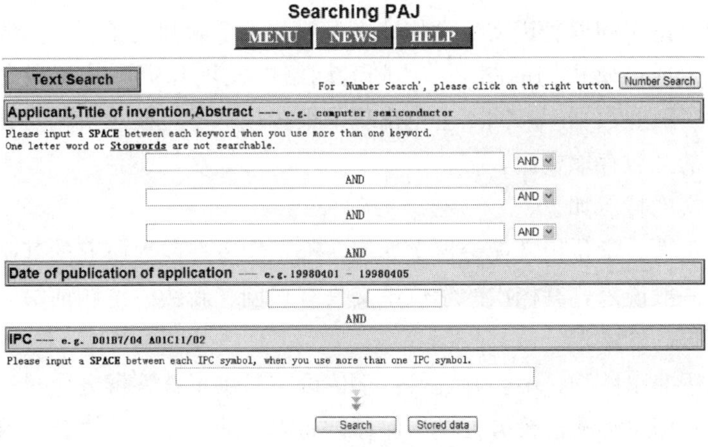

图 10-17　PAJ 检索界面

(1) 文本检索。文本检索分为三个检索区。上部是申请人、专利名称和专利摘要检索区，系统提供三个检索框，检索框之间固定为逻辑“与”关系。每个检索框内可输入多个检索词，词间用空格隔开，右侧通过下拉菜单可以选择词间逻辑关系。中部是申请公布日期检索区，可输入一个时间区间进行检索。下部是 IPC 检索区，若输入多个 IPC 分类号，号码之间需加空格。三个检索区之间默认是逻辑“与”关系。

(2) 号码检索。系统提供一个检索输入框，有 4 种号码选项：申请号（Application number）、公布号（Publication number）、专利号（Patent number）、审查员驳回决定诉讼案号（Appeal/trial number）。

3. 检索结果的显示与处理

检索结果以列表的方式显示，按照公开号的高低进行排序，一页最多显示 50 条记录。列表信息含有序号、公布号和专利名称。单击相应的公布号，显示该篇专利的英文文摘信息，包括权利要求、说明书、背景技术等。

☞ 重点提示：

若检索结果超过 1000 条，系统将不予显示，而是提醒用户修改检索策略重新检索。

10.2　学位论文

10.2.1　概述

学位论文是表明作者从事科学研究取得创造性的结果或有了新的见解，并以此为内容撰写而成、作为提出申请授予相应的学位时评审用的学术论文，包括学士论文、硕士论文和博士论文。学位论文一般分为纸版和电子版，其收藏地址一般在所属院校或科研机构的图书馆。随着网络的发展和资源共享观念的深入人心，现在除了商业数据库，网络上也出现了很多包括学位授予机构自建学位论文数据库在内的开放存取资源。

学位论文的特点如下。

(1) 独创性。学位论文无论档次如何，都是作者在前人研究的基础上提出自己的观点。一般说来，高档次的学位论文具有独创、新颖、论题前沿、研究专深等特点，有很高的学术价值。

(2) 属于非出版物，不公开发行。学位论文只供审查答辩之用，一般不公开出版，只以打印本形式向校方提供与保存，有固定的收藏点，故查找困难。

(3) 参考文献多而全面，有助于对相关文献进行追踪检索。

10.2.2 检索途径

1. 中国知网（CNKI）的学位论文全文数据库

CNKI 的学位论文全文数据库包括中国博士学位论文全文数据库和中国优秀硕士学位论文全文数据库，前者收录了 1984 年至今的全国“985”和“211”工程等重点高校、中国科学院、中国社会科学院等研究院所的博士学位论文；后者收录了从 1984 年至今国内近 600 家培养单位的优秀硕士学位论文。

CNKI 学位论文可以从新旧两个平台进行检索，新平台有快速检索、标准检索、专业检索、科研基金检索、句子检索 5 种检索方式，系统提供的可检字段包括主题、题名、关键词、摘要、作者、作者单位、导师、第一导师、导师单位、网络出版投稿人、论文级别、学科专业名称、学位授予单位、学位授予单位代码、目录、参考文献、全文、中图分类号、学位年度、论文提交日期、网络出版投稿时间 21 个。其检索界面和检索方法与第 5 章第 1 节所讨论的中国期刊全文数据库大同小异。

2. 万方数据知识服务平台的学位论文全文数据库

万方学位论文全文数据库的资源是由国家法定学位论文收藏单位——中国科技信息所提供，收录自 1980 年以来我国自然科学领域各高等院校、研究生院和研究所的硕士、博士以及博士后论文共计 220 多万余篇。

万方学位论文全文数据库有简单检索、高级检索、经典检索和专业检索 4 种检索方式，系统提供的可检字段包括全文、标题、作者、导师、关键词、摘要、学校、专业、发表日期、中图分类号等。其检索界面和检索方法与第 5 章第 3 节所讨论的万方数据知识服务平台大同小异。

3. PQDT 博硕士论文数据库

PQDT 博硕士论文数据库（ProQuest Dissertations & Theses，PQDT）是美国 ProQuest 公司（原名 UMI）出版的博硕士论文文摘数据库，原名为 ProQuest Digital Dissertations（简称 PQDD）。PQDT 收录了欧美 2000 余所知名大学自 1861 年以来的 290 多万篇博硕士学位论文文摘索引，每周更新，每年新增论文 8 万多篇，涉及文、理、工、农、医等多个领域，是目前世界上最大和使用最广泛的学位论文数据库，是学术研究中十分重要的参考信息源。PQDT 提供网上定购全文服务，数据库中所收录学位论文的 95%以上都可以通过网上在线订购获取缩微胶片、印刷版或者电子版全文。1997 年以来的部分论文除文摘信息外，还可以免费预览论文前 24 页内容。

PQDT 的网址为 http://proquest.umi.com/login，需要订购使用。2002 年，国内各高等院校、学术研究单位及公共图书馆通过 CALIS 中心联合采购部分博硕士论文全文，建立了“ProQuest 学位论文全文检索系统”，凡参加联合订购成员馆均可共享整个集团订购的全部学位论文资源。目前，国内集团用户可以共享的论文已经超过 35 万篇。

ProQuest 学位论文全文检索系统在中国有两个镜像服务站点：CALIS 本地镜像站（http://proquest.calis.edu.cn）和中国科学技术信息研究所镜像站（http://pqdt.bjzhongke.com.cn），机构用户采用 IP 地址控制使用权限。图 10-18 为 ProQuest 学位论文全文检索系统首页，也是基本检索界面。

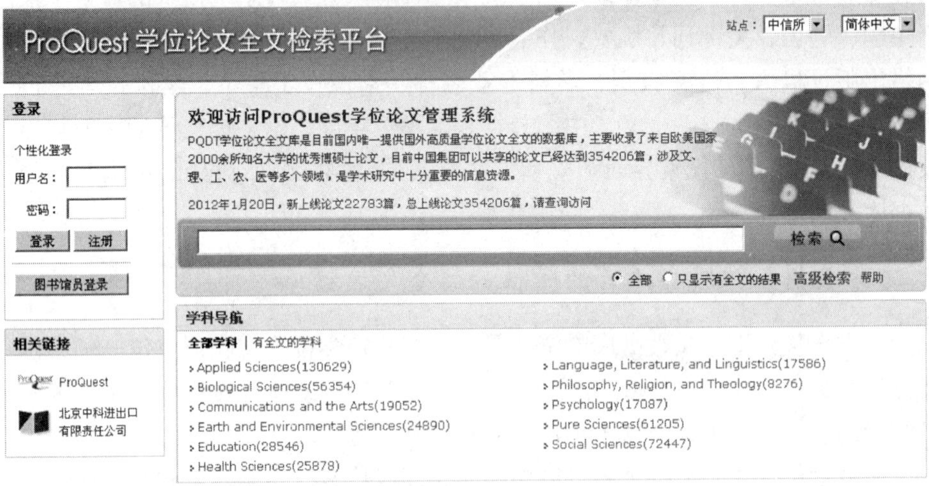

图 10-18 PQDT 学位论文全文检索系统首页即基本检索界面

PQDT 提供基本检索、高级检索和分类浏览三种检索方式。基本检索只有一个检索框，系统默认为关键词检索字段。高级检索界面提供多检索输入框的组合检索，系统提供标题、摘要、作者、学科、学校、导师、来源等 9 个可检字段。分类浏览按多级学科类别对学位论文进行浏览，还能根据发表年度、学位类别精练检索结果。

4. OCLC FirstSearch 的博硕士论文数据库

OCLC 全名为联机计算机图书馆中心（Online Computer Library Center），是世界最大的提供网络文献信息服务和研究的机构，创建于 1967 年，总部在美国俄亥俄州都伯林。FirstSearch 联机检索系统是 OCLC 于 1991 年推出的一个联机检索服务平台，通过该系统能够检索 70 多个数据库以及上千万有全文和插图的文章。

OCLC FirstSearch的博硕士论文数据库（WorldCat Dissertations and Theses）收集了OCLC WorldCat中所有的博硕士论文和已出版的以OCLC成员编目的论文为基础的资料，主要来自欧美几千所大学，如美国的哈佛、耶鲁、斯坦福、麻省理工、哥伦比亚、杜克以及欧洲的剑桥、牛津、帝国理工、欧洲工商管理学院、巴黎大学、柏林大学等。收录范围涵盖文、理、工、医、农等领域的硕博士论文共800多万条。从数据库高级检索的“互联网资源”中，可获得近20%，约100多万篇的全文论文，数据库每天更新，可免费下载。

OCLCWorldCat网址为http://firstsearch.oclc.org，系统提供基本检索、高级检索、专家检索和历史检索4种检索方式。

5. CALIS学位论文中心服务系统

CALIS学位论文中心服务系统面向全国高校师生提供中外文学位论文检索和获取服务。目前博硕士学位论文数据逾380万条，其中中文数据约170万条，外文数据约210万条。系统提供简单检索和高级检索两种检索方式，可进行多字段组配检索，也可从资源类型、检索范围、时间、语种、论文来源等多角度进行限定检索，检索结果通过多种途径排序，方便读者快速定位所需信息。该系统提供检索结果与CALIS“文献传递”的链接，读者可以直接在线提交文献传递申请，以获取学位论文全文。数据库网址为http://etd.calis.edu.cn。

6. 国家科技图书文献中心（NSTL）学位论文数据库

NSTL提供“中文学位论文库”和“外文学位论文库”两个入口，可以免费检索并获得文摘信息。中文学位论文库主要收录1984年至今我国高等院校、科研院所的博硕士及博士后的论文。外文学位论文库主要收录美国ProQust公司博硕士论文资料库中自2001年以来的优秀博士论文。网址为http://www.nstl.gov.cn。

7. 香港大学论文库

香港大学论文库（The Hong Kong University Theses Collection，HKUTO）收录了1941年以来港大授予的硕士和博士论文，包含艺术、人文、教育以及社会科学、医学和自然科学各学科。其中的大部分论文都是和香港有关的研究。该数据库的论文主要为英文论文，部分为中英双语，部分为只用中文写成。用户可以按照论文题目和作者检索，也可按照学位和学科检索。HKUTO网址为http://sunzi1.lib.hku.hk/hkuto/index.jsp。

10.3　会议论文

10.3.1　概述

会议论文是指在国际性、全国性、地区性或学术领域召开的各种学术会议上宣讲的学术论文。通常，会议论文会公布本行业最新的研究成果及重大发现，因此会议文献越来越受到行业人士的重视，成为了解本行业最新动向的重要信息来源。

会议文献包括会前文献、会中文献和会后文献。会前文献一般是指会前产生的预印本，论文摘要、议程等。会中文献指与会期间的开幕词、讲演词、会议记录、会议决议、闭幕词等。会后文献是指会议结束后主办单位整理的会议资料，常以会议录，会议论文集、会议专刊出版。会议论文的出版形式较多，一般以期刊或论文集的方式出版。一些定期召开的会议会以定期或不定期的方式发表论文集。

会议论文具有内容新颖、专业性强、学术水平高、及时性等特点。

10.3.2　检索途径

1. 中国知网（CNKI）的会议论文数据库

CNKI 的会议论文数据库包括中国重要会议论文全文数据库和国际会议论文全文数据库。两个数据库均按学科分为十大专辑：基础科学、工程科技Ⅰ、工程科技Ⅱ、农业科技、医药卫生科技、哲学与人文科学、社会科学Ⅰ、社会科学Ⅱ、信息科技、经济与管理科学。十个专辑下又分为 168 个专题。

中国重要会议论文全文数据库收录了国内重要会议主办单位或论文汇编单位书面授权，投稿到 CNKI 进行数字出版的会议论文，是《中国学术期刊（光盘版）》电子杂志社编辑出版的国家级连续电子出版物。数据库重点收录 1999 年以来，中国科协、社科联系统及省级以上的学会、协会、高校、科研机构、政府机关等举办的重要会议上发表的文献。其中，全国性会议文献超过总量的 80%，部分连续召开的重要会议论文可回溯至 1953 年。截至 2012 年 6 月，已收录出版 1.2 万多次国内重要会议投稿的论文，累积文献总量 170 多万篇。

国际会议论文全文数据库收录了国内外会议主办单位或论文汇编单位书面授权，投稿到 CNKI 进行数字收录的国际会议论文，是《中国学术期刊（光盘版）》电子杂志社编辑出版的国家级连续电子出版物。数据库重点收录 2010 年以来，IEEE、SPIE、IACSIT 等知名国际组织或国内学术机构主办或承办的国际会议上投稿的文献，其中连续性召开的系列会议文献最早可回溯至 1981 年。截至 2012 年 6 月，已收录出版 2500 次国际学术会议投稿的论文，累积文献总量 34 万多篇。

CNKI 的会议论文数据库检索方式包括快速检索、标准检索、专业检索、作者发文检索、科技基金检索、句子检索和来源会议检索，系统提供的可检字段包括主题、篇名、关键词、摘要、全文、论文集名称、作者、单位、基金信息等。其检索界面和检索方法与第 5 章第 1 节所讨论的中国期刊全文数据库大同小异。

2. 万方数据知识服务平台的会议论文数据库

万方数据知识服务平台的会议论文数据库由中国科技信息研究所提供数据，收录 1985 年至今世界主要学会和协会主办的会议论文，以一级以上学会和协会主办的高质量会议论文为主。全文库每年涉及近 3000 个重要的学术会议，总计 130 万余篇，每年增加约 20 万篇，每月更新。文摘库收录会议论文近百万篇。数据库提供高级检索、经典检索和专业检索三种检索方法，可检字段包括标题、作者、关键词、摘要、全文、会议名称、主办单位、会议时间等。其检索界面和检索方法与第 5 章第 3 节所讨论的万方数据知识服务平台大同小异。

3. ISI 会议论文引文索引

ISI 会议论文引文索引（Conference Proceedings Citation Index）是 ISI Web of Konowlege 检索平台下的会议文献数据库，包括科技会议论文引文索引（简称 CPCI-S）和社会科学及人文科学会议论文引文索引（简称 CPCI-SSH）。数据库收录了自然科学、工程技术、社会科学与人文科学等 250 多个领域 1 万多个会议的 450 多万条记录，汇集全球著名会议、座谈、研究和专题讨论会的会议资料。用户通过 ISI Proceedings 的检索，能够了解最新会议论文，并适时发现新理论、概念以及最前沿的科技信息。其检索方法可以参加第 4 章第 4 节。

4. OCLC FirstSearch 的会议论文与会议录索引

OCLC FirstSearch 中的国际学术会议论文索引库（PapersFirst）包括在世界范围内的各种会议上发表的论文所编纂的索引，涵盖所有来自于英国图书馆文献供应中心发表过的国会、研讨会、大会、博览会、研究讲习会和会议的资料。该库有超过 650 万条记录，每月两次更新。

OCLC FirstSearch 中的国际学术会议录索引库（Proceedings）是 PapersFirst 的相关库，涵盖从 1993 年以来所有来自于英国图书馆文献供应中心的发表过的研讨会、大会、博览会、研究讲习会和会议的资料，而且每条记录都包含一份在每次大会上所呈交的文件的清单，从而提供了各次活动的一个概貌，共有近

20 万条记录，所包涵的主题主要有会议记录、会议、讨论会、大会、展览和工作场所。与 PapersFirst 不同的是此数据库以会议名称排序，如何年、何会、何人、发表何论文。该数据库每周更新两次。

两个数据库都提供基本检索、高级检索和专家检索三种检索方式，可检字段包括关键词、登入号码、书目层次位置、会议地址、会议名称等。

10.4　科技报告

10.4.1　概述

1. 概念

科技报告（Science & Technical Report）是围绕某个课题的科学研究所取得的阶段性进展或最终性成果的记录与书面报告，是科研设计单位或个人以积累、传播和交流为目的，由科研人员按照有关规定撰写的真实而完善地反应科研人员所从事的科研活动内容的特种文献形式。

2. 分类

(1) 按内容可分为基础理论研究和工程技术两大类。

(2) 按形式可分为技术报告、技术札记、技术论文、技术备忘录、通报、技术译文、特种出版物和其他（如会议出版物、教学用出版物、参考出版物、专利申请说明书及统计资料）。

(3) 按研究进展程度可分为初步报告、进展报告、中间报告和终结报告。

(4) 按密级程度可分为绝密报告、机密报告、秘密报告、非密限制发行报告、非密报告和解密报告。属于保密的科技报告大多属于军事、国防工业和尖端技术成果。

3. 特点

(1) 实效性：一般一项研究工作的进展情况是以进展报告的形式及时向有关部门通报，反应新的研究情况，所以科技报告往往比期刊等更及时反应某一领域的进展情况。

(2) 独立性：一个报告反映一个特定的专题。

(3) 专业性：科技报告一般是专业人员根据科研情况撰写的，具有较大的专业性。

(4) 密级性：科技报告一般不公开发行，只适合于内部交流，并且根据其密级程度进行了分类。

4. 科技报告的编码

科技报告一般都有编号，但各系统、各单位的编号方法不完全相同，代号的结构形式也比较复杂。国外常见的主要科技报告的代号一般有以下几种。

（1）机构代号：是科技报告的主要部分，一般以编辑、出版、发行机构名称的首字母标在报告代号的首位，例如 DOE 代表“美国能源部”。

（2）类型代号：主要代表科技报告的类型。有的用缩写字母表示，例如 PR 代表“进展报告”（Progress Report），有的用数字表示，例如 DOE（原为 AEC）报告的 TID-3000 代表文献目录。

（3）密级代号：代表科技报告的保密情况，例如 ARR 代表绝密报告；S 代表机密报告；C 代表保密报告；R 代表限制发行的报告；U 代表非保密报告。

（4）分类代号：用字母或数字表示报告的主题分类，例如 P 代表物理学(Physics)。

（5）日期代号和序号：用数字表示报告出版发行年份和报告的顺序号，例如 STAN - CS（机构）- 82（年份）- 916（序号）。

10.4.2 科技报告的检索途径

1. 万方数据知识服务平台的科技成果数据库

万方数据知识服务平台的科技成果数据库收录了国内的科技成果及国家级科技计划项目，内容由中国科技成果数据库等十几个数据库组成，收录的科技成果总记录约 60 万项，内容涉及自然科学的各个学科领域，每月更新。其检索界面和检索方法与第 5 章第 3 节所讨论的万方数据知识服务平台大同小异。

2. 中国知网（CNKI）的国家科技成果数据库

CNKI 的国家科技成果数据库数据来源于中国化工信息中心，主要收录正式登记的中国科技成果，按行业、成果级别、学科领域分类。每条成果信息包含成果概况、立项、评价、知识产权状况及成果应用、成果完成单位、完成人等基本信息。收录范围为 1978 年至今的科技成果，部分成果回溯至 1920 年。到目前为止收录成果近 5 万余项。数据每月更新。其检索界面和检索方法与第 5 章第 1 节所讨论的中国期刊全文数据库大同小异。

3. 国务院发展研究中心信息网

国务院发展研究中心信息网（简称国研网）由国务院发展研究中心信息中心主办，是中国著名的大型经济类专业网站，是向领导者、投资者和学者提供经济决策支持的权威的信息平台。国研网以国务院发展研究中心丰富的信息资源和强大的专家阵容为依托，并与海内外众多著名的经济研究机构和经济资讯提供商紧密合作，全面整合中国宏观经济、金融研究和行业经济领域的专家学者以及研究成果。国研网内容丰富，包括国研报告、宏观经济、金融中国、行业经济、区域经济、世界经济与金融评论、财经数据（涵盖国内官方渠道统计数据）、高校管理决策参考等。

国研报告创建于 1998 年 3 月，是目前国内惟一的国务院发展研究中心调查研究报告全文数据库，由国务院发展研究中心专门从事综合性政策研究和决策咨询的专家不定期发布有关中国经济和社会诸多领域的调查研究报告，汇总了国务院发展研究中心百余位国家级经济专家近 20 年的研究成果。该数据库积累了 3000 余期研究成果，覆盖 15 种经济领域，内容涉及中国宏观经济政策走向及其对经济发展的影响、中长期发展战略和区域经济发展政策、产业及技术经济的发展动态、中国对外开放的战略与对策、企业改革和发展的重大问题、农村改革等诸多经济热点问题。每年约 240 期、160 万字左右不定期出版，网络版每天在线更新。国研报告的研究成果具有很高的预见性和权威性，是中国政府和企业决策的重要参考依据。

数据库采用国研网镜像站检索系统，用户需要购买才能开通使用，可通过原文传递服务获取其文献。其网址为 http://edu. drcnet. com. cn（教育网），http:// www. drcnet. com. cn（公众网）。

4. 美国政府报告数据库

美国政府报告数据库（National Technical Information Service，NTIS）由美国国家技术情报社出版，是美国目前最大的政府信息资源中心。NTIS 以收录美国政府立项研究及开发的项目报告为主，提供自 1964 年以来美国四大报告（PB、AD、NASA、DOE）的文摘索引信息和少量的西欧、日本及世界各国（包括中国）的科学研究报告，专业内容覆盖科学技术各个领域。其网址为 http://www. ntis. gov/search/index. asp，可以免费检索并获得文摘信息。

美国的四大报告简介如下。

（1）美国政府的 PB（Office of Publication Board）报告：内容侧重于各种民用科学技术。

（2）军事系统的 AD（ASTIA Documents）报告：包括军事科学技术及许多相关学科的文献资料。

（3）国家宇航局的 NASA（National Aeronautics and Space Administration）报告：内容除航空航天技术以外，涉及许多相关学科，在一定程度上成为综合型科技报告。

（4）能源部的 DOE（U.S. Department of Energy）报告：内容涉及核能与其他能源，包括矿物燃料、太阳能、地热能以及节能、环境和安全等内容。

NTIS 提供快速检索和高级检索两种检索方式，可检字段包括报告号、关键词、作者、摘要、全字段等。

10.5 标　准

10.5.1 概述

1. 概念

根据 2002 年发布的《标准化工作指南——第部分标准化和相关活动的通用词汇》（GB/T 20000.1-2002），标准是“为了在一定的范围内获得最佳秩序，经协商一致制定并由公认机构批准，共同使用的和重复使用的一种规范性文件”。标准宜以科学、技术和经验的综合成果为基础，以促进最佳的共同效益为目的。

2. 类型

（1）按使用范围可划分为：①国际标准，由国家标准化组织、国际电工委员会、国际电信联盟等国际性组织制定的或由其确认并公布的标准，国际标准在全球范围实用，如 ISO、IEC 等；②区域标准，在世界某一地区内相关国家或团体、联盟等共同制定的在范围内普遍使用的标准，如全欧标准 CEN、CENEIEC、非洲地区标准化组织 ARSO 等；③国家标准，由国家标准化机构制定并颁布的标准，我国国家标准由国务院标准化行政主管部门统一制定、发布，其代号为 GB；④行业标准，根据某专业范围统一的需要，由专业主管机构和专业标准化机构批准发布的标准；⑤地方标准，仅适用于某一国家某一地区范围内的标准。地方标准一般适用于地方特产的生产、检验等；⑥企业标准，由企业自行制定、发布的标准，如美国波音飞机公司 BAC。

（2）按内容及性质可划分为：①技术标准，根据生产过程的总结，在生产过程中必须共同遵守的规章，包括基础标准、产品标准、方法标准、安全与环境保护标准；②管理标准，包括技术管理标准、生产组织标准、经济管理标准、行政管理标准、业务管理标准和工作标准。

（3）按约束力的大小，可划分为强制性标准和推荐性标准。

3. 特点

标准文献是科技文献的一部分，是科技信息的重要来源，但又与一般的科技文献不同，具有其本身特有的属性。

（1）规范性：标准文献的提案、草拟、讨论、审批、颁布程序及撰写等都有相关规定，标准文献是依法公布的具有法律效力的规范性文件。

（2）时效性：随着科技的进步，行业标准也随其发展进化。为了保持标准不会落后于生产力，必须对标准进行及时修改、补充以及废止。

（3）针对性：标准有其适用范围，不同的行业、领域有其各自标准。

10.5.2　中国标准

1. 概述

1978年5月，国家标准总局成立。1978年9月，我国以中国标准化协会（CAS）名义，加入国际标准化组织（ISO），并参加其中103个技术委员会。1979年7月，《中华人民共和国标准管理条例》颁布，标志着我国标准化工作进入一个新的发展时期。1988年，全国人民代表大会通过了《中华人民共和国标准化法》。2001年，国家标准化管理委员会成立。1979年以来，我国已成立了近300个专业标准技术委员会。按照我国《标准化法》规定，标准分为强制性标准和推荐性标准两种。

2. 编号方法

无论是国际标准还是各国标准，在编号方式上均遵循一种固定格式，通常为“标准代号＋流水号＋年代号”。

（1）国家标准：国家标准的编号由国家标准代号、发布顺序号和发布年号三部分组成。强制性国家标准代号为GB，推荐性国家标准代号为GB/T。如GB 18401-2003，GB表示国家强制标准，18401表示国家纺织产品基础安全技术规范，2003年实施。

（2）行业标准：行业标准的编号由行业标准代号、标准发布序号和标准发布年号三部分组成。行业标准代号由国务院标准化行政主管部门规定，由代表行业的汉语拼音大写字母构成。如新闻出版行业强制性标准代码为CY，推荐性标准代码为CY/T。CY 42-2007表示2007年纸质印刷品覆膜过程控制及检测方法。

（3）地方标准：地方标准编号由地方标准代号、地方标准发布序号和标准发布年号构成。强制性地方标准的代号用DB加省、市、自治区代码前两位数加斜线（/）表示，推荐性标准在斜线后加T。如DB13 /888-2007，表示2007年河北省强制地方标准888号文件。

（4）企业标准：企业标准的编号由企业标准代号、标准发布序号和发布年号构成。根据我国《企业标准管理办法》规定，企业标准的代号用Q加斜线（/）

加企业的数字代号表示。企业代号由本地技术监督局规定，可以用企业大写拼音字母和阿拉伯数字两者兼用组成。如 Q/SH001.11.002-1991，表示 1991 年北京燕山石油化工集团第 002 号文件。

10.5.3 标准文献检索途径

目前国内外提供标准文献检索的数据库和搜索引擎很多，一般可以免费检索并获得题录信息，包括标准名称、标准号等。标准全文除了利用少数商业数据库直接下载外，常用方法是在查得所需标准的题录信息后通过查找印刷版、网上支付购买或文献传递。

1. 中国知网（CNKI）的标准数据库

CNKI 平台下的标准数据库包括国家标准全文数据库、中国行业标准全文数据库、中国标准题录数据库和国外标准题录数据库。

（1）国家标准全文数据库。国家标准全文数据库收录了由中国标准出版社出版的，国家标准化管理委员会发布的所有国家标准，占国家标准总量的 90%以上。标准的内容来源于中国标准出版社，相关的文献、专利、成果等信息来源于 CNKI 各大数据库。可以通过标准号、中文标准名称、起草单位、起草人、采用标准号、发布日期、中国标准分类号、国际标准分类号等检索项进行检索。数据库收录了 1950 年至今约 3 万多条国家标准，数据每月更新。数据库提供免费检索并浏览题录摘要等信息，全文下载需付费。

（2）中国行业标准全文数据库。中国行业标准全文数据库收录了现行、废止、被代替以及即将实施的行业标准，全部标准均获得权利人的合法授权。相关的链接文献、专利、成果等信息来源于 CNKI 各大数据库。可以通过标准号、中文标准名称、起草单位、起草人、出版单位、发布日期、中国标准分类号、国际标准分类号等检索项进行检索。数据库收录了 1950 年至今，交通、轻工、黑色冶金、有色金属、稀土、中医药、文化、印刷工业、旅游 9 个行业共 4000 余条标准，数据每季度更新。数据库提供免费检索并浏览题录摘要等信息，全文下载需付费。

（3）中国标准题录数据库。中国标准题录数据库收录了所有的国家标准（GB）、国家建设标准（GBJ）、中国行业标准的题录信息，标准的内容来源于中国标准化研究院国家标准馆，相关的文献、成果等信息来源于 CNKI 各大数据库。可以通过标准号、中文标题、英文标题、中文关键词、英文关键词、发布单位、摘要、被代替标准、采用关系等检索项进行检索。数据库收录了 1957 年至今约 15 万条标准，数据每月更新。中国标准题录数据库数据收录齐全、完整，且每一个条目后面链接了相关的标准、学术期刊文献、博硕士学位论文、会议论文、报纸、年鉴、专利、科技成果等，帮助人们了解每条标准的产生背景、最新发展动态和相关领域的发展趋势，为研究每一条标准及其所处技术领域的发展动态提供了最完备的信息集成服务。

（4）国外标准题录数据库。国外标准题录数据库收录了国际标准（ISO）、国际电工标准（IEC）、欧洲标准（EN）、德国标准（DIN）、英国标准（BS）、法国标准（NF）、日本工业标准（JIS）、美国标准（ANSI）、美国部分协（学）会标准（如 ASTM、IEEE、UL、ASME）等题录信息，标准的内容来源于中国标准化研究院标准馆，相关的文献、成果等信息来源于 CNKI 各大数据库。可以通过标准号、中文标题、英文标题、中文关键词、英文关键词、发布单位、摘要、被代替标准、采用关系等检索项进行检索。数据库收录 1919 年至今约 32 万条记录，数据每月更新。国外标准题录数据库实现了国外标准与学术期刊、学位论文、专利、科技成果等数据库在同一平台上的跨库检索，且在每一个标准条目的知网节细览页链接了相关的国内外标准、学术期刊、学位论文、会议论文、报纸、年鉴、专利、科技成果等，帮助人们了解每条标准的产生背景、最新发展动态和相关领域的发展趋势，为研究每一条标准及其所处技术领域的发展动态提供了最完备的信息集成服务。CNKI 的标准数据库检索界面和检索方法与第 5 章第 1 节所讨论的中国期刊全文数据库大同小异。

2. 万方数据知识服务平台的标准数据库

万方数据知识服务平台的标准数据库综合了由国家技术监督局、建设部情报所、建材研究院等单位提供的相关行业的各类标准题录，包括中国标准、国际标准以及各国标准等 29 万多条记录。数据每月更新，保证了资源的实用性和实效性，目前已成为广大企业及科技工作者从事生产经营、科研工作不可或缺的宝贵信息资源。

数据库提供简单检索和高级检索两种检索方式，可检字段包括标准名称、标准编号、发布单位、发布日期、实施日期、标准状态、开本页数、采用关系、中图分类号、中国标准分类号、国际标准分类号、国别等。检索结果按中国标准分类（CCS 分类）、标准的类型、标准发布的日期进行分类。其检索界面和检索方法与第 5 章第 3 节所讨论的万方数据知识服务平台大同小异。

3. 中国标准服务网

国家标准馆成立于 1963 年，是我国唯一的国家级标准文献、图书、情报的馆藏、研究和服务机构，隶属中国标准化研究院，是国家标准化管理委员会的基础信息支撑机构。国家标准馆是国家标准文献中心，是中国图书馆学会专业图书馆分会理事单位和国家科技图书文献中心（NSTL）的成员单位，是我国历史最久、资源最全、服务最广、影响最大的权威性标准文献服务机构。国家标准馆馆藏资源有一个世纪以来国内外各类标准文献 97 万余件，包括齐全的中国国家标准和 66 个行业标准，60 多个国家、70 多个国际和区域性标准化组织、450 多个专业协（学）会的成套标准，160 多种国内外标准化期刊及标准化专著。

国家标准馆自 2005 年开始进行的“标准文献共享网络建设”，在整合全国已有标准文献资源的基础上，形成了规模庞大的标准文献题录数据库、全文数据库和专业数据库。目前标准文献题录数据库数据量已达 130 万余条，是我国迄今为止最全的标准文献信息库。国家标准馆通过门户网站——中国标准服务网提供各类在线服务，免费注册用户可以检索标准目录，但阅读标准全文需要付费。中国标准服务网网址为 http://www. cssn. net. cn。

4. 国际标准化组织

国际标准化组织（International Organization for Standardization，ISO）成立于 1947 年 2 月 23 日，是目前世界上最具权威的国际标准化专门机构，总部设于瑞士日内瓦，有 160 多个会员国。该组织自我定义为非政府组织，官方语言是英语、法语和俄语，参加者包括各会员国的国家标准机构和主要公司。中国是 ISO 的正式成员，代表中国的组织为中国国家标准化管理委员会（Standardization Administration of China，SAC）

ISO 标准分为以下几类。

（1）正式标准（ISO）：1972 年 1 月起以 ISO 的形式颁布，其编号形式为“标准代号+顺序号+年代号”。

（2）推荐标准（ISO/R）：1971 年底以 ISO/R 颁布的且修订工作至今尚未结束的标准，其编号形式为“推荐标准代号+顺序号+年代号”。

（3）技术报告（ISO/TR）：是指一个供技术委员会成员研究的传阅文件。

（4）标准草案（ISO/DIS）：指发给全体成员国进行酝酿并参加投票的标准化文件。

制定国际标准工作通常由 ISO 的 180 多个技术委员会完成，在 ISO 的标准数据库可以免费检索 ISO 的所有已颁布标准，并提供在线订购全文的服务。ISO 的网址为 http://www. iso. org。

ISO 标准数据库提供简单检索和高级检索两种检索方式，可检字段包括标准名称、摘要、全文、ISO 标准号等。

5. 世界标准服务网

世界标准服务网（World Standards Services Network，WSSN）是全世界标准化组织的公共服务门户网，现有 182 个成员机构、国际标准化机构、区域标准化组织的网站链接，中国标准化服务网为其中国站点。WSSN 并不提供标准检索服务，而是提供一个全世界标准信息网络的互联平台，它以链接的方式将各级各类标准信息网站联接在一起，形成一个统一的标准信息检索系统。在世界标准服务网中可检索到国际标准化组织（ISO）、国际电工委员会（IEC）和国际电信联盟（ITU）的标准网站；可以查到 64 个国家级成员的 73 个网站，如日本工业标准委员会（JISC）、印度标准局（BIS）等；可以查到被 ISO、IEC、ITU 认可的 8 个区域性标准化机构的网站，如欧洲标准化委员会（CEN）、太平洋地区标准化会议（PASC）等；可以查到 41 个国际性从事标准化的组织的网站，如国际铁路联盟（UIC）、世界卫生组织（WHO）等；可以查到 5 个与标准化工作相关的其他国际组织或区域性组织的网站，如世界贸易组织（WTO）等。WSSN 的网址为 http://www.wssn.net。

参考文献

[1] 中华人民共和国国家知识产权局，专利审查指南2010.北京：知识产权出版社，2010.

[2] 黄如花.信息检索[M].武汉：武汉大学出版社，2010.

[3] 广州奥凯信息咨询有限公司.科技查新中的专利检索[EB/OL].http://58.194.172.79/wp-content/uploads/2012/05/科技查新中的专利检索.ppt[2012-5-19].

[4] 张白影.新编文献信息检索通用教程[M].北京：首都经济贸易大学出版社，2007.

[5] 陈英.科技信息检索[M].北京：科学出版社，2009.

[6] 沈固朝.信息检索(多媒体)教程[M].北京：高等教育出版社，2002.

[7] 黄如花.信息检索[M].武汉：武汉大学出版社，2010.

[8] 余向春.化学文献及查阅方法[M].北京：科学出版社，2003.

[9] 侯晓俊.国内外四大学位论文数据库比较研究[J].情报杂志，2005(2)：105-107.

[10] 何青芳，陆琪青.中外科技报告的检索方法与获取途径[J].现代情报，2005(9)：116-118.

[11] 黄国光.国家标准浅谈[J].丝网印刷，2009(8)：36-41.

[12] 博深.美国专利历史概况[EB/OL].http://www.borsam.cn/web/zhinan/zhinan-3.html[2012-6-19].

[13] 田春虎.欧洲专利文献及其检索[EB/OL].http://www.sipo.gov.cn/wxfw/mfzljzyjspx/mfpxkj/201001/t20100112_487539.html[2012-6-19].

[14] 宋瑞玲.美国专利商标局的检索及介绍[EB/OL].http://wenku.baidu.com/view/fc14ba07eff9aef8941e0621.html[2012-6-19].

[15] 田春虎.欧洲专利文献及其检索[EB/OL].http://www.sipo.gov.cn/wxfw/mfzljzyjspx/mfpxkj/201001/P020100112337755215541.ppt[2012-6-19].

[16] 何艳霞.欧洲专利局网站专利检索[EB/OL].http://www.sipo.gov.cn/wxfw/mfzljzyjspx/mfpxkj/200804/P020080402390773618728.ppt[2012-6-19].

[17] 盖爽.因特网上专利信息资源及其获取[EB/OL].http://www.sipo.gov.cn/wxfw/sjczjnpx/aqc/201008/P020100810504755589823.pdf[2012-6-19].

[18] 宋瑞玲.欧洲专利检索网站介绍[EB/OL]. http://www.sipo.gov.cn/wxfw/zlwxzsyd/zlwxyj/wxjsyhq/201003/P020100312596435008155.pdf[2012－6－19].
[19] OCLC. WorldCat 硕博士论文数据库[EB/OL]. http://www.lib.sdu.edu.cn/files/kejian/WorldCat.pdf[2012－6－21].

第 11 章　文献信息的管理与综合利用

11.1　个人文献信息的管理

科研人员在享受网络文献信息资源带来的便利的同时，也不得不面对如何有效管理检索到的大量文献信息的问题。科技论文的撰写，尤其是综述论文、博硕士学位论文的撰写，引用的参考文献很多，引文的整理和规范化是一项工作量巨大的工程。此外，由于各种期刊杂志对学术论文的文后参考文献格式要求不一致，所以当遭遇退稿需改投其他期刊时，对参考文献的修改整理就成为一项非常令人头痛的工作。因此，面对海量文献信息的电子化，信息过滤和管理变得极其重要，为了提高科研人员对电子资源的使用效率，帮助科研人员有效管理和利用电子文献，文献管理类软件应运而生。目前应用较为广泛的个人书目文献管理软件或称参考文献管理软件有 Endnote、NoteExpress 等。

11.1.1　EndNote

1. 概述

EndNote 参考文献目录管理软件，是由美国科学信息所于 20 世纪 80 年代研制开发的应用软件。EndNote 目前同时支持 gb2312 和 utf-8 编码，对中文的支持较好，最新版本为 X5，主界面如图 11-1 所示。

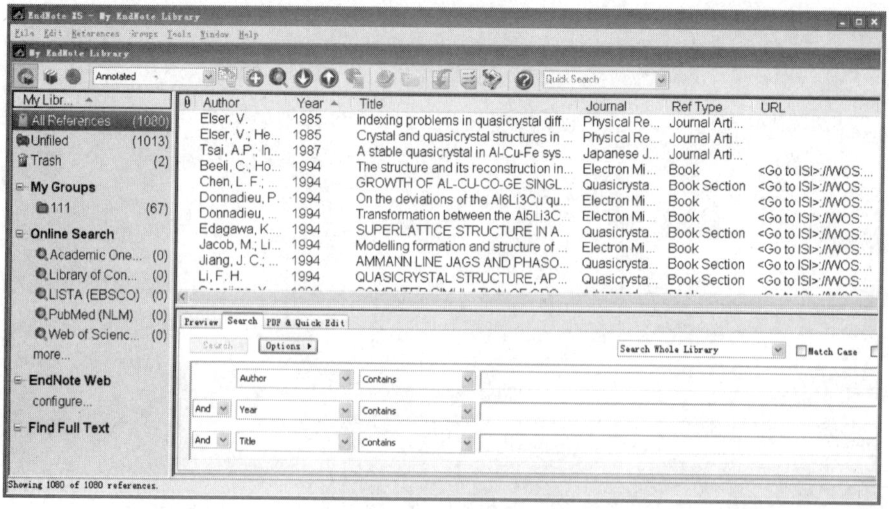

图 11-1　EndNote 主界面

利用 EndNote，用户可方便地创建个人参考文献库，这种文献库被称为 EndNote 库或 EndNote 图书馆。用户可以收集贮存个人所需的各种参考文献，并且可以根据个人需要对存储的参考文献记录进行编辑；可重新排列并显示文献，还能对贮存的文献数据库进行检索；也可以按照不同科技期刊对其稿源论文的参考文献目录著录格式和内容的要求，进行著录字段的修改调整，将引用内容和参考文献目录插入和输出到文字处理文件中。

2. 核心功能

（1）文献资料的管理：建立个人文献的图书馆，可以随时检索、查看 PDF、图片等附件；支持在线的文献检索、编辑、更新图书馆，资料易于共享。

（2）文献分析：简单的统计分析和关联外部文献分析软件分析。

（3）协助撰写论文与 word 关联：配合 Word 或 WordPerfect 等文档处理软件写文章，使用 Endnote 提供的期刊写作模版来写作，在 word 中撰写文章时，插入参考文献并编排格式。

（4）Endnote web 的协助使用：在线管理文献记录，支持修改、删除，可以连接到 ISI web of knowledge 中查看相关记录、引用记录、JCR 等；可以在 word 中加载工具条，协助撰写论文时进行参考文献的编排；可以与本机的 Endnote 进行数据的传递。

3. 创建 EndNote 库

首次打开安装好的 EndNote 文献管理软件，会出现 Getting Started with EndNote 窗口，选择 Create a new library，设定存放位置和数据库名，即创立一个 EndNote 库。之后如果要创建新的 EndNote 库可以单击菜单命令 File→New。

4. 文献导入

1）网站输出

（1）数据库输出。Web of Science 可以将检索结果直接输出导入到 EndNote。选中所需检索结果（单次最多 500 条记录），单击检索结果页面上方或底部的 EndNote 按钮，所选记录即会保存在 EndNote 中的 My Library。

（2）Google scholar 输出。首先需将 Google scholar 页面右上角“设置”中的“文献管理软件”项设置为“显示导入 EndNote 的链接”，之后检索结果中每条记录最后都会显示“导入 EndNote”链接，单击该链接，即可将相应记录导入 EndNote。

2）格式转换

（1）数据库输出文档导入。大部分网络数据库提供可供 EndNote 导入的题录文件下载服务，如 Web of Science、ACS、ScienceDirect、Springer 等。导入网络数据库题录文件到 EndNote 库需要两个步骤：第一步，登录网络数据库检索文献并下载题录文件；第二步，导入到 EndNote 库。

（2）单篇 PDF 导入。单击菜单命令 File→Import→File，在对话框中选择要导入的 PDF 文件，并在 Import Option 中选择 PDF 选项，最后单击 Import 按钮。

（3）将文件夹中所有 PDF 导入。单击菜单命令 File→Import→Folder，在对话框中选择要导入的文件夹，并勾选下方 Include files in subfolders，最单点击 Import 按钮。

3）联机检索

EndNote 集成了很多题录数据库的联机检索功能，只要安装有 EndNote 的计算机有登录这些数据库的权限，就可以通过 EndNote 集成的联机检索将检索到的题录输入到本机上的 EndNote 库。

在 EndNote 窗口左侧的 Online Search 下选择数据库，如图 11-2 所示，选择了 Web of Science 数据库，在窗口下方 Online Search-ISI Citation Indexes at Web of Science（ISI）选项卡中输入检索式，单击 Search，检索结果就保存到以该数据库命名的组中。单击 Option→Save Search，即可保存该次检索所用检索式，如果以后要用该检索式重新检索，可以选择 Load Search。

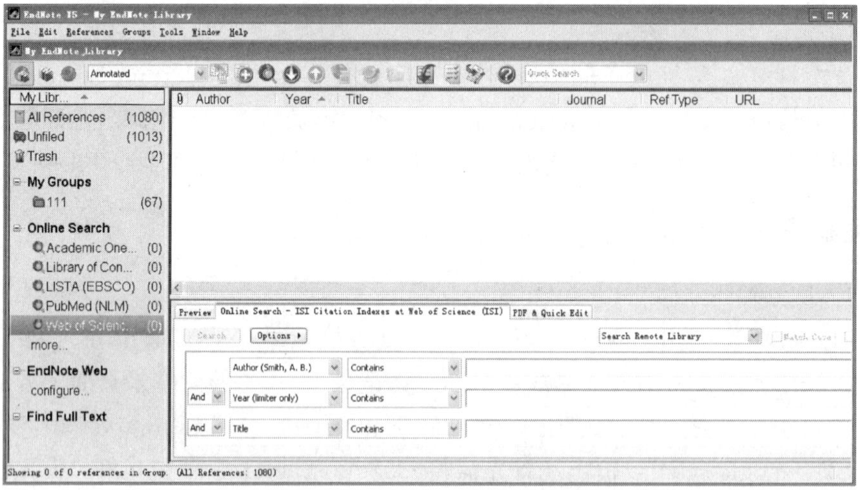

图 11-2　EndNote 联机检索界面

4）手工添加

点击 References 菜单下的 New Reference，打开参考文献录入空白窗口，如图 11-3 所示。新参考文献窗口默认为 Journal Article 类型，可从下拉选单中选择所需的参考文献类型，如 Book、Conference Proceedings、Patent、Statute 等。更改文献类型，提供输入的文献信息字段也会相应改变。在字段下方的空白处手动输入作者、篇名、刊名、卷/期/页、出版年等文献信息。

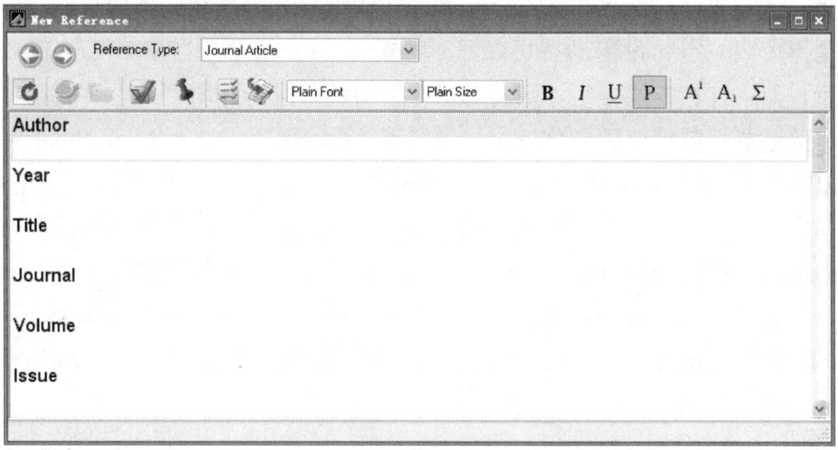

图 11-3 EndNote 手工添加题录界面

☞ 重点提示：

一个作者姓名必须单独占据一行，回车后在另一行输入第二个作者姓名；作者姓名按“名（空格）姓”或“姓，（英文逗号）（空格）名”格式输入；作者姓名要输入完整，不能输入缩写。

5. 文献管理

（1）排序。在题录窗口点击字段标题即可改变排序，可按照相应字段字母或数字的升序或降序排列。

（2）查找。当导入的参考文献达到一定数量时，从特定的文件夹中查找一篇文献会很困难。EndNote 提供了查找用户个人图书馆中文献的简单方法。一种方法是在窗口上方的 Quick Search 检索框中输入信息进行检索；另一种方法是先选择窗口下方的 Search 卡片，如图 11-1 所示，可以进行更复杂精确的查找。不管用哪种方法，窗口左侧都会出现一个 Search Results 临时组，查找的结果都会保存在该组里。

（3）去重。通过不同途径得到的 EndNote 题录往往会出现重复，因此需要去重处理。步骤如下：打开可能包含重复题录的 EndNote 库，单击窗口上方菜单栏中 References 选择 Find Duplicates，重复的题录会高亮显示。选中需要删除的参考文献，单击鼠标右键选择 Move References to Trash，或从上方菜单栏中 References 选择该项，所选中的参考文献就会从 Library 中移到 Trash 中。在窗口左侧的 Trash 上点击鼠标右键，选择 Empty Trash 即可完全删除。

（4）分组。①普通分组是指用户创建的主要用于对题录进行分类组织的分组，需要用户手动将题录划归于其中。单击菜单命令 Groups→Create Group，输入新建分组的名称，然后在新建分组名称外任意地方单击完成新建分组。②智能分组是指按照一定的设定动态更新显示该分组中的题录。当 EndNote 库中增加题录后，如果存在智能分组，则会对这些新增题录进行逻辑判断，并将那些满足其设定的题录划归到该智能分组中。单击菜单命令 Groups→Create Smart Group 就会出现如图 11-4 所示的对话框，在对话框中设定智能分组名称和分组依据，最后单击 Create 按钮，完成智能分组，符合分组依据的题录会自动保存在该组中。③可以根据已有的分组创建逻辑分组。将若干已有分组按照一定的逻辑关系组配，符合条件的题录会自动保存在该组中。当普通分组和智能分组中题录有变动时，相关的逻辑分组也会相应改变。创建界面如图 11-5 所示。三种类型分组均出现在窗口左侧 My Groups 下。

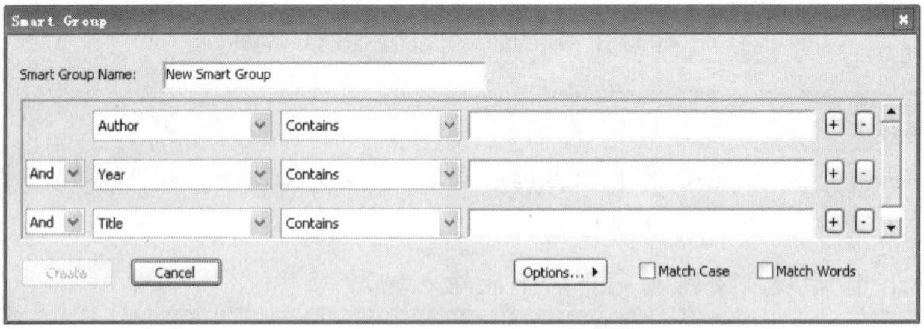

图 11-4　EndNote 创建智能分组的设定对话框

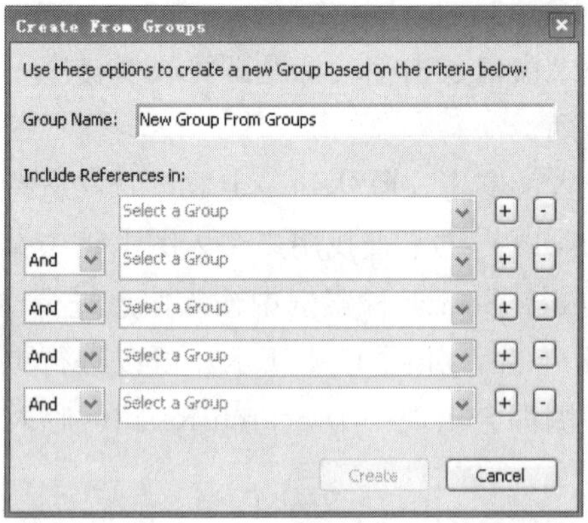

图 11-5　EndNote 创建逻辑分组的设定对话框

（5）分析。单击菜单命令 Tools→Subject Bibliography，在 Subject Fields 对话框中可选择作者、出版年、期刊等对当前 EndNote 库中参考文献进行分析统计。

(6) 下载全文。检索文献时，除了得到文献信息外，还常常需要获取文献全文，以便进一步深入阅读。EndNote可以根据题录中包含的特殊信息通过互联网查找文献全文。首先打开拟查找全文的题录，然后单击菜单命令 References→Find Full Text ▶→Find Full Text，或者直接单击窗口上方按钮。在弹出的提示信息对话框上单击确定开始查找。如果安装有 EndNote 的计算机连接互联网且具有访问所需全文数据库的权限，那么查到的文献全文会下载到 EndNote 库中特定的文件夹下，并以附件形式添加。需要注意的是，绝大部分的网络文献全文数据库都需要一定的授权才可以访问，因此在利用 EndNote 查找文献全文时，要首先了解所用的计算机可访问哪些全文数据库。下载成功的 PDF 全文可以在 EndNote 中打开，并可以保存在 PDF 文件上所做的标记。

6. 文献编排

(1) 边写边引。EndNote 提供用于 Microsoft Word 的插件，辅助完成文稿参考文献的引用插入、罗列以及格式编排，可实现一边撰写一边引用，即边写边引。先将鼠标光标定位于 Word 文档中拟引用文献处，然后在打开的 EndNote 窗口中选中需要插入的参考文献，单击图标（Insert Citations），即把选中的参考文献按照一定的格式要求输出到文档中。Word 文档中 EndNote 工具栏上的图标（Edit & Manage Citation (s)）可以调整参考文献引用次序。在打开的 Edit & Manage Citations 对话框中，单击选中参考文献右侧的 Edit Reference 按钮上的下拉菜单，选择 Remove Citation 命令，即可删除该引用。文献引用插入完成后，通常要对参考文献的格式进行编排，以便满足发表或出版要求。在 Word 2003 中单击 EndNote 工具栏上的 Format Bibliography 按钮，然后在打开的对话框上单击 Browse 按钮，选中需要的格式；在 Word 2007 或 Word 2010 中则单击 EndNote 选项卡上的 Style 选项的下拉菜单标志，然后单击 Select Another Style 命令，选中需要的格式。

(2) 模板写作。EndNote 提供了 190 多个用于学术期刊论文编排的 Microsoft Word 模板。科研人员在向这些学术期刊投稿时，可以方便、快捷地套用这些模板编排出格式符合要求的文稿，不需要在熟悉期刊投稿格式要求上耗费时间。使用论文模板编排稿件，用户只需要在文档中的指定位置填入相应内容即可，论文的编排格式，如页面设置和各组成部分（标题、正文等）的样式（字体、字号、行间距等）等均由使用的模板设置而无需用户自己动手。EndNote 提供的 Word 论文模板位于 EndNote 文件夹中的 Templates 文件里，如图 11-6 所示。这些论文模板既可以通过在资源管理器中双击打开，也可以通过 EndNote 打开，还可以从 Word 中打开。通过 EndNote 打开论文模板需要单击菜单命令 Tools→Manuscript Templates，选中所需论文模板，在弹出的安全警告对话框上选中“总是相信来自此发布者的宏”，然后单击“启用宏”开始使用论文模板，可根据向导提示逐步进行。

图 11-6　EndNote 论文模板

11.1.2　NoteExpress

1. 概述

NoteExpress 是北京爱琴海乐之技术有限公司（公众网 http://www.reflib.org，教育网 http://www.scinote.com）于 2005 年 6 月开发的一款专业级别的文献检索与管理系统，其核心功能涵盖知识采集、管理、应用、挖掘的知识管理的所有环节，是学术研究、知识管理的必备工具和发表论文的好帮手。

NoteExpress 完全支持中文，符合中国人使用习惯，支持多语言格式化输出。用户可以根据自己所处的网络环境选择从公网（http://www.RefLib.org/download _ chs.htm）或者教育网（http://www.SciNote.com/download _ chs.htm）网站上下载 NoteExpress 的安装程序；个人用户请下载标准版，集团用户请下载相应的集团版。NoteExpress 2.X 版可以在 Windows 2000 \ XP \ Vista \ 7（32 位和 64 位）、Windows Server 2003 \ 2008 \ 2008R2（32 位和 64 位）操作系统上运行；NoteExpress 2.X 版的写作插件支持 MS Word 2003 \ 2007 \ 2010（32 位）、WPS Office 2010 文字和 Open Office 写作工具软件，对 TeX/LaTeX 也有良好支持。NoteExpress 最新版本为 v2.7.1.1858，主界面如图 11-7 所示。

NoteExpress 安装完毕后首次启动会打开自带的 Sample 示例题录数据库，该数据库存放在“我的文档”目录下，供新用户练习使用。建议用户正式使用时建立自己的新数据库。在 NoteExpress 主程序的“文件”下拉菜单中单击“新建数据库”，然后选择保存位置即可。

☞ 重点提示：EndNote 与 NoteExpress 的总体比较。

(1) EndNote 比 NoteExpress 出色的地方：在线查找比 NoteExpress 方便；在线数据库比 NoteExpress 多；大部分参考文献可以直接从网络下载导入 EndNote 库中。

(2) NoteExpress 比 EndNote 出色的地方：导入文献资料的速度比国外同类软件快；可以在 Word 分节中重新编号；在中英文资料三个以上作者的区别对待方面，NoteExpress 做法更简单；CNKI 可以直接导入；内置了许多国内外学术期刊的格式，不需用户自己建立新样式；可以将文献分类；性价比高。

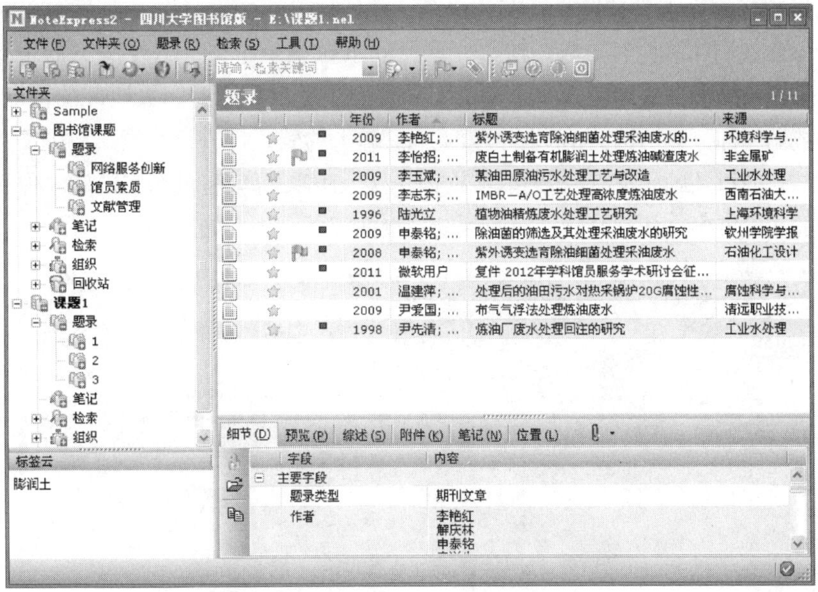

图 11-7 NoteExpress 主界面

2. 核心功能

(1) 检索：支持数以百计的全球图书馆书库和电子数据库。一次检索，永久保存。

(2) 管理：可以分门别类管理百万级的电子文献题录和全文，独创的虚拟文件夹功能更适合多学科交叉的现代科研。

(3) 分析：对检索结果进行多种统计分析，从而使研究者更快速地了解某领域里的重要专家、研究机构、研究热点等。

(4) 发现：与文献相互关联的笔记功能，能随时记录阅读文献时的思考，方便以后查看和引用。检索结果可以长期保存，并自动推送符合特定条件的相关文献，对于长期跟踪某一专业的研究动态提供了极大方便。

(5) 写作：支持 Word 和 Latex，在论文写作时可以随时引用保存的文献题录，并自动生成符合要求的参考文献索引。软件内置 1600 种国内外期刊和学位论文的格式定义。首创的多国语言模板功能，可以自动根据所引用参考文献语言的不同实现差异化输出。

3. 数据导入

NoteExpress 提供了 4 种导入题录的方式。

(1) 在线检索导入。在“检索”的下拉菜单中选择“在线检索”中的“选择在线数据库”，选中某数据库后单击“确定”，在新窗口中输入检索条件进行检索，在检索结果中按照需求勾选题录，在“保存勾选的题录”中选择题录保存的文件夹。

(2) 内嵌浏览器检索导入。在“检索”的下拉菜单中选择“在浏览器中检索”，原来显示题录的部分立即变为一个浏览器，页面中显示数据库网页地址的快捷方式，单击某数据库即可显示该数据库的检索页面，输入检索条件进行检索，在中文数据库中检索结果的每条题录都有一个图标，点击该图标就将其指向的题录保存在左侧选中的文件夹中，从浏览器切换回到题录页面即可看到，如图 11-8 所示。

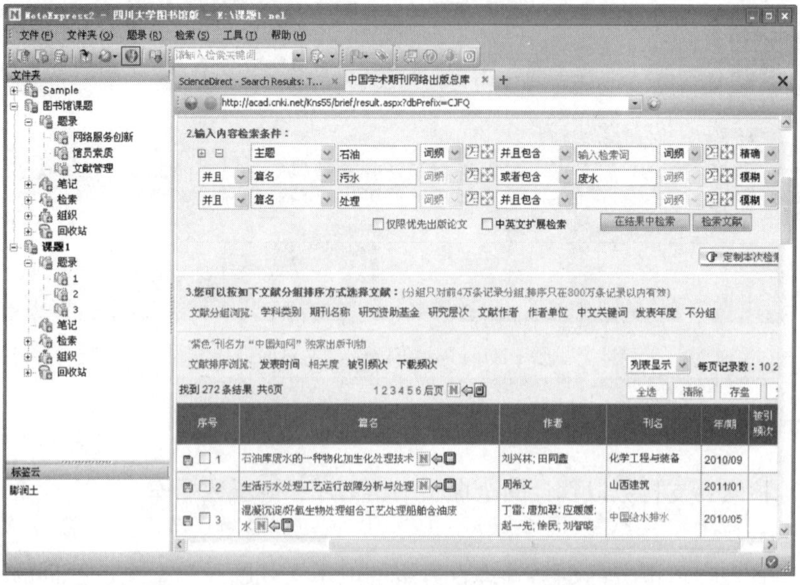

图 11-8　NoteExpress 内嵌浏览器检索导入页面

(3) 过滤器导入。在某数据库检索后，按需求选择检索结果、输出检索结果的格式并保存检索结果文件。然后打开 NoteExpress，单击“文件”中的“导入题录”，在新窗口的“题录来源”中指定从数据库中保存的检索结果文件，并在下方“选项”中选择对应的过滤器和题录的存放位置，点击“开始导入”。一般外文数据库保存题录时，可以选择输出格式为 RIS 或 Endnote，导入时过滤器选择相应的 RIS 或 Endnote Import。

(4) 手工录入。个别没有固定格式导出的题录可以手工录入。在所需添加题录处单击鼠标右键，选择“新建题录”。在新窗口中手工录入各个字段的信息，单击窗口上方的保存按钮。另外，如果已经下载了大量全文，NoteExpress 提供另外一种非常有效的导入方式。单击“文件”下拉菜单中的“导入文件”，在新窗口中添加需要导入的文件或存放全文的目录，再设定导入的目标文件夹，单击“导入”即可。通过上述方法导入文献题录，就基本形成了个人数据库。当然，对研究和管理工作而言，这仅仅是个开始。因为需要对纷繁的题录进行整理，为进一步的研究设计或文章撰写等服务。

4. 管理

(1) 查重。通过不同来源获得的题录不可避免地存在重复的情况，在 NoteExpress 中，可以方便快捷地查找并删除重复题录。单击菜单“检索”中的“查找重复题录”，启动查重功能。在新窗口中，选择待查重文件夹和待查重字段，单击“查找”，重复题录就会被蓝色高亮标出，在重复题录上单击鼠标右键，选择删除。

(2) 虚拟文件夹。虚拟文件夹为多学科交叉的当代科研提供了解决办法，同一条文献可以属于多个文件夹，但数据库中只保存一条。修改任何文件夹中的该条题录，在其他文件夹下都会同时修改；删除其中一个文件夹下的这条题录，其他文件夹中仍然存在，只有将最后一条题录删除掉，这条题录才会彻底从数据库中消失。

(3) 全文下载。选中需要下载全文的题录（可按下 Ctrl 键，鼠标单击选择多个条目），单击鼠标右键，选择“下载全文”，并选择全文数据库及文件，下载保存位置。NoteExpress 弹出下载对话框，根据提示信息可以了解文章的下载情况。比如下载成功、下载权限限制、下载中、等待中等。

(4) 添加附件。NoteExpress 提供添加附件功能，将题录与全文关联起来进行管理。可以将各种类型的文件添加为附件，如 PDF、word、CAJ、图片、excel 等类型的文件。①添加单个附件。在题录页面中，选中所需添加附件的题录，单击下方“附件”，在空白处单击鼠标右键选中添加的附件，如图 11-9 所示。②批量添加附件。在 NoteExpress 的主程序单击“工具”中的“批量链接附件”，在新窗口中先选择需要添加附件的题录文件夹，然后选择附件所在路径，还可设置匹配度，单击“开始”。在链接结果中显示匹配列表后，可以根据需要在所选题录处单击鼠标右键进行相应修改。最后单击“应用”。

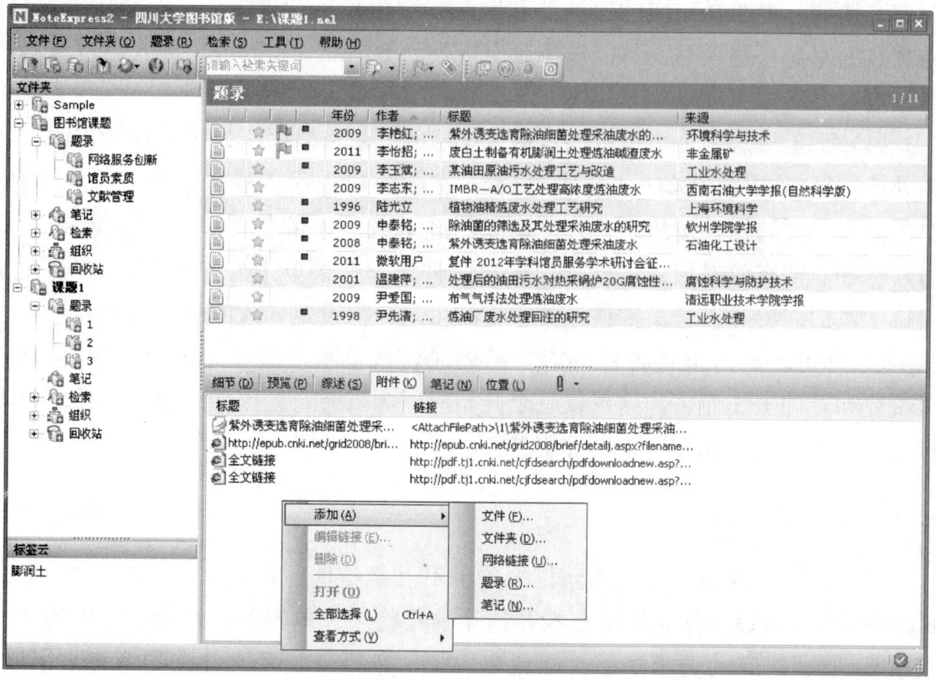

图 11-9　NoteExpress 以附件方式插入参考文献全文以及相关文件

（5）本地检索。在主界面中可以对当前文件夹进行关键词和标题符合检索条件的简单检索。NoteExpress 还提供了高级检索功能。单击“检索”中的“在个人数据库中检索”按钮，出现高级检索页面，如图 11-10 所示。系统默认能保存 5 个历史检索结果，可以在“工具”里的“选项”中进行调整。

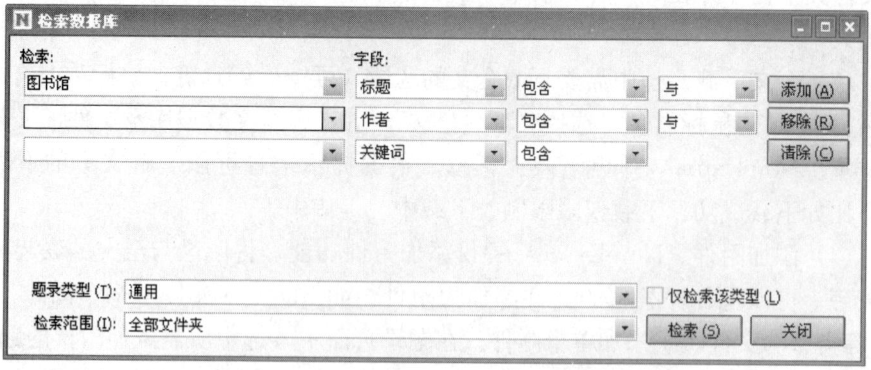

图 11-10　NoteExpress 本地检索中高级检索页面

5. 笔记

科研心得、论文草稿等瞬间产生的隐性知识可以通过 NoteExpress 的笔记功能进行记录，并且可以与某个参考文献的题录链接起来方便管理。选择需要添加笔记的题录，单击“笔记”下的“为当前题录创建一条新的笔记”，系统支持一条题录多条笔记。如果在下方窗口内添加笔记，可以直接单击“立即保存”按钮；如果单击“打开新窗口编辑笔记”按钮后添加笔记，则可以选择笔记保存的位置。

6. 输出参考文献列表

NoteExpress 内置了多种国内外学术期刊、学位论文和国标的格式规范，通过 NoteExpress 将参考文献题录作为文中注释插入论文中，按照需要进行格式化，快速自动生成参考文献。如果 NoteExpress 没有需要的文献格式，可以非常方便地编辑所需要的格式，还可以随时调整参考文献的格式。这样在写论文的过程中，科研人员便可以从手工编辑与管理文献的繁重工作中解脱出来。NoteExpress 顺利安装后，如果计算机上有 Microsoft Word 文字处理软件，便会自动生成一个 Microsoft Word 插件，如图 11-11 所示。

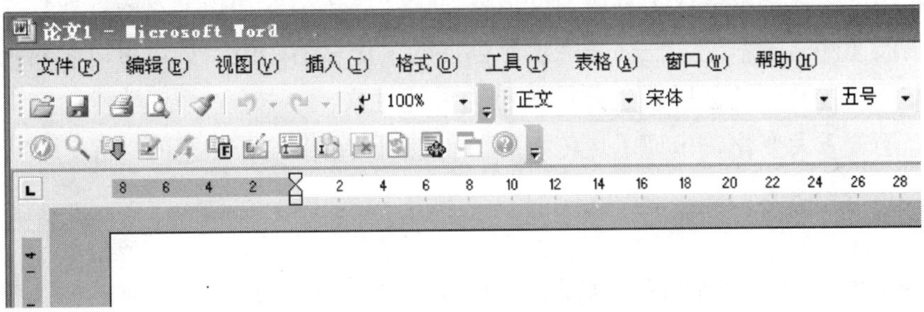

图 11-11 安装到 Microsoft Word 中的 NoteExpress 插件功能按钮

7. 参考文献题录的导出与交换

NoteExpress 支持将文献题录导入到其他参考文献管理软件。以导入到 Endnote 为例：在 NoteExpress 菜单栏中选择“文件”中的“导出题录”，在新窗口中选择题录保存的目标位置、导出使用样式（Endnote Export）和所选题录，单击“开始导出”；打开 Endnote，在菜单栏中选择 File→Import→File，在新窗口中选择导入文件，Import Option 选择 Endnote import，Text Translation 选择 Chinese Simplified（GB2312），单击 Import。

NoteExpress 也支持从其他参考文献管理软件导入文献题录。以从 Endnote 中导出参考文献到 NoteExpress 为例：在 Endnote 菜单栏中选择 Edit→Output

Styles→Open Style Manager，打开 Style Manager 后，滑动列表选择 EndNote Export；选择需要导出到 NoteExpress 的文献（按 Ctrl 同时点击选择多条），单击 File→Export；Endnote 弹出对话框，指定文件保存位置和文件名，点击保存；打开 NoteExpress，选择文件→导出题录；在 NoteExpress 的导入对话框中，选择文件保存位置，过滤器选择 EndNote Import，选择导入文件夹，单击“开始导入”。

11.2　文献信息的综合利用

文献信息的综合利用是指对有关文献信息进行分析、利用产生新知识，并且用一定的形式表现出来。

11.2.1　学术论文

1. 概念

学术论文是某一学术课题在实验性、理论性或观测性上具有新的科学研究成果或创新见解和知识的科学记录，或是某种已知原理应用于实际中取得新进展的科学总结，用以提供学术会议上宣读、交流或讨论，或在学术刊物上发表，或作其他用途的书面文件。学术论文往往是强调原创性的工作总结，但当然也可以是对前人工作总结的回顾及评价，后者也往往被称为综述性文章（Review）。学术论文的出版正在经历着重大变化，出现了从传统的印刷版到网络上电子格式的兴起。

2. 类型

学术论文按写作目的和发挥的作用，可分为以下几类。

（1）学术型论文。指专业技术领域里的专门人员（包括从事各类学科的专门研究人员、教学人员和生产第一线的科技人员）提供给学术型期刊发表或向学术会议提交的学术论文。它以报道学术研究成果为主要内容。学术型论文反映了该学科领域最新、最前沿的科学技术水平和发展动向，对科学技术事业的发展起着重要的推动作用。这类论文应具有新观点、新方法、新数据和新结论，并具有科学性。从一个国家、民族、单位、部门发表的学术论文的数量与质量可以看出其科学技术已经达到的水平。

（2）技术型论文。指工程技术人员为报道工程技术研究成果而撰写的论文。这种研究成果主要是应用国内外已有的理论来解决涉及技术、工艺、设备、材料等实际技术问题而进行的技术性研究。技术型论文对改进工程技术和提高生产力起着直接的推动作用。这类论文应具有技术的先进性、实用性和科学性。

(3) 综述。指针对某一问题，就一定时期内大量相关的文献资料进行归纳整理、综合分析后所写成的文章。综述主要有文摘型综述和评论型综述两种类型。文摘型综述仅对原始文献中所探讨的问题、数据资料进行摘取，并忠实地描述出来，很少有或基本没有作者自己的观点。评论型综述不仅包括文摘型综述的内容，同时还包含作者对该研究课题及研究文献的全面分析和论证性的评价，往往由相关领域的专家或权威人士编写，因而有更高的学术性和权威性。综述主要发表在年鉴、专著、普通期刊、综述型期刊等出版物上，通常综述型期刊的刊名包含“进展”、“成就”、“Annual Review”、“Annual Report”、“Inernational Review”等字样。

(4) 学位论文。指学位申请者为了取得学位而撰写的论文。学位论文按申请学位的高低可分为博士学位论文、硕士学位论文和学士学位论文。学位论文是考核能否授予申请者学位的重要依据。

3. 学术论文的整体组成结构

学术论文的组成包括标题、作者姓名、作者单位、摘要、关键词、目录、术语表、引言、方法、结果、讨论、结论、致谢、参考文献及附录等要素。其中标题、作者姓名、作者单位、摘要、关键词、引言、方法、结果、讨论、结论和参考文献是必不可少的，其他内容根据学术论文类型和具体需要而定。

☞ 重点提示：

读者最先关注的是标题、摘要和引言三个部分，读者会根据这些内容来决定是否阅读全文，也就是说，一篇学术论文能赢得多少读者，在很大程度上取决于标题、摘要和引言写得好坏，所以作者必须特别重视。

11.2.2 文献综述的撰写

文献综述是在针对某一研究领域或专题搜集大量文献资料的基础上，就国内外在该领域或专题的主要研究成果、最新进展、研究动态、前沿问题等进行综合分析而写成的、能比较全面地反映相关领域或专题历史背景、前人工作、争论焦点、研究现状和发展前景等内容的综述性文章。“综”是要求对文献资料进行综合分析、归纳整理，使材料更精练明确、更有逻辑层次；“述”就是要求对综合整理后的文献进行比较专门的、全面的、深入的、系统的评述。

文献综述可以单独成文发表（即学术论文中的综述），或者作为学术论文的综述部分，也可以不以发表为目的，仅仅是作为各类学术论文写作以及课题研究工作的一项必要的前期工作。

本节将重点介绍文献综述的撰写方法。

1. 文献综述的格式

文献综述的格式与一般研究性论文的格式有所不同。这是因为研究性的论文注重研究的方法和结果，而文献综述要求向读者介绍与主题有关的详细资料、动态、进展、展望以及对以上方面的评述。因此文献综述的格式相对多样，但总的来说，一般都包含以下 4 部分，即前言、主题、总结和参考文献。

(1) 前言部分，主要是说明写作的目的，介绍有关的概念、定义以及综述的范围，扼要说明有关主题的现状或争论焦点，使读者对全文要叙述的问题有一个初步的轮廓。

(2) 主题部分，是综述的主体，其写法多样，没有固定的格式。可按年代顺序综述，也可按不同的问题进行综述，还可按不同的观点进行比较综述，不管用哪一种格式综述，都要将所搜集到的文献资料归纳、整理及分析比较，阐明有关主题的历史背景、现状和发展方向，以及对这些问题的评述，主题部分应特别注意代表性强、具有科学性和创造性的文献引用和评述。

(3) 总结部分，与研究性论文的小结有些类似，将全文主题进行扼要总结，对所综述主题有研究的作者最好能提出自己的见解。

(4) 参考文献虽然放在文末，但却是文献综述的重要组成部分。因为它不仅表示对被引用文献作者知识产权的尊重及引用文献的依据，而且为读者深入探讨有关问题提供了文献查找线索。参考文献的编排应条目清楚，查找方便，内容准确无误。

2. 撰写文献综述的步骤

(1) 选题。文献综述选题范围广，题目可大可小，大到一个领域、一个学科，小到一种方法、一个理论，可根据自己的需要而定。初次撰写文献综述所选题目宜小，这样查阅文献的数量相对较小，撰写时易于归纳整理，否则，题目选得过大会导致查阅文献花费的时间太多，归纳整理困难，最后写出的综述大题小作或文不对题。

(2) 搜集文献资料。选定题目后，则要全面地搜集该研究领域或专题的文献资料。搜集文献资料的一般步骤是：先查阅三次文献，例如百科全书、年鉴等。这一步的目的是明确课题要求、建立背景知识、汇集查找线索。其次通过各种文摘索引数据库来查找相关的文献信息，也可以从各种专题资料汇编中收集有价值的文献信息。这一步的目的是获得重要的文献信息，诸如相关期刊论文、科技报告、专利文献、学位论文、会议文献、标准、图书、报纸等信息。最后是设法获取原始文献。为了快速有效地查找文献资料，要用到各种检索工具。如查找与题目相关的图书，可使用图书馆馆藏目录及各种电子书数据库；要查找论文，就要用到各种文摘索引数据库或全文数据库。

（3）整理资料。搜集好与题目有关的文献后，就要对这些文献进行阅读、归纳、整理。如何从这些文献中选出具有代表性、科学性和可靠性的单篇研究文献十分重要，因为从某种意义上讲，所阅读和选择的文献的质量高低，直接影响文献综述的水平。阅读文献过程中，要注意以下几点：先看近期3～5年的，后看早期的；从所搜集的文献中选出有代表性的文献，仔细研读全文；将文献资料按论题分类；用自己的语言写下阅读时得到的启示、体会和想法，将文献的精髓摘录下来。

（4）拟定提纲及写作。在写作之前应先拟定提纲。通过拟定提纲，可以梳理思路，完善结构，把作者的构思、观点用文字固定下来，使写作时能有所遵循；而且作者随着思路的进一步深化，会发现新问题、新方法和新观点，使原来的构思得到修改和补充。提纲有两种写法：标题式提纲以简明的标题形式把文摘的内容概括出来，用最简明的词语标示出某部分或某段落的主要内容；提要式提纲是在标题式提纲的基础上较具体明确地概括出各个层次的基本内容，实际就是文章的缩写。写作时，按提纲的各级标题将内容逐项展开，并注意观点与内容的一致。在写作过程中，可根据需要调整结构和补充内容。表述和撰写文献综述要具有逻辑性、分析性和评述性。在文献综述时，要通过综合分析、归纳整理，使材料更精炼明确、更富有逻辑层次，并要进行专门的、全面的、深入的、系统的评述。文献综述结尾要说清前人工作的不足，指出进一步研究的必要性及它的价值。

3. 文献综述的写作特点

（1）破题。在标题和文章开头即阐明文章的性质及主题。通常在标题中有“综述”、“概述”、“动态”、“进展”、“现状与前景”、“Survey”、“Overview”、“Review”等字样，使人一目了然，并且需开门见山地说明所要涉及的主题。

（2）纵向叙述。“纵”即按时间顺序，讲清楚课题研究的历史背景、过程、已解决的问题、主要的困难、存在的问题等。

（3）横向对比。“横”即国内外发展现状的介绍和对比。常用小标题的方式将综述的问题一一罗列出来，在小标题之下先说明已形成的各家学说、各派观点，再列出解决问题的各种方式和见解。通过横向对比，可以分辨出各种观点、方法的优劣利弊，使人获得全面的印象。

（4）未来预测。在广泛综合文献资料的基础上，通过对比与分析，理清事物的来龙去脉和发展轨迹，从中找出课题发展的主流和方向，作出较可靠的预测。

（5）参考文献列表。文献综述列出的参考文献应为文中所引用的全部参考文献。著录格式按照国家标准或所投刊物的稿约要求撰写；所列参考文献的序号要与正文引用的顺序一致。

4. 撰写文献综述的注意事项

由于文献综述的特点，致使它的写作既不同于“读书笔记”或“读书报告”，也不同于一般的科研论文。因此，在撰写文献综述时应注意以下几个问题。

(1) 搜集文献应尽量全面。掌握全面、大量的文献资料是写好文献综述的前提，否则，随便搜集一点资料就动手撰写是不可能写出好综述的，甚至写出的文章根本不能称其为文献综述。

(2) 注意引用文献的代表性、可靠性和科学性。在搜集到的文献中可能出现观点雷同的情况，或者有的文献在可靠性及科学性方面存在着差异，因此在引用文献时应注意选用代表性、可靠性和科学性较好的文献。

(3) 展示不同的学术观点。将相关的所有重要学术观点加以全面论述，不应只介绍符合作者自己观点的材料，避免主观臆断影响读者对该专题的全面了解。对于评论型综述，要围绕主题对文献的各种观点作比较分析，不能只将有关理论和学派观点简要地汇总陈述。

(4) 只引用研究结果和结论。由于综述篇幅有限，一般只引用主要研究结果和结论性观点，不需详细列举研究材料、方法、过程等具体细节。

(5) 引用文献要忠于原文内容。由于文献综述有作者自己的评论分析，因此在撰写时应分清作者的观点和文献的内容，不能篡改原文的内容。

(6) 参考文献不能省略。文献综述的参考文献绝对不能省略，而且其信息必须准确无误。参考文献应是文中引用过，能反映主题并且是作者直接阅读过的文献资料。

11.2.3 科技查新

1. 概念

国科发计字［2000］544 号文件规定：科技查新，简称查新，是指具有查新业务资质的查新机构根据查新委托人提供的需要查证其新颖性的科学技术内容，按照《科技查新规范》进行操作，并做出结论。查新是文献检索和情报调研相结合的情报研究工作，它以文献为基础，以文献检索和情报调研为手段，以检出结果为依据，通过综合分析，对查新项目的新颖性进行情报学审查，写出有依据、有分析、有对比、有结论的科技查新报告。也就是说查新是以通过检出文献的客观事实来对项目的新颖性做出结论。因此，查新有较严格的年限、范围和程序规定，有查全、查准的严格要求，要求给出明确的结论，查新结论具有客观性和鉴证性，但不是全面的成果评审结论。

2. 性质

(1) 对项目的新颖性作出结论。与授予专利权的条件或专利审查原则"具有新颖性、创造性和实用性"有所不同。

(2) 影响查新新颖性的方式只有出版物公开。查新以文献作为依据，只有出版物公开才能影响查新新颖性的结论。对在国内外公开使用的同类成果，如未能通过相应文献来证实其属于相同成果的，不影响查新项目的新颖性。

(3) 查新有别于文献检索。

文献检索针对具体课题的需要，仅提供文献线索和文献，对课题不进行分析和评价，侧重于对相关文献的查全率。查新是文献检索和情报调研相结合的情报研究工作，它以文献为基础，以文献检索和情报调研为手段，以检出结果为依据，通过综合分析，对查新项目的新颖性进行情报学审查，并需要写出有依据、有分析、有对比、有结论的查新报告。查新有查全、查准尤其是查准率的严格要求。

(4) 查新有别于专家评审。专家评审主要是根据专家本人的专业知识、实践经验以及所了解的专业信息，对被评对象的创造性、先进性、新颖性、实用性作出评价。查新是以通过检出文献的客观事实来对项目的新颖性作出结论。评审专家的作用是一般科技情报人员无法替代的，但具有一定程度的个人因素。

(5) 查新具有鉴证性。查新报告是一种公证性的技术文件，必须独立、公正，并且客观反映查新课题的真实情况，体现鉴证性，而不是用户代言人。查新在科研立项中具有把关作用。

3. 作用

(1) 为科研立项提供客观依据。科研课题在论点、研究开发目标、技术路线、技术内容、技术指标、技术水平等方面是否具有新颖性，在正式立项前，首要的工作是全面、准确地掌握国内外的有关情报，查清该课题在国内外是否已研究开发过。通过查新可以了解国内外有关科学技术的发展水平、研究开发方向，是否已研究开发或正在研究开发，研究开发的深度及广度，已解决和尚未解决的问题等，对判断所选课题是否具有新颖性提供客观依据。这样可防止重复研究开发而造成人力、物力、财力的浪费和损失。

(2) 为科技成果的鉴定、评估、验收、转化、奖励等提供客观依据。查新可以为科技成果的鉴定、评估、验收、转化、奖励等提供客观的文献依据；查新还能保证科技成果鉴定、评估、验收、转化、奖励等的科学性和可靠性。在这些工作中，若无查新部门提供可靠的查新报告作为文献依据，只凭专家小组的专业知识和经验，难免会有不公正之处，可能会得不出确切的结论。这样既不利于调动科技人员的积极性，又妨碍成果的推广应用。高质量的查新，结合专家丰富的专业知识，便可防止上述现象的发生，从而保证鉴定、评估、验收、转化、奖励等的权威性和科学性。

(3) 为科技人员进行研究开发提供可靠而丰富的信息。随着科学技术的不断发展，学科分类越来越细，信息源于不同的载体已成为普遍现象，这给获取信息带来了一定的难度。有关研究表明，技术人员查阅文献所花的时间，约占其工作量的 50%，若通过专业查新人员查新，则可以大量节省科研人员查阅文献的时间。查新机构一般具有丰富的信息资源和完善的计算机检索系统，能提供从一次文献到二次文献的全面服务，可检索近千个科技、经济、商业等资料的数据库，内容涉及各种学术会议和期刊的论文、技术报告、学位论文、政府出版物、科技图书、专利、标准和规范、报纸、通告等，保证信息的回溯性和时效性，基本能满足科研工作的信息需求。

4. 种类

(1) 申请科技立项，包括申报各级、各类科技计划，科研课题开始前资料收集等。

(2) 科技成果鉴定、评估、验收、转化。

(3) 成果申报奖励。

(4) 其他（如博士论文开题、评审等）。

5. 查新流程

查新基本流程如图 11-12 所示。

6. 查新报告的格式

查新报告须采用科技部规定的统一格式，报告格式中应填写的各项内容均不得省略或空缺。查新报告内容包括：报告编号、项目名称、委托人、委托日期、查新机构名称、查新完成日期、查新项目名称、查新机构的详细信息、查新目的、查新项目的可选技术要点、查新点与查新要求、文献检索范围及检索策略、检索结果、查新结论、查新员与审核员声明、附件清单、备注。

11.3 学术规范

11.3.1 概念

所谓学术规范，是指学术共同体根据学术发展规律制定的有关各方共同遵守而有利于学术积累和创新的各种准则和要求，是整个学术共同体在长期学术活动

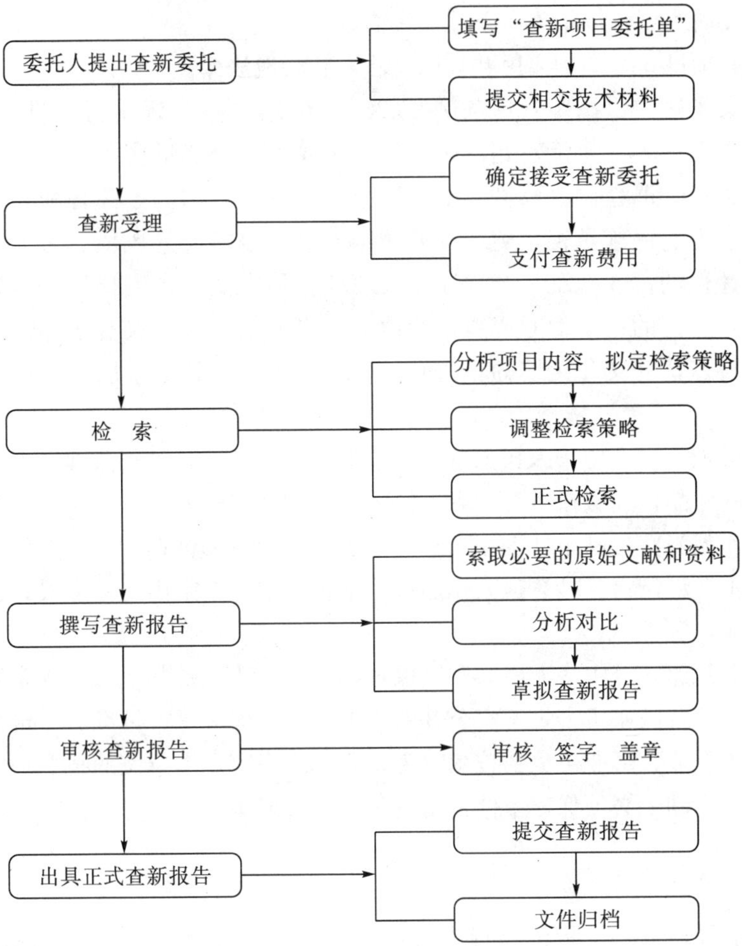

图 11-12　查新流程图

中的经验总结和概述。学术规范涉及学术研究的全过程以及学术活动的各个方面。

11.3.2 构成

根据强制力有无，学术规范分为有强制性学术规范和非强制性学术规范两类。

1. 强制性学术规范

强制性学术规范，是指人们在学术活动中必须遵守，违反了就要承担相应后果的行为准则。强制性学术规范包括国家制定的法律、法规、有关技术标准等。我国目前尚未制定专门的法律来规范学术活动，与学术活动有关的行为规则分散在民法通则、著作权法、专利法、保密法、统计法、出版管理条例等法律法规中。其主要内容可以概括为以下几个方面。

（1）必须遵守《中华人民共和国宪法》和其他法律。

（2）必须遵守《出版管理条例》（2011 年 3 月 19 日起施行）。任何出版物不得含有下列内容：①反对宪法确定的基本原则的；②危害国家统一、主权和领土完整的；③泄露国家秘密、危害国家安全或者损害国家荣誉和利益的；④煽动民族仇恨、民族歧视，破坏民族团结，或者侵害民族风俗、习惯的；⑤宣扬邪教、迷信的；⑥扰乱社会秩序，破坏社会稳定的；⑦宣扬淫秽、赌博、暴力或者教唆犯罪的；⑧侮辱或者诽谤他人，侵害他人合法权益的；⑨危害社会公德或者民族优秀文化传统的；⑩有法律、行政法规和国家规定禁止的其他内容的。

（3）必须遵守《中华人民共和国著作权法》。应特别注意做到以下几点：①合作创作的作品，其版权由合作者共同享有，未经合作者许可，不能将与他人合作创作的作品当作自己单独创作的作品发表；②未参加创作，不可在他人作品上署名；③不允许剽窃、抄袭他人作品；④禁止在法定期限内一稿多投；⑤合理使用他人作品，等等。

（4）必须遵守《中华人民共和国保守国家秘密法》及其他保密规章制度。对学术成果中涉及国家机密等不宜公开的重大事项，均应送审批准后才可公开出版发表。对于企业、事业单位的技术秘密，职工应当遵守本单位的技术秘密保护制度，在学术活动中必须保守单位技术秘密，不得泄露。

2. 非强制性学术规范

非强制性规范，是指依靠行为人自觉遵守，而无国家强制力作保证的学术规范。

1）学术技术规范

主要指以学术论文、著作为主要形式的学术创作中所必须遵守的有关内容及形式规格的要求，包括国内外有关文献信息编写出版的标准、法规文件等。

（1）对学术创作内容的相关要求：①选题应具有一定的理论深度、较大的学术价值或实际应用价值；②观点应科学准确且具有创新性，资料真实充分，论证推理逻辑严密；③内容应有新的科技信息、研究观点和研究结果等。

（2）对学术创作形式的相关要求：①应遵守语言文字规范，学术活动中，应使用国家通用的语言文字，方言、繁体字、异体字只有在特殊情况下，即在出版、教学、研究中确需使用时方可使用，汉语文出版物应当符合国家通用语言文字的规范和标准，汉语文出版物中需要使用外国语言文字的，应当用国家通用语言文字作必要的注释；②学术作品的格式应符合要求，根据国家标准《科学技术报告、学位论文和学术论文的编写格式》（GB7713-1987），学术作品中使用标准、目录、图表、公式、数字、计量单位、注释、参考文献、附录等应符合标准要求；③参考文献的著录应符合要求。我国《著作权法》明确规定：“在作品中适当引用他人已发表的作品，可以不经著作权人许可，不向其支付报酬，但应当指明作者的姓名、作品名称，并且不侵犯著作权人依照本法享有的其他权利。”因此，科研人员在写作研究论文时，每当引用他人作品，包括观点、事实、数据和引语等，都要在正文中标明出处，并在文后列出参考文献。参考文献可以表明作者的研究基础及相关的科学依据，并且承认对他人研究成果的借鉴，同时为读者提供进一步阅读的线索。

著录的文献应为近年发表的处于前沿研究、水平较高且与论文内容联系密切的文献，剔除那些发表时间较久、水平偏低的文献或众所周知的教科书。未公开发表的资料、个人通讯及报纸不能作为参考文献，可紧跟在引用的内容之后注释或标注在当前的注脚。不能公开的内部文件和资料更不可作为参考文献，也不能作为注释列出。

在我国，现行有效的关于参考文献著录的国家标准只有一个，即从 2005 年 10 月 1 日起实施的 GB/T 7714-2005《文后参考文献著录规则》。该标准是最通用的基础标准之一，适用于各个学科、各种类型的出版物（包括国家标准、行业标准和规范）。

根据国家标准《文后参考文献著录规则》（GB/T 7714-2005），参考文献应在正文中引用的地方进行标注，并在正文后给出参考文献列表。文后参考文献列表与文中标注要一一对应，配合准确地说明哪一部分正文参考了哪些文献。参考文献列表应选取独立的文献单元作为描述对象，如图书中的一个章节，期刊及论文集中的一篇文章，或者网站中的具体网页等。参考文献条目中每一项内容，必须著录准确、清晰、条理分明。

外文论文在引用参考文献的格式上有很大不同，各个出版社要求也不尽相同。常用文献管理软件可以按照各个期刊杂志的格式要求自动生成参考文献列表，而且可以根据需要随时调整格式，因此这里不再赘述。

2）学术道德规范

根据教育部《关于加强学术道德建设的若干意见》的规定，学术道德规范的内容主要有以下几点。

（1）增强献身科教、服务社会的历史使命感和社会责任感。要将自己置身于科教兴国和中华民族伟大复兴的宏图伟业之中，以繁荣学术、发展先进文化、推进社会进步为己任，努力攀登科学高峰。要增强事业心、责任感，正确对待学术研究中的名和利，将个人的事业发展与国家、民族的发展需要结合起来，反对沽名钓誉、急功近利、自私自利、损人利己等不良风气。

(2) 坚持实事求是的科学精神和严谨的治学态度。要忠于真理、探求真知，自觉维护学术尊严和学者的声誉。要模范遵守学术研究的基本规范，以知识创新和技术创新作为科学研究的直接目标和动力，把学术价值和创新性作为衡量学术水平的标准。在学术研究工作中要坚持严肃认真、严谨细致、一丝不苟的科学态度，不得虚报教育教学和科研成果，反对投机取巧、粗制滥造、盲目追求数量不顾质量的浮躁作风和行为。

(3) 树立法制观念，保护知识产权、尊重他人劳动和权益。要严以律己，依照学术规范，按照有关规定引用和应用他人的研究成果，不得剽窃、抄袭他人成果，不得在未参与工作的研究成果中署名，反对以任何不正当手段谋取利益的行为。

(4) 认真履行职责，维护学术评价的客观公正。认真负责地参与学术评价，正确运用学术权力，公正地发表评审意见是评审专家的职责。在参与各种推荐、评审、鉴定、答辩、评奖等活动中，要坚持客观公正的评价标准，坚持按章办事，不徇私情，自觉抵制不良社会风气的影响和干扰。

(5) 为人师表、言传身教，加强对青年学生进行学术道德教育。要向青年学生积极倡导求真务实的学术作风，传播科学方法。要以德修身、率先垂范，用自己高尚的品德和人格力量教育和感染学生，引导学生树立良好的学术道德，帮助学生养成恪守学术规范的习惯。

11.3.3　防止学术不端行为

1. 学术不端行为的界定

学术不端行为是指在科学研究和学术活动中的各种造假、抄袭、剽窃和其他违背科学共同体惯例的行为。

中国科协常委会科技工作者道德与权益工作委员会于 2007 年公布了《科技工作者科学道德规范（试行）》，以下 7 种行为被明确界定为学术不端。

(1) 故意作出错误的陈述，捏造数据或结果，破坏原始数据的完整性，篡改实验记录和图片，在项目申请成果申报、求职和提职申请中作虚假的陈述，提供虚假获奖证书、论文发表证明、文献引用证明等。

(2) 侵犯或损害他人著作权，故意省略参考他人出版物，抄袭他人作品，篡改他人作品的内容；未经授权，利用被自己审阅的手稿或资助申请中的信息，将他人未公开的作品或研究计划发表或透露给他人或为己所用；把成就归功于对研究没有贡献的人，将对研究工作做出实质性贡献的人排除在作者名单之外，僭越或无理要求著者或合著者身份。

(3) 成果发表时一稿多投。

(4) 采用不正当手段干扰和妨碍他人研究活动，包括故意毁坏或扣压他人研究活动中必需的仪器设备、文献资料，以及其他与科研有关的财物；故意拖延对他人项目或成果的审查、评价时间，或提出无法证明的论断；对竞争项目或结果的审查设置障碍。

(5) 参与或与他人合谋隐匿学术劣迹，包括参与他人的学术造假，与他人合谋隐藏其不端行为，监察失职，以及对投诉人打击报复。

(6) 参加与自己专业无关的评审及审稿工作；在各类项目评审、机构评估、出版物或研究报告审阅、奖项评定时，出于直接、间接或潜在的利益冲突而作出违背客观、准确、公正的评价；绕过评审组织机构与评议对象直接接触，收取评审对象的馈赠。

(7) 以学术团体专家的名义参与商业广告宣传。

2. 学术不端行为的处理

涉嫌学术不端行为的投诉一般由相关的科研机构或部门受理。对于有明确涉嫌学术不端行为的事实和理由，且有真实署名的书面投诉，应予受理。处理程序一般包括初步调查、正式调查、公布结论和处理意见环节。

对认定的非学术不端行为的，应在所有知情人和被投诉人要求的范围内公布事实和结论，对被投诉人名誉受到损害的应为其恢复名誉。

对认定为有学术不端行为的人员，应由所在部门或机构的最高行政决策会议做出处理决定并报备案。处理决定应包括：视情节轻重给予学术不端行为人的相应处分，对学术不端行为所造成的不良影响采取的必要补救措施。若被处理人对认定结论不服，并能提供新的证据，可向所在机构或部门提请复议。

对于主动参与他人的学术不端行为，与他人合谋隐瞒其学术不端行为，严重疏忽监督职责，在参与处理学术不端行为过程中严重违规，对投诉人打击报复的，承担学术不端行为的共同责任。

参考文献

[1] 陈英.科技信息检索(第四版)[M].北京:科学出版社,2009.
[2] 张振华.工程信息检索与论文写作[M].北京:清华大学出版社,2009.
[3] 关志英,郭依群.网络学术资源应用导览(科技篇)[M].北京:中国水利水电出版社,2007.
[4] 王玉林.试论学术规范的构成[J].图书与情报,2005(6).
[4] 叶继元.学术规范通论[M].上海:华东师范大学出版社,2005.
[6] 学术信息资源开放目录.大学精神与学术规范[EB/OL].http://odp.nit.net.cn/xsgf/resource/ppt/17.ppt[2012－6－28].
[7] 东华理工大学体育学院.毕业论文文献综述的写作要求[EB/OL].http://tyx.ecit.edu.cn/image/UploadFile/2009111017413250.doc[2012－6－28].

[8] 四川大学图书馆. 科技查新[EB/OL]. http://202.115.54.22/sculib/S(u3zfpvqv(oeg fonu-wvdtj4v55))/service/chaxin.aspx[2012-6-28].
[9] 马景娣. 查新报告的撰写要求与质量评定[EB/OL]. http://shpx.zju.edu.cn/wescms/sys/filebrowser/file.php?cmd=download&id=39980[2012-5-22].